Urban Kohlhammer Taschenbücher

Geschichte der christlichen Orden

Herausgegeben von Franz Xaver Bischof, Christoph Dartmann und Klaus Unterburger

Christoph Dartmann

Die Benediktiner

Von den Anfängen
bis zum Ende des Mittelalters

Verlag W. Kohlhammer

1. Auflage 2018

Gesamtherstellung: W. Kohlhammer GmbH, Stuttgart

Print:
ISBN: 978-3-17-021419-4

E-Book-Formate:
pdf: ISBN 978-3-17-025346-9
epub: ISBN 978-3-17-025347-6
mobi: ISBN 978-3-17-025348-3

Für den Inhalt abgedruckter oder verlinkter Websites ist ausschließlich der jeweilige Betreiber verantwortlich. Die W. Kohlhammer GmbH hat keinen Einfluss auf die verknüpften Seiten und übernimmt hierfür keinerlei Haftung.

Inhaltsverzeichnis

1 Zur Einleitung 7

2 Die Benediktsregel und das normative Gerüst benediktinischen Mönchtums im Mittelalter 12

2.1 Eine sehr kurze Geschichte des frühen christlichen Mönchtums 12
2.2 Benedikt von Nursia und die Benediktsregel 21
2.3 Die frühe Rezeption der Benediktsregel 63
2.4 Der Aufstieg der Benediktsregel zum wichtigsten monastischen Basistext der Karolingerzeit 71
2.5 Die Aufzeichnung klösterlicher Gewohnheiten (Consuetudines) und die hochmittelalterliche Verbandsbildung 83
2.6 Die hochmittelalterliche Diskussion über ein regelgemäßes Leben 95
2.7 Benediktinisches Mönchtum im Spätmittelalter. Päpstliche Interventionen und Klosterreformen 108

3 Gebet, Religiosität und Kunst im benediktinischen Mönchtum 143

3.1 Gebet und Religiosität der Benediktiner 146
3.2 Kunst im benediktinischen Mönchtum 171

4 Schriftkultur und Gelehrsamkeit im Kloster 190

5 Das Kloster zwischen König, Kirche und Stadt 212

5.1 Klöster in Kirchenreichen des früheren Mittelalters 216
5.2 Klöster zwischen Kirche und Politik im Hochmittelalter 226
5.3 Kloster und Stadt 230

6 Die Wirtschaft der Klöster **238**
6.1 Frühmittelalterliche Klöster als diversifizierte agrarische Großbetriebe 239
6.2 Die Intensivierungs- und Wandlungsprozesse hochmittelalterlicher klösterlicher Agrarwirtschaft 244
6.3 Spätmittelalterliche Klöster zwischen Krisen und Konsolidierungen 251

7 Ein Epilog **257**

8 Danksagung **264**

9 Anmerkungen **266**

10 Bibliographie **269**

11 Register **291**
11.1 Personenregister 291
11.2 Ortsregister 297

1 Zur Einleitung

»An dich richte ich jetzt mein Wort, wer immer du bist« (RB Prolog, 3)[1].

Benedikt von Nursia – oder wer immer die Benediktsregel niedergeschrieben hat – hat zu Beginn des Prologs ein Grundproblem des Schreibens angesprochen: An wen richtet sich der Text? Was erwarten seine Leser? Wofür interessieren sie sich? Was muss der Autor erklären, was darf er als bekannt voraussetzen? Wer sich in Deutschland im Jahr 2017 daran macht, eine einführende Darstellung zur Geschichte des benediktinischen Mönchtums von seiner Entstehung bis zur Reformation zu verfassen, sieht sich vor erhebliche Probleme gestellt, will er diese Fragen schlüssig beantworten. Denn in der bundesrepublikanischen Kultur gibt es je nach Milieu genaue, vage oder gar keine Vorkenntnisse zu seinem Thema. Das gilt bereits für Grundzüge christlicher Praktiken und Sinnhorizonte, das gilt erst recht für jede Form des Mönchtums als einer hoch spezialisierten Sonderform christlichen Lebens. Daraus resultieren für dieses Buch unterschiedliche Herausforderungen. Denjenigen, denen diese Religion mit ihren Gottesdiensten und Gebeten, grundlegenden Texten sowie theologischen Konzepten weitgehend unbekannt ist, müssen wenigstens Grundzüge erklärt werden, soweit das für ein Verständnis der hier erzählten Geschichte notwendig ist. Allzu ausführliche Erläuterungen der Hintergründe könnten allerdings das eigentliche Thema überlagern. Der Erzähler müsste beinahe die Rolle Williams von Baskerville im Film »Der Name der Rose« übernehmen, der nicht nur die Mordserie aufklärt, sondern nebenbei dem Novizen Adson und damit den Zuschauern in etwas aufdringlicher Weise die fremde Welt des Mittelalters erklärt – die in dem Film von fiesen Prälaten sowie grotesken, intriganten und fanatischen Mönchen bewohnt wird, vor Schmutz starrt und ein Ort ungezügelter Leidenschaft und Brutalität ist, also kaum ein Klischee moderner Mittelalterbilder auslässt. Praktizierende Christen verschiedener Konfessionen laufen hingegen Gefahr, die historischen Ausformungen ihrer religiösen Tradition als Selbstverständlichkeit vorauszusetzen. Weil Christen sich mit der Bibel auf eine »Heilige Schrift« berufen, die seit mehr als anderthalb Jahrtausenden unverändert vorliegt, besteht das Risiko, das eigene Verständnis ihrer Botschaften als den überzeitlich gültigen Wesenskern des Christentums zu begreifen. Bestenfalls führt das zu einem Missverstehen mittelalterlicher Praktiken, schlimmstenfalls zu ihrer Abwertung, weil sie sich so grundlegend von modernen Ausprägungen unterscheiden.

Was das Buch will

Das vorliegende Buch ist im Zuge mehrjähriger Lehrtätigkeit an den Universitäten in Münster, Rostock und Vechta entstanden. In den Vorlesungen und Seminaren zur Geschichte des mittelalterlichen Mönchtums ist mir beides begegnet, sowohl eine für mich überraschende Unkenntnis christlicher Traditionen als auch die Verwechslung moderner Überzeugungen mit einem vermeintlich überzeitlichen Wesen der eigenen Religion. Eindrucksvoll war für mich etwa eine Seminarsitzung in Rostock, in der wir uns mit dem klösterlichen Psalmengebet auseinandergesetzt haben. Die eher beiläufig gestellte Frage: »Wie stellen Sie sich eigentlich konkret vor, was Mönche machen, wenn sie sich zum Stundengebet treffen?«, stieß auf hartnäckiges Schweigen, bis mich eine Studentin dankenswerter Weise darauf hinwies, dass die Anwesenden wirklich keine Vorstellung davon besäßen. In anderen Veranstaltungen, vor allem in Münster, äußerten Studierende hingegen häufig Bedenken, dass das, was ich über christliche Mönche berichtete, so gar nicht zu dem passe, was das Christentum eigentlich wolle oder sei. Nicht selten besuchten schließlich in Münster Studierende meine Veranstaltungen, die selbst Theologie studierten oder in einem Benediktinerinternat zur Schule gegangen waren und denen daher vieles vertraut war, was ich umständlich zu erklären versuchte. Es gleicht der Quadratur des Kreises, wenn ich mich darum bemühe, ein Buch vorzulegen, das Lesenden mit diesem grundsätzlich verschiedenen Vorwissen gerecht werden soll. In der Hoffnung, dass mir das dennoch ein Stück weit gelungen ist, widme ich den Band den Studierenden in Münster und Rostock.

An wen richte ich also mein Wort? Das Buch soll Studierenden, ausgebildeten Historikern sowie allen interessierten Laien einen zuverlässigen und anschaulichen Eindruck von der Geschichte des benediktinischen Mönchtums von der Abfassung der Benediktsregel im 6. Jahrhundert bis zur grundsätzlichen Erschütterung mittelalterlicher Religiosität durch die Reformation vermitteln. Es soll also für alle lesbar und verständlich sein, die im Zuge ihres Studiums, ihrer Tätigkeit in Wissenschaft und Unterricht, eines Ausstellungsbesuchs oder einer Reise auf Spuren mittelalterlichen Mönchtums stoßen oder einfach aus Neugier ihre Kenntnisse über diesen Zweig christlicher Askese vertiefen wollen. Weil ich selbst über eine katholische Sozialisation verfüge, bin ich mir des Risikos bewusst, Wissen vorauszusetzen, das mir selbstverständlich erscheint. Zum Glück liegen seit einigen Jahren hervorragende Einführungen in die christliche Religiosität des Mittelalters oder in die Kultur- und Mentalitätengeschichte dieser Epoche vor, die einen zuverlässigen Zugang zu den Hintergründen eröffnen, die hier nicht in aller Breite erörtert werden können – einschlägige Titel verzeichnen die bibliographischen Hinweise am Ende des Bandes.

Andersartigkeit mittelalterlicher Religiosität

Bei einer Auseinandersetzung mit mittelalterlicher Religiosität sticht vor allem ihre Andersartigkeit ins Auge, die sie von jeder modernen Praxis und allen modernen Vorstellungen unterscheidet. Denn trotz des gemeinsamen Bezugs moderner und mittelalterlicher Christenheiten auf dieselben Basistexte und dieselben Traditionen hat das Bild, das dieses Buch vom mittelalterlichen Mönchtum entwirft, wenig mit gegenwärtigen religiösen Praktiken oder Glaubensinhalten gemeinsam. Das resultiert aus dem beständigen Wandel des kulturellen und gesellschaftlichen Kontexts, in dem Klöster und Mönche existierten und existieren. Die unauflösliche Vernetzung asketischen Lebens mit seiner

Umwelt steht im Widerspruch zum monastischen Selbstverständnis, im Kloster einen Alternativentwurf zur Welt zu verwirklichen und eine »Kontrastgesellschaft« (Gerhard Lohfink) zu errichten. Ein mittelalterlicher Mönch dürfte mit seinem Eintritt ins Kloster das Bewusstsein verbunden haben, sich von der Welt ab- und dem geistlichen Leben zuzuwenden. Immer wieder wird in den Quellen die Bekehrung zum asketischen Leben als ein Verlassen der Welt beschrieben – und dennoch musste immer neu ausgehandelt werden, wie weit »die Welt« das Leben im Kloster prägte. Denn die Errichtung von Klostermauern und der Rückzug hinter sie kappte keineswegs alle Verbindungen zur Welt »draußen«. Die in den monastischen Idealen scharf gezogene Grenze zwischen Kloster und Welt musste in der Praxis immer wieder neu bestimmt werden. Diese Grundspannung zwischen dem Ideal einer Abkehr von der nichtklösterlichen Gesellschaft und Kultur auf der einen und der Realität eines unhintergehbaren Verwobenseins mit der außerklösterlichen Umgebung auf der anderen Seite verlieh dem mittelalterlichen benediktinischen Mönchtum seine Dynamik – das Kloster war nie so klar von der Welt abgegrenzt, wie es sollte. Es sah sich immer neu herausgefordert, das Verhältnis zur Welt auszutarieren – nach Mayke de Jong machte das den Kern der Reformbemühungen aus, die die Geschichte des Mönchtums von seinen Anfängen an begleiteten. Es wäre daher verfehlt, die Geschichte des benediktinischen Mönchtums mit der Erwartung zu lesen, es gebe einen überzeitlichen Kern, der womöglich mit seinen Ursprüngen identisch wäre, und daneben gebe es historische Überwucherungen, die an diesen idealen Ursprüngen zu messen seien. In der Tat beriefen sich zahlreiche geistliche Gemeinschaften über Jahrhunderte auf die Benediktsregel als Basistext für ihr geistliches Leben. Aber erst im Wechselspiel mit den Welten, in denen diese Regel praktiziert werden sollte, ergab sich, wie sie verstanden wurde. Dazu trug bei, dass sich europaweit die unterschiedlichsten Klöster auf dieselbe Regel beriefen, ohne durch einen Orden oder eine andere institutionelle Klammer miteinander verbunden zu sein. Der Rückgriff auf die gemeinsame Klosterregel einerseits und die jeweiligen gesellschaftlichen, kulturellen und spirituellen Bedürfnisse der einzelnen monastischen Gemeinschaften andererseits prägen die Geschichte, die ich entwerfe. Sie ist von der Spannung zwischen dem Festhalten an eigenen Traditionen und ihrer Adaptation an grundverschiedene Lebensweisen bestimmt. Die Ausstrahlung des benediktinischen Mönchtums auf die Welt kann hingegen nur in Ansätzen angedeutet werden. Dieses Thema systematisch zu behandeln würde bedeuten, eine Einführung in die Geschichte des lateinischen Mittelalters zu schreiben.

Der Aufbau des Bandes

Die folgende Geschichte des benediktinischen Mönchtums im europäischen Mittelalter besteht aus zwei Hauptteilen. Zunächst dient ein chronologischer Durchgang dem Ziel, wesentliche Etappen des Umgangs mit den normativen Grundlagen aufzuzeigen, denn der Rekurs auf die Benediktsregel ist das einzige Bindeglied zwischen den hier zu behandelnden religiösen Häusern. Daher eignet sich die Fokussierung normativer Schriftlichkeit als roter Faden, um zugleich ein Grundgerüst der Geschichte des benediktinischen Mönchtums zu erarbeiten. Neben der Klosterregel selbst und anderen Texten aus dem monastischen Bereich besitzen hier Synodalakten, herrscherliche Erlasse und kirchenrechtliche Bestimmungen ein erhebliches Gewicht, sodass bereits in dem chronologischen Teil die Spannung zwischen klösterlicher Autonomie und der Vernetzung von Kloster und Welt zur Sprache kommt. Der zweite Teil präsentiert systematische Kapitel, die wesentlichen Aspekten mittelalterlicher monastischer Praxis gewidmet sind, beginnend mit Gebet, Liturgie und klösterlicher Lektüre, auf die dann die Einbindung von Klöstern in die Politik folgen sowie eine Skizze der ökonomischen Grundlagen. Dieser Aufbau geht vom Leben innerhalb der Klostermauern aus und erweitert dann die Perspektive auf die Interaktion zwischen dem Binnenbereich und der sie umgebenden Gesellschaft.

2 Die Benediktsregel und das normative Gerüst benediktinischen Mönchtums im Mittelalter

»Die Regel als Anfang unseres Weges zur vollen Gerechtigkeit« (RB 73).

Der Bezug auf Benedikt von Nursia und die ihm zugeschriebene Regel stellt die zentrale Gemeinsamkeit dar, die das benediktinische Mönchtum verband. Diese Gemeinsamkeit bewirkte jedoch keine Uniformierung klösterlichen Lebens, eher ließe sich von einer gewissen Familienähnlichkeit zwischen den verschiedenen Klöstern sprechen, in denen nach der *Regula Benedicti* gelebt wurde. Neben diesem normativen Text dienten andere Schriften, allen voran die Bibel, ferner ein breites Spektrum monastischer und anderer theologischer Literatur als Inspirationsquellen für die asketische Praxis. Darüber hinaus spielten schließlich die Entwicklungen christlicher Religiosität, die Erwartungen der Umgebung an ihre Klöster sowie die Vernetzung mit kirchlichen Institutionen wie gesellschaftlichen Eliten eine entscheidende Rolle für die Vielfalt asketischen Lebens, das unter Bezug auf den einen Regeltext verwirklicht wurde. Diese Faktoren führten nicht zuletzt dazu, dass sich auch der Umgang mit der Benediktsregel und anderen normativen Basistexten innerhalb des mittelalterlichen Mönchtums in fundamentaler Weise wandelte. Daher bündelt die Geschichte des normativen Gerüsts, das das benediktinische Mönchtum trug und formte, zentrale Aspekte seiner mittelalterlichen Entwicklung.

2.1 Eine sehr kurze Geschichte des frühen christlichen Mönchtums

Die Abfassung der Benediktsregel und die Entstehung des benediktinischen Mönchtums lassen sich nicht ohne einen knappen

Rückblick auf die frühe Geschichte christlicher Askese verstehen, denn sie bündelt zahlreiche ältere Traditionen, auf die sich der Regeltext sogar ausdrücklich bezieht. Auch das Modell klösterlichen Lebens, das Benedikt von Nursia entwirft, speist sich aus zahlreichen älteren Quellen, die daher an dieser Stelle wenigstens in einigen groben Strichen nachgezeichnet werden müssen.

Asketen

Seit dem Beginn des Christentums gab es zwar bereits Asketen, aber noch keine Mönche. Asketen, die sich aus religiöser Motivation bestimmte Einschränkungen bei Nahrung, Schlaf oder Sexualität unterwerfen, sind bereits im Neuen Testament belegt. Die Anfänge christlichen Mönchtums fallen erst auf das Ende des 3. nachchristlichen Jahrhunderts. Es ordnet sich damit in ein breites Panorama »asketischen Virtuosentums« (Max Weber)[1] ein, das in den meisten religiösen Traditionen der Welt zu beobachten ist. Zugleich greift es Motive einer im Hellenismus wie im zeitgenössischen Judentum verbreiteten Sorge um sich selbst auf. Philosophen wie der Neoplatoniker Plotin († 270) bemühten sich um eine strenge Disziplinierung körperlicher und geistiger Vollzüge im Dienste eines philosophisch-religiösen Lebensentwurfs. Ähnliches wird in der Bibel etwa vom Propheten Elias oder von Johannes dem Täufer berichtet. Neben diesen literarisch bezeugten Figuren dürfte bei der Entstehung des christlichen Mönchtums die Präsenz einer hohen Zahl heidnischer wie christlicher *viri Dei*, sogenannter »Gottesmenschen«, in der Spätantike als Vorbild gedient haben. Dabei handelte es sich um Personen, deren asketischer Lebenswandel ihnen in den Augen der Zeitgenossen einen direkten Zugang zu Gott, Göttern oder anderen jenseitigen Mächten eröffnete und es ihnen ermöglichte, Botschaften oder den heilsamen Beistand göttlicher Mächte an ihre Umgebung zu vermitteln. In christlichen Zusammenhängen fungierten Märtyrer als Vermittler göttlichen Heils, von denen geglaubt wurde, dass sie nach ihrem Tod unmittelbar in der direkten Anschauung Gottes weiterlebten und daher in der Lage seien, den Menschen göttlichen Beistand zukommen zu lassen. Nach dem Ende der antiken Christenverfolgungen traten Mönche in die Tradition der Märtyrer ein, die ihr Leben in rigoroser Askese als Zeugnis für die »wahre« Religion und für einen Bruch mit der Welt verstanden.

Antonius und die Eremiten

In das Panorama religiöser Virtuosen der Spätantike ordnen sich die frühen Mönche als eigenständige Spielart christlichen Asketentums ein. Ihre ersten beiden namentlich bekannten Vertreter, Antonius und Pachomius, lebten um die Wende vom 3. zum 4. Jahrhundert im Gebiet des heutigen Ägypten. Antonius, der nach seiner Lebensbeschreibung (Vita) im Jahr 356 mit über 100 Jahren starb, verließ als junger Mann den heimatlichen Bauernhof im mittleren Niltal, um in der Einsamkeit der Wüste ein allein Gott geweihtes Leben zu führen. Ausschlaggebend dafür sei, so die Vita, ein Ausspruch Jesu gewesen, den er zufällig gehört habe:

> »Willst du vollkommen sein, so geh, verkaufe deinen Besitz und gib ihn den Armen, und du wirst einen Schatz im Himmel haben, und komm und folge mir!« (Mt 19,21).

Sein Weg führte ihn in mehreren Etappen in die Wüste, wo er in Gräbern und Ruinen hauste. Dort habe er, so wird weiter berichtet, seine Tage damit zugebracht, zu beten und über Bibelpassagen nachzudenken sowie seinen Körper durch harte Askese zu disziplinieren. Dieses psychische wie physische Training habe ihn dazu in die Lage versetzt, sich erfolgreich gegen die Anfechtungen zu verteidigen, mit denen der Teufel und seine Dämonen ihn bedrängt hätten. Die *Vita Antonii* beschreibt diese Anfechtungen als Auseinandersetzungen darum, wer den Ort kontrolliere, an dem sich Antonius aufgehalten habe, weil der Heilige und die Dämonen dort nicht gemeinsam Platz gefunden hätten. Trotz dieses gezielten Rückzugs in die Einsamkeit sei Antonius nach einigen Jahren wieder vermehrt mit anderen Menschen in Kontakt gekommen. Einerseits hätten sich jüngere Einsiedler dem älteren Eremiten angeschlossen, um nach seinem Vorbild und nach seinen Weisungen zu leben, andererseits habe er sich in die innerchristlichen Auseinandersetzungen des 4. Jahrhunderts eingemischt – ehe er hoch geehrt gestorben sei. Durch die Lebensbeschreibung, die der alexandrinische Bischof Athanasius bald nach Antonius' Tod verfasste und die rasch in einer lateinischen Übersetzung im Westen Verbreitung fand, wurde der Einsiedler und »Altvater« (= *abbas*) Antonius zur wohl wichtigsten Gründerfigur des mittelalterlichen Mönchtums. Sein Modell, sich aus der Welt in die Wüste, in den *éremos*, zurückzuziehen, um dort in strenger Askese unter beständiger Meditation an einem Ort auszuharren und den Anfechtungen zu widerstehen, stand an der Wiege des christlichen Mönchtums im eigentlichen Sinne. Als »Reglement« des eremitischen Lebens begegnet hier – neben der Orientierung an der Bibel – die Autorität eines erfahrenden Einsiedlers, der jüngeren Schülern als Vorbild dient und sie mit individuellen Mahnungen berät.

Pachomius und das Zönobitentum

Die zweite Gründungsfigur des ägyptischen Mönchtums, Pachomius († 346/7), steht für die Entstehung von Klöstern, in denen die sogenannten Zönobiten ein streng reglementiertes Gemeinschaftsleben führten. Nach seiner Vita soll Pachomius, ein Sohn nichtchristlicher Eltern, erst nach Beendigung seiner Militärzeit zum Christentum konvertiert sein. Ähnlich wie Antonius habe er sich dann einem erfahrenen Eremiten angeschlossen, der ihn in das asketische Leben der Wüste eingeführt habe. Dauerhafte Bedeutung gewann Pachomius jedoch erst dadurch, dass er gegen 320 dem monastischen Leben mit den ersten Klöstern eine neue institutionelle Form gab. Die Vita des Pachomius sowie die unter seinem Namen überlieferten Bestimmungen zum klösterlichen Alltag lassen Grundzüge dieser neuen Institution erkennen, die sowohl für die Benediktsregel als auch für andere Traditionen des christlichen Mönchtums prägend werden sollten. Im Zentrum stand das Bemühen, in einem von der Welt durch eine Mauer abgetrennten Bereich ein möglichst vollkommenes Leben zu führen, das den Weg zum ewigen Heil ebnen sollte. Durch die Gemeinschaft Gleichgesinnter, so die Erwartung, sei es möglich, nach dem Vorbild der Jerusalemer Urgemeinde zu leben, wie es die Apostelgeschichte (Apg 4) schildert. So sollten viele Asketen ihre Lebensentwürfe verwirklichen können, weil sie unter der strengen Aufsicht von Vorgesetzten standen, die Fehlverhalten korrigierten. Die Hierarchie im Kloster diente allerdings nicht nur der Aufrechterhaltung der Autorität des Abts und des weiteren Leitungspersonals, sondern auch dem Kampf gegen den Eigenwillen – ein im frühen Mönchtum breit präsentes Ideal. Unter Anleitung und Aufsicht führten die Insassen der neun Männer- und zwei Frauenklöster, die Pachomius gründete, ein intensives Gemeinschaftsleben mit gemeinsamem Gebet, gemeinsamer Nahrungsaufnahme sowie gemeinsamer Arbeit unter Hören biblischer Lesungen. Durch das Flechten von Matten und Seilen oder die Produktion von Sandalen erwirtschaftete das Kloster Gewinne, die es zusammen mit den Erträgen landwirtschaftlicher Arbeit trugen. Die Vita des Pachomius und die unter seinem Namen überlieferten Regeltexte lassen das Ideal erkennen, ein für viele zu bewältigendes asketisches Gemeinschaftsleben mit dem Freiraum für Einzelne zu verbinden, die nach strengerer Enthaltsamkeit strebten. Etwa indem sie Speisen nicht anrührten, die den Konventen vorgesetzt worden waren. Im Zentrum stand aber das Ideal eines gemeinsamen Lebens, dessen fester institutioneller Rahmen die individuelle Askese absichern sollte. Die überlieferten Quellen – verschiedene Fassungen einer Vita des Pachomius sowie mehrere als Regel bezeichnete Sammlungen kurzer Anweisungen zu Detailfragen des monastischen Alltags – lassen das Bemühen erkennen, die Lehre des charismatischen Klostergründers auch über seinen Tod hinaus zu sichern. Sie begründeten zugleich die dauerhafte Bedeutung dieser ersten Klostergründungen für die weitere Geschichte des zönobitischen Mönchtums.

Basilius von Caesarea

Neben Ägypten zählten Palästina und Syrien zu den Regionen des östlichen Römischen Reichs, in denen sich das Mönchtum früh entfaltete. Für die östliche Tradition wurde allerdings mit Basilius von Caesarea in Kappadokien († 379) ein Theologe und Mönch prägend, der aus dem heutigen Zentralanatolien stammte. Das basilianische Mönchtum verband das Streben nach Askese mit einem Gemeinschaftsleben, das auch dem Dienst am Nächsten gewidmet sein sollte. Als Aristokrat, gebildeter Theologe und Kirchenpolitiker gründete Basilius zunächst ein eigenes Kloster auf einem Privatgut, integrierte es dann aber als Erzbischof in die kirchlichen Strukturen seiner Diözese. Dadurch entwickelte er eine eigene Form klösterlichen Lebens, die zwar Anregungen aus Ägypten und anderen östlichen Klosterlandschaften aufnahm, die Basilius bereist hatte, aber weitaus stärker die Einbindung der Asketen in die Welt jenseits der Klostermauern betonte als das ägyptische Zönobitentum. Wichtiger noch als durch seine Gründung wurde Basilius allerdings durch sein umfangreiches *Corpus asceticum*, eine Zusammenstellung normativer Texte für die monastische Praxis. Sie besteht aus den sogenannten *Moralia*, einer Sammlung von Zitaten aus dem Neuen Testament, die zu ethischen Regeln zusammengefasst werden, sowie dem *Kleinen* und dem *Großen Asketikon*. In letzteren verarbeitet Basilius die Unterredungen mit anderen Asketen, die sich im Umfeld seines ersten Klosters in Annisi in weiteren geistlichen Gemeinschaften angesiedelt hatten. In einer Folge von Fragen und Antworten, die als Gespräch unter Mönchen inszeniert werden, diskutiert Basilius in diesen Werken grundlegende spirituelle Themen und daraus abgeleitete praktische Fragen des asketischen Lebens. Anders als die Regel des Pachomius bieten diese Texte nicht vornehmlich konkrete Vorgaben für die Organisation des Klosteralltags, sondern widmen sich der grundsätzlichen Programmatik monastischer Lebensentwürfe. Wie die *Vita Antonii* und die Pachomius-Regeln fand auch das asketische Werk des Basilius rasch weite Verbreitung, unter anderem durch die lateinische Übersetzung der *Regula S. Basilii* durch Rufinus († 410/1). Die überragende Bedeutung des Basilius schlägt sich nicht zuletzt darin nieder, dass er der einzige Mönchsautor ist, den die Benediktsregel namentlich nennt:

> »[D]ie Unterredungen der Väter, ihre Einrichtungen und ihre Lebensbeschreibungen sowie die Regel unseres heiligen Vaters Basilius, sind sie nicht für Mönche, die recht leben und gehorsam sind, Anleitung zur Tugend?« (RB 73,5–6).

Ausbreitung des Mönchtums in den lateinischen Westen

Das Vorbild des östlichen Mönchtums sowie dessen literarische Produktion haben im lateinischen Westen des Römischen Reichs rasch Verbreitung gefunden. Kirchenpolitische Auseinandersetzungen führten dazu, dass Athanasius zeitweise aus Alexandria nach Trier an den Kaiserhof floh und dort seine *Vita Antonii* publik machte. Konflikte um das theologische Erbe des Origenes († 253/4) sorgten zu Beginn des 5. Jahrhunderts für den Exodus zahlreicher Mönche aus den nordägyptischen Wüsten, unter anderem floh Johannes Cassian († nach 430) von dort zunächst nach Rom, um dann in Marseille zwei Klöster zu gründen, in denen er auf Latein seine programmatischen Basiswerke zur Theorie und Praxis des Mönchtums verfasste, die *Institutiones* und die *Collationes*. Neben diesen Flüchtlingen aus dem Osten suchten auch westliche Asketen die persönliche Begegnung mit ihren Vorbildern in den alten Mönchslandschaften des östlichen Mittelmeerraums. Hieronymus († 419/20) ließ sich dauerhaft in Palästina nieder, um gemeinsam mit der römischen Aristokratin Paula in Bethlehem ein Kloster zu gründen, von wo aus er weiterhin mit zahlreichen Korrespondenzpartnern im lateinischen Westen in Kontakt blieb. Sein zeitweiser Weggenosse und späterer Intimfeind Rufinus bereiste von Aquileia aus Ägypten und Palästina, wo er mehrere Jahre lebte, ehe er sich mit Hieronymus überwarf und nach Italien zurückkehrte. Diese persönlichen Kontakte prägten zugleich den Transfer von Texten und Ideen aus dem griechischen Mönchtum in den lateinischen Westen. Von der Übersetzung von Athanasius' *Vita Antonii* war schon die Rede, gleichfalls von der lateinischen Fassung der *Regula S. Basilii,* die Rufinus besorgte – neben der Übertragung anderer monastischer und theologischer Schriften. Gleiches gilt für Hieronymus, der maßgebliche Texte des pachomianischen Mönchtums in Latein vorlegte. Johannes Cassian ging einen anderen Weg. Er nutzte seinen Ruf, selbst lange Zeit bei den nordägyptischen Wüstenvätern verbracht zu haben, um seine Traktate mit der Aura der Authentizität zu umgeben. Unter geschickter Verbindung seiner eigenen Vorstellungen mit dem, was er in Ägypten gesehen und gehört hatte, präsentierte er sich als authentischen Interpreten der hoch geschätzten Wüstentradition für den lateinischen Westen. Die persönlichen Kontakte sowie die Übersetzungen versorgten das westliche Mönchtum mit einem reichen Fundus exemplarischer Figuren wie Texte, durch die die Erfahrungen des östlichen Mönchtums in die lateinischen Traditionen eingespeist wurden.

Charakter des lateinischen Mönchtums

Es wäre allerdings verfehlt, im lateinischen Mönchtum ausschließlich die Nachahmung östlicher Vorbilder zu sehen. Der Transfer von Texten und exemplarischen Figuren führte vielmehr zu einer sehr eigenständigen Anverwandlung asketischer Traditionen. Ein Beispiel mag das verdeutlichen: Der Theologe und Bischof Augustinus († 430) schildert in seinen autobiographischen *Confessiones* seine Bekehrung zum Christentum und zum asketischen Leben. Unmittelbar vor sein Bekehrungserlebnis schaltet er folgenden Bericht: Er habe, als er sich in Mailand mit der christlichen Religion beschäftigt habe, Besuch von einem afrikanischen Landsmann namens Ponticianus erhalten. Dieser habe ihm von der Bekehrung zweier Höflinge am Trierer Kaiserhof berichtet. Bei einem Spaziergang vor den Toren der Stadt seien sie zufällig auf die Hütte einiger Einsiedler gestoßen, in der sie die *Vita Antonii* gefunden hätten. Vom Leben dieser Einsiedler wie von der Lektüre der Vita tief bewegt hätten sie beschlossen, ihre weltlichen Karrieren zugunsten eines asketischen Lebens aufzugeben. Das Vorbild der Wüstenmönche, das Augustinus hier anführt, greift er nach seiner Erzählung im Anschluss selbst auf, jedoch unter stark gewandelten Bedingungen. Nach seiner Bekehrung zog er sich mit einigen Freunden auf das Landgut Cassiciacum in der Nähe von Mailand zurück, das ihnen ein befreundeter Mailänder Grammatiker namens Verecundus zur Verfügung gestellt hatte. Dort verbanden die Freunde eine sehr gemäßigte Askese mit der römischen Tradition philosophischer Muße fern des Tagesgeschäfts – und wegen der Großzügigkeit des Verecundus fern aller materiellen Sorgen. Auch wenn Augustinus und seine Freunde in diesem neuen Leben die Bekehrung zu einer konsequenten Askese gesehen haben, ist nicht zu übersehen, wie frei sie die Impulse monastischer Ideale aus Ägypten aufgenommen haben, die sie unter anderem der Kenntnis der *Vita Antonii* verdankten. Das gilt auch noch für die spätere Klerikergemeinschaft, die Augustinus nach seiner Weihe zum Bischof des nordafrikanischen Hippo an seiner Bischofskirche begründete.

Dieses Beispiel zeigt, wie eigenständig im Westen die östlichen Vorbilder adaptiert wurden. Die Spannbreite des lateinischen Mönchtums im 4. und 5. Jahrhundert ist sehr groß. Auf der einen Seite stehen Gruppen wie zum Beispiel die Philosophenasketen um Augustinus in Cassiciacum oder die hoch gebildeten Aristokratinnen, die in Rom eine »Art von intellektueller Salonaskese« (Alfons Fürst) verwirklichten und in deren Kreisen Hieronymus zeitweise wirkte. In diesen Gruppen lebten Traditionen wie das aristokratische *otium cum dignitate* oder auch das Selbstbewusstsein spätantiker Führungsschichten fort, die die weitaus radikaleren Ideale des östlichen Mönchtums zu einer gemäßigten Askese umformten. Noch das stark bildungsorientierte monastische Programm, das Cassiodor († nach 580) Mitte des 6. Jahrhunderts auf seinem Landgut Vivarium verwirklichte, stand in dieser Tradition. Auf der anderen Seite bildeten sich auch im Westen Mönchsgruppen, die ein weitaus harscheres Asketenleben wählten, so am Unterlauf der Rhone und auf den Lerinischen Inseln oder auch in der Umgebung von Tours am Unterlauf der Loire. Die Wahl ihres Gründers Martin zum Bischof von Tours verweist auf die im lateinischen Westen häufig anzutreffende Einbindung des Mönchtums in die kirchlichen Strukturen der Bistümer – eine Entwicklung, die sich deutlich von den starken Spannungen unterscheidet, die im oströmischen Raum oft das Verhältnis zwischen Mönchen und Klerikern prägte.

Bis zum 6. Jahrhundert, in dem Benedikt von Nursia lebte und die Benediktsregel entstand, hatte sich das Mönchtum zu einem festen Bestandteil der religiösen Landschaft des Christentums im Mittelmeerraum entwickelt. Die im 4. Jahrhundert geradezu modische Züge annehmende Welle von Bekehrungen zum asketischen Leben hatte zu festeren institutionellen Formen gefunden. Klöster verschiedenster Ausprägungen sowie andere asketische Gemeinschaften gab es sowohl in Städten als auch auf dem Land. Einige betätigten sich als agrarische oder handwerkliche Großbetriebe, andere widmeten sich auf der Grundlage großer aristokratischer Vermögen ausschließlich der Kontemplation. Die grundlegenden Konzepte und maßgeblichen Vorbilder stammten aus dem 4. und 5. Jahrhundert, insbesondere Basilius, Augustinus und Cassian prägten das Programm zahlreicher monastischer Gemeinschaften. Noch die Benediktsregel schöpfte aus dem reichen Fundus dieser Lehren, der in Regeln, Traktaten, Briefen und Lebensbeschreibungen herausragender Asketen überliefert wurde.

2.2 Benedikt von Nursia und die Benediktsregel

In der aktuellen Forschung gibt es eine Debatte, ob Benedikt von Nursia überhaupt eine reale Person war und ob er folglich die unter seinem Namen überlieferte Regel verfasst haben kann. Für das mittelalterliche Mönchtum stand hingegen beides fest. Wer war nach der Überlieferung dieser Gesegnete (Benedictus) und wie sollte nach seiner Regel das klösterliche Leben gestaltet werden?

2.2.1 Benedikt von Nursia

Die einzige Quelle, die über das Leben Benedikts von Nursia Auskunft gibt, ist das zweite Buch der *Dialoge* Gregors des Großen – oder der *Dialoge*, die unter dem Namen Papst Gregors I. († 604) überliefert worden sind, doch dazu später. Im Rahmen seiner Erörterungen über die Wunder, die Heilige aus Italien gewirkt haben, widmet er sich ausführlich dem Leben des Mönchsvaters und Gründers der Abtei Montecassino. Benedikt wird in diesem Werk so ausführlich gewürdigt wie keine andere Person: Das gesamte zweite Buch zeichnet sein Leben nach, während in den anderen Büchern der *Dialoge* lediglich Einzelepisoden aus dem Leben verschiedener Heiliger referiert werden. Trotz der unterschiedlichen Gewichtung der Protagonisten wird auch das Leben Benedikts in der literarischen Form eines Dialogs präsentiert: Knappe Fragen des Dialogpartners Petrus rhythmisieren die ausführlichen Erzählungen Gregors, die kurze Erörterungen über die Bedeutung einzelner Episoden unterbrechen.

Eine Rekonstruktion seines Lebens

Unterstellt man, diese Heiligenvita beruhe auf glaubwürdigen Informationen, und verknüpft sie mit der Chronologie der italienischen Geschichte des 6. Jahrhunderts, lässt sich folgende Biographie rekonstruieren: Benedikt wurde um 480–490 in eine angesehene Familie geboren, die in der umbrischen Stadt Norcia lebte. Er wurde zum Studium nach Rom geschickt, brach jedoch die Ausbildung ab und schloss sich einer Asketengemeinschaft in Affile (gut 70 km östlich von Rom) an. Von dort zog er sich, nachdem er Mönch geworden war, als Einsiedler in eine einsame Höhle in Subiaco zurück. Nach drei Jahren wurde er von den Mönchen eines benachbarten Klosters – die spätmittelalterliche Tradition sollte es mit Vicovaro identifizieren – zum Abt ausersehen. Wegen heftiger Konflikte um die strengen asketischen Vorgaben, die Benedikt dem Konvent machte, floh er aus dem Kloster, um stattdessen zwölf eigene Kleinklöster zu gründen, denen er vorstand. Um 530 gründete er schließlich 100 km von Subiaco entfernt in Montecassino ein neues Kloster, in dem er von da an gemeinsam mit seinen Mönchen lebte. Die *Dialoge* präsentieren Benedikt als Abt, der sich intensiv um seine Mönche kümmert und zugleich ein hohes Ansehen in der Region genießt, was ihm enge Kontakte zu den Oberschichten der Landschaften zwischen Rom und Neapel verschaffte. Unter dem Einfluss Benedikts standen ein in der Nähe von Montecassino gelegenes Frauenkloster sowie ein von Montecassino besiedeltes Kloster in Terracina. Benedikt starb etwa um 550–560.

Die Datierung der meisten Etappen von Benedikts Biographie ist vage. Sie hängt vor allem von einigen Ereignissen ab, die nebenbei erwähnt werden und die in die Zeit fallen, in der Benedikt in Montecassino gelebt hat: eine Hungersnot in den Jahren 535–538/9 (Gregor, Dialoge 2,21 und 28–29), ein Besuch König Totilas sowie des Bischofs Sabinus von Canosa in den Jahren 546/7 (ebd. 2,14–15). Alle anderen Daten sind lediglich auf Plausibilitätsüberlegungen zurückzuführen bzw. folgen weitaus späteren Überlieferungen.

Benedikt als Abt und Wundertäter

Wichtiger als diese chronologischen Fragen ist die doppelte Perspektive, in die die *Dialoge* Benedikt stellen: Benedikt als Abt und als Wundertäter (Thaumaturg). Die verschiedenen Etappen des asketischen Lebens dienen als äußeres Gerüst für die Biographie und präsentieren zugleich in mustergültiger Weise verschiedene monastische Lebensformen. Am Beginn steht die lose Assoziation Benedikts mit einer nicht klösterlich lebenden Asketengemeinschaft, in deren Umfeld der junge Heilige gemeinsam mit seiner Amme lebt. Es folgt die Einkleidung mit dem Mönchsgewand durch einen Klosterinsassen namens Romanus. Nach den *Dialogen* stellt dieser Romanus in den drei Jahren, in denen sich Benedikt als Einsiedler in einer Höhle aufhält, die einzige Verbindung zur Außenwelt dar. Somit wird hier das Modell eines Eremitentums präsentiert, das im Umfeld eines Klosters angesiedelt ist und unter der Aufsicht eines erfahreneren Mönchs steht. Schließlich folgen drei Stationen, in denen Benedikt als Abt klösterlichen Gemeinschaften vorsteht. Zunächst scheitert er als von außen berufener Abt an den Widerständen des Konvents gegen seine Forderungen, dann gründet er in der Umgebung von Subiaco sowie schließlich auf dem Berg über Cassino eigene Konvente, die seinen Vorgaben folgen.

Im Zuge dieser Episoden aus dem mönchischen Leben werden in den Dialogen zentrale Themen der klösterlichen Welt verhandelt. An mehreren Stellen steht die Autorität über Mönche im Mittelpunkt, die dem Abt und den von ihm propagierten Lebensregeln zukommt. Die gescheiterte Leitung des Klosters von Vicovaro thematisiert die Differenz zwischen verschiedenen asketischen Idealen. Bereits vorab, so die Erzählung, habe Benedikt die Mönche gewarnt, »dass ihre Lebensweise nicht mit der seinen zusammenpasse« (Gregor, Dialoge 2,3). Benedikts Weisheit bringt der Text explizit mit seiner Fähigkeit in Verbindung, als geistlicher Vater (*virtutum magister* [Meister der Tugenden],

Abb. 1: Szenen aus dem Leben Benedikts nach der Schilderung Gregors des Großen: Benedikt als Einsiedler (oben) und als wundertätiger Abt, der Dämonen austreibt (unten). Fresko in der Sakristei von S. Miniato al Monte (Florenz) von Spinello Aretino.

doctor animarum [Lehrer der Seelen]) zu wirken, und kontrastiert sie mit dem Unwillen der Mönche, sich seiner Leitung zu unterwerfen. Die Bedeutung dieses Kontrasts unterstreicht ein längerer Einschub, in dem die Gesprächspartner Gregor und Petrus die Frage diskutieren, ob sich die Verantwortung für störrische Mönche mit dem Ideal eines kontemplativen Lebens verbinden lässt. Auch in seinen eigenen Gründungen musste sich Benedikt, folgt man den *Dialogen*, mit dem Widerstand einzelner Mönche auseinandersetzen, jedoch nicht mit einer fundamentalen Opposition der gesamten Gemeinschaft gegen seine Vorgaben. Mehrere Wundergeschichten beinhalten Episoden, wie einzelne Asketen sich über die Weisungen Benedikts hinweggesetzt haben und deswegen von ihm getadelt und auf den rechten Weg zurückgeführt werden; damit thematisieren diese Passagen klösterliche Leitungsfunktionen, die vereinbar sind mit dem kontemplativen Leben eines Abts. Das herausragende Charisma Benedikts als Vater seiner Mönchsgemeinschaft betont auch der kurze Verweis auf die von ihm verfasste Klosterregel. Im 36. Kapitel heißt es, dass dieser Text die Lebensweise festhalte, die Benedikt vorgelebt und seine Mönche gelehrt habe. Somit erscheint der Regeltext als Instrument zur Verstetigung der Wirkung eines herausragenden Vorbilds über seinen Tod hinaus.

Gebet und Kontemplation

Gebet und Kontemplation sind ein zweites Thema aus dem Kernbestand monastischer Praxis, dem sich die *Vita Benedicti* in den *Dialogen* widmet. Die eben bereits angesprochenen Erörterungen zwischen den Gesprächspartnern Gregor und Petrus zur Frage, ob ein Abt einem widerspenstigen Konvent treu bleiben muss, münden in grundsätzliche Ausführungen zum asketischen Leben. Als Ziel des Asketen wird benannt, innere Ruhe zu finden, beständig Gott zu betrachten und alle Gedanken auszuschließen, die ihn von der Kontemplation ablenken. Das habe Benedikt erreicht, denn er habe sich kontinuierlich selbst geprüft und aus der Perspektive Gottes kritisch betrachtet (Gregor, Dialoge 2,3). Dieses Thema wird in einer unmittelbar sich anschließenden Wunderepisode aufgegriffen, in der Benedikt einem Mönch beisteht, der nicht in der Lage ist, seine Gedanken zu fokussieren. Statt sich nach der gemeinschaftlichen Psalmenrezitation ins Gebet zu vertiefen, habe er das Oratorium verlassen und sei mit umherschweifenden Gedanken draußen herumgegangen. Durch sein Gebet habe Benedikt den geistig wie körperlich umherirrenden Mönch wieder zur Meditation geführt (Gregor, Dialoge 2,4). Es ist bemerkenswert, dass das Stundengebet des Klosters in der *Vita Benedicti* keine zentrale Rolle spielt, sondern eher als Selbstverständlichkeit vorausgesetzt wird. Das individuelle Gebet der Kontemplation gewinnt hingegen eine prominente Stellung, wenn Benedikt am Ende des zweiten Buchs der *Dialoge* spektakuläre Visionen zugeschrieben werden. Deren literarische Motivik – der Aufstieg der Seelen von Verstorbenen in den Himmel sowie eine kosmische Vision – lässt sich bis in die vorchristliche antike Literatur zurückverfolgen, wird jedoch an dieser Stelle in den Zusammenhang des individuellen Gebets gestellt (Gregor, Dialoge 2,35).

Mit der Autorität des Abts und dem kontemplativen Gebet behandelt die Lebensbeschreibung Benedikts zentrale Themen der monastischen Tradition. Dies geschieht jedoch in einem Gesamtwerk, in dem es um christliche Wundertäter geht. Folgerichtig überlagert sozusagen der Wundertäter Benedikt den Mönchsvater Benedikt. Schließlich prägt die Anordnung verschiedener Wunderberichte die Komposition der *Vita Benedicti*. Wie der Dialogpartner Petrus bemerkt, führen die Kapitel 5 bis 8 Benedikt als Nachfolger der biblischen Figuren Moses, Elischa, Petrus, Elija und David vor, weil sein Wirken deren Wundertaten gleichkommt. Und in den Kapiteln 12 bis 33 folgen je zwölf Episoden über das wunderbare Wissen des Gottesmannes sowie über seine herausragenden Taten. Auch die erörternden Einschübe, die den Gesprächspartnern Gregor und Petrus in den Mund gelegt werden, befassen sich mit der von Gott verliehenen Gabe, Wunder zu wirken (Dialoge 2,8), der Offenbarung göttlichen Wissens (ebd. 2,16 und 21), der Fähigkeit, auch über Entfernungen Wunder zu wirken (ebd. 2,22), oder auch der Bedeutung des Gebets eines Heiligen für sein Wunderwirken (ebd. 2,30). Der Benedikt von Nursia, von dem die *Dialoge* berichten, war also nicht nur ein herausragender Asket und Mönchsvater, sondern zugleich auch ein Thaumaturg, dem Gott aufgrund seiner besonderen asketischen Leistungen wie seines tugendhaften Lebens die Kraft verlieh, Wunder zu wirken.

2.2.2 Ist Benedikt von Nursia eine literarische Fiktion?

In der deutschen Geschichtswissenschaft vertritt Johannes Fried mit Nachdruck die These, bei Benedikt von Nursia handele es sich nicht um einen Menschen, der tatsächlich gelebt habe, sondern um eine rein literarische Figur. Diese These speist sich aus drei voneinander unabhängigen Diskussionen, die Fried miteinander verknüpft: Erstens die umstrittene Autorschaft der *Dialoge*, die Gregor dem Großen zugeschrieben werden, zweitens das hohe Maß an literarischer Stilisierung der Benediktsvita im zweiten Buch der *Dialoge* und drittens die frühen Belege für eine Rezeption der Benediktsvita. An dieser Stelle ist nur auf die ersten beiden Punkte einzugehen, die Wirkungsgeschichte Benedikts und seiner Klosterregel ist später darzulegen. Vorab sei jedoch betont, dass die Frage nach der historischen Authentizität Benedikts für eine Geschichte des mittelalterlichen Mönchtums unerheblich ist, denn in dieser Epoche ist seine Existenz ebenso wenig angezweifelt worden wie seine Verfasserschaft der *Regula Benedicti.*

Johannes Frieds Kritik an der Historizität Benedikts

Die Diskussion darüber, ob Gregor der Große die *Dialoge* verfasst hat, ist alt. Seit der Reformation wurden Zweifel daran geäußert, dass die vermeintlich primitiven Wundergeschichten vom selben Autor niedergeschrieben sein können wie die hoch geschätzten theologisch-exegetischen Werke des Papstes. Die Skepsis resultierte also aus der Ablehnung des Mirakels, ja geradezu dem Ekel gegenüber dem mittelalterlichen Wunderglauben. In abgeschwächter Form wirkt dieses Motiv in den Thesen Francis Clarks weiter, der seit den 1980er Jahren die Verfasserschaft Gregors grundsätzlich infrage gestellt hat. Auch ihm erschienen die Wunderepisoden der *Dialoge* nicht dasselbe Reflexionsniveau und die gleichen theologischen Konzepte widerzuspiegeln wie zum Beispiel die *Moralia in Iob* (Hiobkommentar) oder die Predigten über das Alte und Neue Testament, die unzweifelhaft aus Gregors Feder stammen. Um das zu präzisieren, bemühte Clark sich darum, authentische Passagen des Textes von späteren Hinzufügungen zu unterscheiden. Damit wollte er die These beweisen, dass sich in einem römischen Archiv nicht publiziertes Material Gregors erhalten habe, das spätere Autoren zu den in sich widersprüchlichen *Dialogen* zusammengefügt hätten. Neben diesen inhaltlichen Argumenten meinte Clark auch beobachtet zu haben, dass es auffallend wenige und späte Bezüge auf die *Dialoge* gebe. Das gelte zum einen für das Œuvre Gregors selbst, zum anderen auch für die

Werke anderer Autoren. Daher vermutete Clark, bei den umstrittenen *Dialogen* handele es sich um eine pseudepigraphische Schrift, ein späterer Verfasser habe sein Werk unter dem Namen des weitaus höher angesehenen Papstes publiziert. Hatte Clark dafür zunächst einen Zeitpunkt nach 670 vermutet, also rund ein Jahrhundert nach dem Leben Gregors, korrigierte er den Entstehungszeitraum später auf die Mitte des 7. Jahrhunderts. Denn die These, Gregor sei nicht der Verfasser der *Dialoge* und sie seien erst rund 100 Jahre später niedergeschrieben worden, hat eine Flut von kritischen Publikationen hervorgerufen. Diese haben sich mit den Bezügen auf das umstrittene Werk in anderen Quellen befasst sowie die konzeptionelle Kohärenz der Wunderberichte mit der Theologie Gregors herausgearbeitet. Im Werk des Kirchenvaters finden sich nämlich durchaus Hinweise darauf, dass er sich mit Wundern auseinandergesetzt hat, die in Italien geschehen sind, etwa in einem Brief an den päpstlichen Vikar für Sizilien Maximianus, in dem er um Informationen über den Abt Nonnosus bittet, der im ersten Buch der *Dialoge* Erwähnung findet. Darüber hinaus lassen sich in der sogenannten Chronik des Fredegar, in den Werken Isidors von Sevilla sowie in der Vita Columbans des Jonas von Bobbio deutliche Bezüge auf die umstrittenen *Dialoge* nachweisen, die also bis in die 630er Jahre zurückreichen. Auch die inhaltlichen Brüche, die Clark zwischen den Wundergeschichten und der Theologie Gregors ausgemacht haben wollte, sind keineswegs so scharf, wie zunächst postuliert. Der späte Gregor schreibt Wundern die Funktion zu, Menschen zum Glauben bzw. zum Einhalten der göttlichen Lehren zu bewegen, weil sie als Beispiel stärker wirkten als jede belehrende Predigt. Sie bewiesen zugleich die ethische Tugend der Wunderwirker, seien also mehr als reine »Zaubergeschichten«. Andererseits mussten auch Clarks Kritiker anerkennen, dass die *Dialoge* vermutlich keiner Endredaktion unterzogen und nicht zu Gregors Lebzeiten publiziert worden sind. Möglich erscheint daher, dass der Papst in seinen letzten Lebensjahren an dieser Erörterung der Wundertaten italischer Heiliger gearbeitet hat, dass sein umfangreiches Manuskript aber erst nach seinem Tod von engen Mitarbeitern abgeschlossen und publiziert worden ist.

Dieser Position schließt sich auch Fried an, verbindet sie aber mit der Beobachtung, dass die Lebensbeschreibung Benedikts ein hohes Maß symbolischer Stilisierung erkennen lässt. Auch das ist bereits zuvor breit herausgestellt worden, vor allem von Adalbert de Vogüé, dem Herausgeber der umfangreich kommentierten kritischen Edition der *Dialoge*. Nur einige Befunde seien hier zusammengetragen: Die ersten drei Bücher der *Dialoge* seien als ein Triptychon aufzufassen, dessen »Mitteltafel« die Lebensbeschreibung Benedikts beinhalte. Diese Lebensbeschreibung gliedere sich in zwei Teile, die eine vergleichbare dreigliedrige Struktur aufwiesen (Gregor, Dialoge 2,1–8a bzw. 8b–38). Im Zentrum beider Abschnitte stünden – erneut in sich systematisch geordnet – Abfolgen von Wunderberichten (ebd. 4–7 bzw. 12–33). Des Weiteren werde die Absage an die weltliche Bildung dem Lobpreis der geistlichen Weisheit der Regel gegenübergestellt (ebd. 1 bzw. 36). Weitere Beobachtungen können mit Fried hinzugefügt werden: Der Lebensweg Benedikts habe nach den *Dialogen* von der Tiefe in die Höhe, von der Höhle in Subiaco auf den Montecassino bzw. auf den Turm des dortigen Klosters geführt; dieser Aufstieg von der Einsiedelei zur Leitung eines Großklosters sei von zwölf Wundern in der Tiefe zu zwölf Zeichen und Wundern auf der Höhe begleitet gewesen. Auch die Einzelepisoden durchziehe ein Netz von Anspielungen auf ältere hagiographische Texte sowie allegorische Bedeutungen. Selbst die Namen »Benedictus« und »Scholastica« seien in diesem Sinne zu verstehen:

> »Die *Dialoge* also protokollierten keine Lebensgeschichte; sie entwarfen vielmehr einen Typus, die Figur eines ›heiligen Mannes‹, ›des Gesegneten‹ schlechthin«.[2]

Die problematische Entstehungsgeschichte der *Dialoge*, die literarische Stilisierung der Benediktsvita sowie die zeitliche Distanz eines halben Jahrhunderts zwischen dem möglichen Todesdatum Benedikts und der Niederschrift seiner Vita werden für Fried zum Argument, jede Historizität des Gründers von Montecassino zu bezweifeln. Die Überlegungen des Historikers zur Unzuverlässigkeit des menschlichen Gedächtnisses, die er am Paradigma des individuellen Erinnerungsvermögens entwickelt, können hier nicht weiter entfaltet werden; die Dominanz symbolischer und allegorischer Motive in der Lebensbeschreibung sowie das vermeintliche Fehlen »harter Fakten« werden aus dieser Perspektive jedenfalls zu einem Beleg dafür, dass sich hinter dem Benedikt von Nursia der *Dialoge* lediglich eine Idealfigur verbirgt, nicht jedoch eine historisch verbürgte Persönlichkeit.

Kritik

Ich teile diese Einschätzung nicht. Die Gestaltung von erzählenden Texten nach literarischen Vorbildern ist unvermeidlich und dominiert auch moderne Biographien, ohne dass das die Faktizität ihrer Protagonisten infrage stellte. Nur weil religiöse, insbesondere hagiographische Muster dem Fortgang einer Geschichte ihren Stempel aufdrücken, spricht das nicht gegen ihre Authentizität. Sogar die zeitgenössische Wahrnehmung historischer Akteure dürfte bei frühmittelalterlichen Klerikern wesentlich von den textlichen Mustern beeinflusst gewesen sein, die auch ihre literarischen Produkte prägen. Die literarische Herausforderung bestand ja gerade in dem Nachweis, dass ein Lebensweg als Nachahmung Christi oder anderer heroischer Vorbilder zu lesen ist. In der Vorliebe für eine Entindividualisierung und Typisierung von Akteuren und ihren Taten begegnen sich Tendenzen der hagiographischen Literatur und Tendenzen des individuellen Erinnerungsvermögens – diese Kongruenz belegt aber noch nicht, dass entsprechende Befunde in der Literatur als Beleg für die kreative Verformungskraft menschlicher Erinnerung herangezogen werden müssen. Die Debatte über die Entstehung der *Dialoge* ist für die Frage nach der Historizität Benedikts von Nursia unerheblich. Schließlich hat sich die Forschung mittlerweile auf das Modell verständigt, dass bald nach dem Tod Papst Gregors Mitglieder seiner Entourage umfangreiches Material des Verstorbenen zum heute vorliegenden Werk zusammengeführt haben. Es bleiben schließlich die 50 Jahre zwischen dem vermutlichen Tod Benedikts und der Niederschrift seiner Lebensbeschreibung. In den *Dialogen* werden verschiedene Gewährsmänner als Zeugen aufgerufen. Ob man diesem Vorgehen, das für die frühmittelalterliche Geschichtsschreibung typisch ist, vertrauen oder ihm jeglichen

Wert absprechen möchte, ist eine Grundsatzfrage, die hier nicht entschieden werden kann. Man kann mit Fried Benedikt von Nursia ins Reich der Fabeln bzw. der imaginierten Symbolfiguren verweisen, wenn man sich für ein prinzipielles Misstrauen gegenüber den Quellen entscheidet, aber das ist nicht notwendig. Für das mittelalterliche Mönchtum, um das es auf den folgenden Seiten geht, stand jedenfalls fest: Benedikt von Nursia, dessen Leben Papst Gregor im zweiten Buch seiner *Dialoge* schildert, war ein Heiliger und Mönchsvater, der die *Regula Benedicti* verfasst hat.

2.2.3 Die Benediktsregel

Seit dem 8. Jahrhundert trat die Benediktsregel ihren Siegeszug durch das lateinische Mönchtum an. Deswegen ist es verführerisch, ihre Vorstellung unter die Leitfrage zu stellen, warum gerade dieser Text so erfolgreich werden sollte. Damit würde aber die Lektüre des Regeltexts in eine Perspektive gestellt, die für das 6. Jahrhundert, als die *Regula Benedicti* entstand, anachronistisch wäre. Denn zunächst handelte es sich lediglich um ein Werk der monastischen Literatur unter vielen. Mehr noch: die Benediktsregel zeichnet sich weniger durch eine besondere Originalität aus als vielmehr dadurch, zahlreiche Konzepte des frühen Mönchtums zu bündeln. Weite Passagen sind sogar wörtlich aus anderen Texten übernommen. Die überragende Wirkungsgeschichte der Benediktsregel rechtfertigt es also, sie zunächst systematisch vorzustellen. Im Anschluss muss sie aber in den Horizont der monastischen Literatur ihrer Zeit gestellt werden. Ihre Wirkungsgeschichte ist aus diesen Beobachtungen noch nicht zu erklären, sie ist daher der Gegenstand der folgenden Kapitel.

Der Prolog

> »Höre, mein Sohn, auf die Weisung des Meisters, neige das Ohr deines Herzens, nimm den Zuspruch des gütigen Vaters willig an und erfülle ihn durch die Tat!« (RB Prolog 1)

– mit diesen Worten beginnt der Regeltext. Der Prolog soll das Ziel verfolgen, den Leser oder Hörer der folgenden Regel mit ihren wesentlichen Inhalten vertraut zu machen, ihren Verfasser vorzustellen sowie zu legitimieren, warum man sich der Regel unterwerfen solle. Jenseits der – vermutlich erst später hinzugefügten – Rubriken stellt sich kein Sprecher vor, dessen Name die Autorität des Folgenden begründen würde. Stattdessen wendet sich ein anonymer »Meister« und »gütiger Vater« an seinen »Sohn«. Schon die Regelkommentare der Karolingerzeit sollten diesen »gütigen Vater« mit Christus identifizieren, der Prolog selbst ruft hingegen das Bild des Gesprächs eines erfahrenen Asketen mit einem jüngeren Schüler hervor, also die klassische Unterweisung durch den *abbas* [Altvater] im frühen Mönchtum. Lange Passagen des Prologs sind zwar von dieser literarischen Fiktion geprägt, dennoch wird dort auch der Umstand reflektiert, dass die Regel als schriftlicher Text rezipiert wird: »An dich also richte ich jetzt mein Wort, wer immer du bist« (ebd. 3). Damit steht der Regeltext in der Spannung zwischen dem Ideal einer individuellen, mündlichen Unterweisung des einzelnen Asketen und der Realität eines Schriftwerks, das aus der spezifischen Kommunikationssituation seiner Entstehung gelöst wird.

Das Spiel zwischen imaginierter Mündlichkeit und Schrifttext wiederholt sich wenige Verse später, wo der »Meister« und »gütige Vater« eine weitere Autorität ins Gespräch bringt, die der Bibel: »Stehen wir also endlich einmal auf! Die Schrift rüttelt uns wach und ruft: »Die Stunde ist da, vom Schlaf aufzustehen« (Röm 13,11) (RB Prolog 8). In der daran anschließenden ausführlichen Psalmenexegese wird das Bibelzitat zum Wort, mit dem Gott als dritter Gesprächspartner am Dialog des Abbas mit seinem Schüler teilhat:

> »[…] hören wir mit aufgeschrecktem Ohr, wozu uns die Stimme Gottes täglich mahnt und aufruft: ›Heute, wenn ihr seine Stimme hört, verhärtet eure Herzen nicht!‹ [Ps 95,8] Und wiederum: ›Wer Ohren hat zu hören, der höre, was der Geist der Gemeinden sagt!‹ [Offb 2,7] Und was sagt er? ›Kommt ihr Söhne, hört auf mich! Die Furcht des Herrn will ich euch lehren. Lauft, solange ihr das Licht des Lebens habt, damit die Schatten des Todes euch nicht überwältigen.‹ [Ps 34,12; Joh 12,35] Und der Herr sucht in der Volksmenge, der er dies zuruft, einen Arbeiter für

sich und sagt wieder: ›Wer ist der Mensch, der das Leben liebt und gute Tage zu sehen wünscht?‹ [Ps 34,13] Wenn du das hörst und antwortest: ›Ich‹, dann sagt Gott zu dir: ›Willst du wahres und unvergängliches Leben, bewahre deine Zunge vor Bösem und deine Lippen vor falscher Rede! Meide das Böse und tue das Gute! Such Frieden und jage ihm nach!‹ [Ps 34,14–15]. [...] Fragen wir nun mit dem Propheten den Herrn: ›Herr, wer darf wohnen in deinem Zelt, wer darf weilen auf deinem heiligen Berg?‹ [Ps 15,1] Hören wir Brüder, was der Herr auf diese Frage antwortet und wie er uns den Weg zu seinem Zelt weist: ›Der makellos lebt und das Rechte tut; der von Herzen die Wahrheit sagt und mit seiner Zunge nicht verleumdet; der seinem Freund nichts Böses antut und seinen Nächsten nicht schmäht [Ps 15,2–3]; der den arglistigen Teufel, der ihm etwas einflüstert, samt seiner Einflüsterung vom Auge seines Herzens wegstößt, ihn zunichte macht, seine Gedankenbrut packt und sie an Christus zerschmettert‹« (RB Prolog 9–17 und 23–28).

Die Autorität des Regeltextes wird also im Prolog dadurch begründet, dass ein erfahrener Asket jüngere Nachfolger unterweist, indem er angemessene Bibelzitate zusammenstellt und erläutert. Dies geschieht in der literarischen Form eines Gesprächs, an dem neben den beiden Mönchen Gott unmittelbar beteiligt erscheint.

Welche Ziele soll derjenige erreichen, der sich am Regeltext orientiert? Zunächst verweist der Prolog auf das Bemühen, Laster abzulegen und sich Tugenden anzueignen:

»[Du] kehrst [...] durch die Mühe des Gehorsams zu dem zurück, den du durch die Trägheit des Ungehorsams verlassen hast. An dich also richte ich jetzt mein Wort, wer immer du bist, wenn du nur dem Eigenwillen widersagst, für Christus, den Herrn und wahren König, kämpfen willst und den starken und glänzenden Schild des Gehorsams ergreifst« (RB Prolog 2–3).

Mittel der Wahl ist vor allem das Gebet, denn eine Vollendung der Bemühungen um Tugend ist nach dem Prolog nur Gott möglich. Ziel des tugendhaften Lebens aber ist das Bestehen vor Gottes Gericht, um nach dem Tod in seine Herrlichkeit einzugehen. Dieses Ziel umschreibt der Text des Prologs mit verschiedenen biblischen Bildern, etwa dem des Gottesreichs oder des (Tempel-)Zelts Gottes, in dem der Asket Wohnrecht erwerbe (RB Prolog 21–24, 39), der unmittelbaren Anschauung Gottes (ebd. 21) oder auch dem Anteil an seinem Erbe (ebd. 6,50). Das Risiko des Scheiterns klingt etwa beim gleichfalls biblisch begründeten Gegensatz zwischen dem Verhältnis von Knechten zu ihrem furchterregenden Herrn und dem Verhältnis von Söhnen zu ihrem Vater an (ebd. 6–7).

Der Zusammenhang zwischen dem tugendhaften irdischen Leben und dem Gewinn des ewigen Lebens findet sich etwa in folgenden Passagen kondensiert ausgedrückt:

>»›Willst du wahres und unvergängliches Leben, bewahre deine Zunge vor Bösem und deine Lippen vor falscher Rede! Meide das Böse und tue das Gute! Such Frieden und jage ihm nach! [Ps 34,14-15] Wenn ihr das tut, blicken meine Augen auf euch, und meine Ohren hören auf eure Gebete; und noch bevor ihr zu mir ruft, sage ich euch: Seht, Ich bin da.‹ Liebe Brüder, was kann beglückender für uns sein als dieses Wort des Herrn, der uns einlädt? Seht, in seiner Güte zeigt uns der Herr den Weg des Lebens. [Ps 16,11] Gürten wir uns also mit Glauben und Treue im Guten, und gehen wir unter der Führung des Evangeliums seine Wege, damit wir ihn schauen dürfen, der uns in sein Reich gerufen hat. Wollen wir in seinem Reich und in seinem Zelt wohnen, dann müssen wir durch gute Taten dorthin eilen; anders kommen wir nicht ans Ziel« (ebd. 17–22).

Es geht also um nichts anderes als um die individuelle Vervollkommnung des einzelnen Asketen. Wenn er erfolgreich seine Laster wie zum Beispiel den Eigenwillen bekämpft, ein tugendhaftes Leben führt und sich in beständigem Gebet übt, kann er das ewige Leben in der Gegenwart Gottes erreichen. Das Ende des Prologs greift diese Motive noch einmal verdichtet auf und verbindet sie mit der Ankündigung, der folgende Regeltext diene dem Bemühen, »eine Schule für den Dienst des Herrn ein [zu]richten« (ebd. 45). Im Begriff *scola* überschneiden sich Anklänge an eine schulische Ausbildung und an einen militärischen Dienst – zwei semantische Felder, die den gesamten Prolog durchziehen. Als »Schüler des Magisters« wie als »kampferprobte Soldaten« sollen die Mönche leben, um »den Strafen der Hölle [zu] entfliehen und zum unvergänglichen Leben [zu] gelangen« (ebd. 42). Die Fokussierung auf die individuelle Vervollkommnung überrascht etwas, schließlich folgt auf diesen Prolog eine Regel für das klösterliche Gemeinschaftsleben. Wie noch auszuführen ist, durchzieht die Fokussierung auf das individuelle Heil auch die weitere Benediktsregel.

Normative Ansprüche des Regeltexts

Der Prolog äußert sich nicht genauer zu den normativen Ansprüchen, die im Text der Benediktsregel formuliert werden. Er beschränkt sich, wie bereits aufgeführt, auf den dringlichen Appell an den Hörer/Leser, die Mahnungen aufzunehmen, um nicht enterbt zu werden und »den Strafen der Hölle« zu entkommen (RB Prolog 6,42). Diesen didaktischen Impetus nimmt auch das Ende des Prologs wieder auf: »Bei dieser Gründung hoffen wir, nichts Hartes und nichts Schweres festzulegen« (ebd. 46); wenn dem Anfänger dennoch einiges streng erscheine, werde er bei seinem Fortschreiten im asketischen Leben merken, dass dieser enge Weg ihn zu »unsagbarem Glück der Liebe« führe (ebd. 49).

In sehr bemerkenswerter Weise greift der Epilog noch einmal das Thema auf, was der Regeltext eigentlich erreichen will:

> »Diese Regel haben wir geschrieben, damit wir durch ihre Beobachtung in unseren Klöstern eine dem Mönchtum einigermaßen entsprechende Lebensweise oder doch einen Anfang im klösterlichen Leben bekunden« (RB 73,1).

Strebe der Mönch nach Vollkommenheit, habe er sich an größeren Vorbildern zu orientieren als an den Vorgaben der Regel, nämlich an der Bibel, am Leben herausragender Asketen und an den Lehren der monastischen Literatur, etwa den Werken Cassians oder der Basiliusregel.

> »Wir aber sind träge, leben schlecht, sind nachlässig und müssen deshalb vor Scham erröten. Wenn du also zum himmlischen Vaterland eilst, wer immer du bist, nimm diese einfache Regel als Anfang und erfülle sie mit der Hilfe Christi. Dann wirst du schließlich unter dem Schutz Gottes zu den oben erwähnten Höhen der Lehre und der Tugend gelangen« (ebd. 7–9).

Fasst man die Selbstaussagen zusammen, die im Prolog und im Epilog über die Geltungsansprüche der Benediktsregel gemacht werden, ergibt sich also folgendes Bild: Ein milder asketischer Lehrer entwirft eine nicht zu strenge, gut zu befolgende Klosterregel. Sie soll es vielen Nachfolgern ermöglichen, ein asketisches Leben einzuüben, das ihnen den Zugang zum Himmelreich eröffnet. Die »Schule des Herrendiensts« erweist sich aber lediglich als Elementarschule, in der die Grundzüge erfolgreicher Askese vermittelt werden bzw. in der der Mönch eine Grundausbildung im Kampf mit dem Teufel erhält. Somit zielt der Regeltext eher auf Machbarkeit als auf Vollkommenheit.

In dieses Profil fügen sich einige Bemerkungen ein, mit denen innerhalb der Regel die Geltung der Normen relativiert wird, etwa im 40. Kapitel zum »Maß des Getränks«:

> »Jeder hat seine Gnadengabe von Gott, der eine so, der andere so [1 Kor 7,7]. Deshalb bestimmen wir nur mit einigen Bedenken das Maß der Nahrung für andere. Doch mit Rücksicht auf die Bedürfnisse der Schwachen meinen wir, dass für jeden täglich eine Hemina Wein genügt. Wem aber Gott die Kraft zur Enthaltsamkeit gibt, der wisse, dass er einen besonderen Lohn empfangen wird. Ob ungünstige Ortsverhältnisse, Arbeit oder Sommerhitze mehr erfordern, steht im Ermessen des Oberen. Doch achte er darauf, dass sich nicht Übersättigung oder Trunkenheit einschleichen. Zwar lesen wir, Wein passe überhaupt nicht für Mönche, weil aber die Mönche heutzutage sich davon nicht überzeugen lassen, sollten wir uns wenigstens darauf einigen, nicht bis zum Übermaß zu trinken, sondern weniger. Denn der Wein bringt sogar die Weisen zu Fall [Sir 19,2]. Wo aber ungünstige Ortsverhältnisse es mit sich bringen, dass nicht einmal das oben angegebene Maß, sondern viel weniger oder überhaupt nichts zu bekommen ist, sollen Brüder, die dort wohnen, Gott preisen und nicht murren. Dazu mahnen wir vor allem: Man unterlasse das Murren« (RB 40).

In diesem Kapitel verbinden sich mehrere Bedenken gegenüber abstrakten Normen, die für alle in gleicher Weise verbindlich sein sollen. Zunächst einmal erscheint das bereits erwähnte Motiv: Das Ideal asketischer Perfektion sehe zwar die Forderung nach völliger Enthaltsamkeit vor, dies könnten oder wollten aber nicht alle erreichen, an die sich die Regel richte. Diese Zugeständnisse erlangen eine theologische Aufwertung dadurch, dass die vollständige Abstinenz von Wein als besondere Gnadengabe genannt wird, die nicht jedem gegeben sei. Die anderen hätten sich hingegen nur von übermäßigem Weinkonsum zu enthalten. Diese Mindestanforderung vermittelt zwischen den scharf formulierten Maximalforderungen der monastischen Literatur und den tatsächlichen Fähigkeiten des Adressatenkreises der Benediktsregel. Darüber hinaus werden weitere Faktoren in Anschlag gebracht, die ein Abweichen von der abstrakten Norm rechtfertigen: die örtlichen Verhältnisse, das Klima und die körperlichen Anforderungen an die Mönche. Wenn nötig, dürften sie mehr Wein trinken. Wo der Wein fehle, sollten sie nicht »murren«, weil sich darin fehlende Demut artikuliere. Die Entscheidung darüber, wer wie viel Wein zugeteilt bekommt, solle beim Abt liegen. Unter Berücksichtigung der individuellen Disposition sowie der momentanen Umstände habe er zu bestimmen, was gerade dem einzelnen zuträglich sei, und habe zugleich jeden Alkoholmissbrauch zu unterbinden.

Wie in einem Brennglas bündeln sich in diesem Kapitel mehrere Bedenken gegen eine uniformierende Normierung des asketischen Lebens: Den einzelnen Klosterbewohnern seien verschiedene Vorgaben zu machen, um ihre Kräfte nicht zu überfordern und um individuellen Stärken und Schwächen gerecht zu werden. Dies habe unter der Berücksichtigung der aktuellen Lebensumstände des Klosters wie des Einzelnen zu erfolgen. Der Abt trage die Verantwortung, zu entscheiden, was jeweils angemessen sei, und er habe sich dabei nicht in erster Linie an den Maßstäben herausragender Asketenheroen zu orientieren, sondern an dem, was seine Untergebenen verwirklichen könnten. Unter diesen Einschränkungen benennt der Regeltext zwar mit einer Hemina auch eine konkrete Quantität, die aber lediglich einen Richtwert dafür angibt, wie viel Wein dem Mönch pro Tag zu trinken erlaubt ist.

Andere Passagen der Benediktsregel greifen diese Selbsteinschränkung der eigenen normativen Autorität auf. Am Ende mehrerer Kapitel, in denen die Verteilung der 150 Psalmen auf die Gebetszeiten einer Woche skizziert wird, heißt es einschränkend:

> »Wir machen ausdrücklich auf folgendes aufmerksam: Wenn jemand mit dieser Psalmenordnung nicht einverstanden ist, stelle er eine andere auf, die er für besser hält. Er achte aber unter allen Umständen darauf, dass jede Woche der ganze Psalter mit den 150 Psalmen gesungen und zu den Vigilien am Sonntag stets von vorne begonnen wird. Denn Mönche, die im Verlauf einer Woche weniger singen als den ganzen Psalter mit den üblichen Cantica, sind zu träge im Dienst, den sie gelobt haben. Lesen wir doch, dass unsere heiligen Väter in ihrem Eifer an einem einzigen Tag vollbracht haben, was wir in unserer Lauheit wenigstens in einer ganzen Woche leisten sollten« (RB 18,22–25).

In ähnlicher Absicht führt auch das 49. Kapitel zur Fastenzeit aus:

> »Der Mönch soll zwar immer ein Leben führen wie in der Fastenzeit. Dazu aber haben nur wenige die Kraft. Deshalb raten wir, dass wir wenigstens in diesen Tagen der Fastenzeit in aller Lauterkeit auf unser Leben achten und gemeinsam in diesen heiligen Tagen die früheren Nachlässigkeiten tilgen. Das geschieht dann in rechter Weise, wenn wir uns von allen Fehlern hüten und uns um das Gebet unter Tränen, um die Lesung, die Reue des Herzens und um Verzicht mühen. Gehen wir also in diesen Tagen über die gewohnte Pflicht unseres Dienstes hinaus durch besonderes Gebet und durch Verzicht beim Essen und Trinken. So möge jeder über das ihm zugewiesene Maß hinaus aus eigenem Willen in der Freude des Heiligen Geistes Gott etwas darbringen [1Thess 1,6]; er entziehe seinem Leib etwas an Speise, Trank und Schlaf und verzichte auf Geschwätz und Albernheiten. Mit geistlicher Sehnsucht und Freude erwarte er das heilige Osterfest. Was aber der Einzelne als Opfer bringen will, unterbreite er seinem Abt. Es geschehe mit seinem Gebet und seiner Einwilligung; denn was ohne Erlaubnis des geistlichen Vaters geschieht, wird einmal als Anmaßung und eitle Ehrsucht gelten und nicht belohnt. Also werde alles mit Einwilligung des Abtes getan« (RB 49,1–10).

Diesen Kapiteln, in denen der Regeltext die Geltung der eigenen Bestimmungen relativiert, stehen andere Formulierungen gegenüber, die eine wörtliche Befolgung der *Regula* fordern (RB 3,7 und 7,55). Diese Formulierungen verteilen sich aber nicht gleichmäßig über den Text, sodass es sich lohnt, verschiedene Kontexte zusammenzustellen, in denen besonders eindringlich auf die *Regula* verwiesen wird.

1. *Regula* ist die Bestimmung, nach dem Abendgebet der Komplet schweigend zu Bett zu gehen (RB 42,9). Das Wort kann sich auf das gesamte 66. Kapitel beziehen, das dem Pförtner gewidmet ist sowie dem Wunsch, Mönche sollten sich so wenig wie möglich jenseits der Klostermauern aufhalten. Schließlich meint *regula* auch den Wortlaut der gesamten Benediktsregel, die Eintrittswilligen mehrfach vorgelesen werden soll (RB 58,9–10, 12–13).
2. Das Adjektiv *regularis* erscheint wiederholt in Wortverbindungen, die auf ein regelgemäßes Strafen verweisen: Wer sich in unangemessener Form dem Abt widersetze, wer sich und seine Mitbrüder während der Zeit der Lesungen trotz

mehrfacher Ermahnung weiterhin von der Lektüre ablenke, wer unbedacht vom Leben jenseits der Klostermauern berichte, unterliege der von der Regel vorgesehenen Strafe (ebd. 3,10; 48,20; 67,6 u.ö.). Was das konkret bedeutet, liegt jedoch im Einzelfall wieder im Ermessen des Abts, wie später auszuführen ist.

3. Die Regel dient vor allem denjenigen, die noch kein Kloster von innen gesehen haben, als Gesamtentwurf des monastischen Lebens. Es fällt auf, dass das Verlesen und Beachten der Regel in den Kapiteln 58 und 60 mehrfach betont wird, die den Neueintritt von Laien und Priestern in das Kloster zum Gegenstand haben. Im nachfolgenden Kapitel 61, das aus anderen Klöstern übertretenden Mönchen gewidmet ist, fehlt jeder Verweis auf die *Regula*; sie müssen sich lediglich mit den örtlichen Gewohnheiten (*consuetudines loci*) der Gemeinschaft vertraut machen, die nach der Benediktsregel lebt. Die Regel zeichnet also einen allgemeinen, einführenden Entwurf des monastischen Lebens.
4. Weitere Belege führen zu den Mitgliedern der Mönchsgemeinschaft, die aufgrund einer herausragenden Position Gefahr laufen, überheblich zu werden. Ihnen wird nachdrücklich eingeschärft, sie hätten sich der Regel zu unterwerfen: der Abt (ebd. 3,11; 64,20), der Prior (ebd. 65,17–18) und ins Kloster eingetretene Priester (ebd. 62,3–4; 11). Die Sorge um die mögliche Überheblichkeit eines Priesters wird in aller Klarheit formuliert: »Der Geweihte aber hüte sich vor Überheblichkeit und Stolz. [...] Er weiß ja, dass gerade er sich der Zucht der Regel zu unterwerfen hat« (ebd. 62,2–3). Die Strenge der Regel fungiert also als Korrektiv für diejenigen, deren Demut in Gefahr ist, weil sie aus der Gemeinschaft ihrer Mitbrüder herausragen.

Insgesamt skizziert die Benediktsregel eine Lebensweise, der viele gerecht werden können, ohne den Anspruch der Vollkommenheit zu erheben. Es handelt sich um eine Leitlinie, an der man sich als Asket orientieren kann, nicht um ein Gesetz, das in jeder Formulierung penibel zur Anwendung gebracht werden muss. Das Verständnis der Benediktsregel sollte sich gerade in dieser Hinsicht während des Mittelalters grundlegend ändern. Das Leben unter einem Abt sowie auch einer Regel, wie es hier skizziert wird, ist von einem didaktischen Anspruch geprägt, es geht lediglich um Grundzüge eines Entwurfs, wie man mit monastischem Leben vertraut werden kann. Daher die Rücksicht auf Alte und Kinder (ebd. 37), auf die mangelnde Bereitschaft zum Verzicht auf Wein (ebd. 40) oder auf die fehlende Fähigkeit zu einem Leben, das ganz im Zeichen einer radikalen Buße und Umkehr steht (ebd. 49). Zur entscheidenden Instanz aber wird der Abt, der den Einzelnen ermutigend, mahnend oder auch hart strafend dazu bewegen muss, »eine dem Mönchtum einigermaßen entsprechende Lebensweise« (ebd. 73,1) zu befolgen.

Der Abt

Das erste Kapitel der *Regula Benedicti* stellt zwei Charakteristika des zönobitischen Lebens heraus: die Regel und den Abt. Was von ihm zu erwarten ist, ist in verschiedener Hinsicht bereits angeklungen. Auf der einen Seite ist der Abt die zentrale Autorität im Kloster, deren Weisungen verbindlich sind. Er muss das Leben der Mönche überwachen und gegebenenfalls Fehlverhalten sanktionieren. Auf der anderen Seite ist er aber auch schon in der Figur des Lehrers und gütigen Vaters begegnet, der im Prolog den Hörer anspricht. Er tritt als erfahrener Asket auf, dem die pädagogische Fähigkeit eignet, weniger Erfahrene auf dem engen Weg des asketischen Lebens zu geleiten. Dieses doppelte Anforderungsprofil eines strengen Vorgesetzten und eines fähigen Pädagogen durchzieht die Ausführungen, die die Benediktsregel zur Figur des Abts macht.

In der Forschung ist diese Rolle seit der Mitte des 20. Jahrhunderts intensiv diskutiert worden, vor allem unter Autoren, die selbst dem benediktinischen Mönchtum verbunden waren. Der Impuls des Zweiten Vatikanischen Konzils zum überfälligen *Aggiornamento* – der Modernisierung der Römisch-Katholischen Kirche – hatte auch vor Klostermauern nicht Halt gemacht und die Frage nach den hierarchischen Verhältnissen in den Konventen neu aufgeworfen. In legitimer Weise verband sich daher die historische Frage nach einem angemessenen Verständnis der Benediktsregel mit der aktuell drängenden

Frage nach einer Neujustierung der Kräfteverhältnisse im Kloster. Diese Amalgamierung historischer und lebensweltlicher Anliegen macht aber den Umgang mit der überaus reichhaltigen Literatur zur Figur des Abts in der Benediktsregel eher problematisch, wenn man allein der Frage nachgehen möchte, welche Stellung ein Text des 6. Jahrhunderts dem Klostervorsteher zuschreibt. Folgende Elemente lassen sich aber zusammensetzen.

Autorität des Abts

Grundsätzlich leitet sich jede Autorität des Abts von seiner Funktion für die ihm unterstehenden Mönche ab. Die Benediktsregel organisiert das klösterliche Leben mit der Maßgabe, möglichst allen Mönchen den Weg zur individuellen Vervollkommnung zu eröffnen. Weil aber das Risiko groß ist, »ohne den Beistand eines anderen« vom rechten Weg im Kampf »gegen die Sünden des Fleisches und der Gedanken« (RB 1,5) abzuirren, ist dem Abt die Verantwortung übertragen, die Mönche anzuleiten und zu korrigieren. Das wird im zweiten Kapitel der Regel theologisch begründet, wo dem Abt die Rolle zugesprochen wird, im Kloster die Stelle Christi zu vertreten. Schließlich werde er – und hier argumentiert der Text exegetisch nicht ganz exakt – mit dem Namen Christi angesprochen: »Ihr habt den Geist empfangen, der euch zu Söhnen macht, der Geist, in dem wir rufen: ›Abba, Vater!‹« (Röm 8,15, zitiert in RB 2,3). Für den Mönch folgt daraus die Forderung nach einem sehr weitreichenden Gehorsam gegenüber dem Abt. Machtfunktional gefasst kann das als Element zur Stabilisierung der innerklösterlichen Hierarchie gelesen werden – Marylin Dunn hat diesen Aspekt nachdrücklich unterstrichen.[3] Die Benediktsregel betont hingegen schon in den ersten Versen des Prologs einen geistlichen Selbstwert des Gehorsams. Das Mönchwerden wird gleichgesetzt mit dem Vorsatz, »dem Eigenwillen [zu] widersag[en] […] und den starken und glänzenden Schirm des Gehorsams [zu] ergreif[en]« (RB Prolog 3).

Regelungs- und Strafgewalt

Der Abt erscheint also als Leiter des Klosters mit Weisungs- und Sanktionsgewalt, wie bereits angeklungen ist. Er entscheidet darüber, ob dem gesamten Konvent oder Einzelnen mehr oder weniger Wein als eine Hemina pro Tag zuzuteilen ist (RB 40). Er hat zu genehmigen, welche besonderen Leistungen die Asketen während der Fastenzeit vollbringen (RB 49). In einer vormodernen, stark ehrorientierten Gesellschaft besonders wichtig: Er entscheidet unter Abwägung des Eintrittsalters sowie des Lebenswandels über die Rangordnung der Mönche im Kloster (RB 63). Er organisiert auch den Alltag im Kloster, regelt etwa die handwerklichen Tätigkeiten der Mönche (RB 57) oder teilt diejenigen ein, die den Klosterbesitz wie Werkzeuge oder Kleidung verwalten (RB 32). Nach moderner Wahrnehmung resultieren daraus massive Eingriffe in die »Privatsphäre« der Mönche, auch wenn dieser Begriff für ein frühmittelalterliches Kloster völlig anachronistisch erscheint. Mehrfach, vor allem in den Kapiteln 33 und 55, wird eingeschärft, niemand dürfe im Kloster über individuelles Eigentum verfügen, »kein Buch, keine Schreibtafel, keinen Griffel – gar nichts« (RB 33,3). In diesem Zusammenhang wird dem Leiter des Klosters aufgetragen: »Der Abt durchsuche häufig die Betten, ob sich dort nicht Eigenbesitz finde« (RB 55,16). Ein weiteres Beispiel für die Eingriffsrechte und pflichten des Abts findet sich in den Ausführungen zum Umgang mit Briefen und Geschenken, die Angehörige oder Freunde den Mönchen schicken. Im Fall von Briefen entscheidet der Abt, ob sie überhaupt ausgehändigt werden. Geschenke kann er jedem beliebigen Mönch des Klosters zuteilen, und der ursprüngliche Adressat wird sogar ermahnt, er solle nicht traurig sein.

Besonders deutlich wird die dominierende Rolle des Abts im Kloster in den Bestimmungen zur Sanktionierung von Fehlverhalten einzelner Mönche. Grundsätzlich haben die verschiedenen Vorgesetzten im Kloster, die später vorzustellen sind, die Pflicht, einen Übeltäter zunächst zweimal im Geheimen zu ermahnen, ehe sie bei Uneinsichtigkeit die dritte Mahnung vor dem Konvent aussprechen und so das Vergehen publik machen (RB 23). Strafen werden nach zwei Klassen von Delikten differenziert zugeteilt. Bei leichten Vergehen erfolgen der Ausschluss von den gemeinsamen Mahlzeiten sowie eine sichtliche Herabstufung während des gemeinschaftlichen Gebets im Oratorium des Klosters. Schwere Vergehen ziehen auch einen Ausschluss vom gemeinschaftlichen Gebet nach sich und münden zugleich in eine soziale Isolation des Büßenden in der Klostergemeinschaft (RB 24–26). Der Abt ist derjenige, der die Entscheidung trifft, wie das Vergehen eines Mönchs zu bewerten ist und welche Strafe ihn daher ereilt: »Es steht dem Abt zu, die Schwere der Schuld zu beurteilen« (RB 24,2). Er entscheidet auch, wann derjenige, der für eine schwere Verfehlung büßt, wie viel Nahrung zugeteilt bekommt (RB 25,5). Auch die Forderung, niemand habe mit einem Ausgeschlossenen in irgendeiner Weise Kontakt aufzunehmen, unterstreicht die Autorität des Abts, denn jede Solidarisierung mit dem Bestraften könnte als Kritik an der vom Leiter des Klosters verhängten Strafe aufgefasst werden. Wird schließlich ein Mönch wieder in die volle Gebets- und Mahlgemeinschaft aufgenommen, tritt die Disziplinargewalt des Abts noch einmal sehr eindrucksvoll vor Augen. Wer für ein schweres Vergehen von beidem ausgeschlossen war, liege, so wird gefordert, jedes Mal vor der Tür des Oratoriums ausgestreckt auf dem Boden, wenn der Konvent aus ihm herausziehe – »bis der Abt entscheidet, dass es genügt« (RB 44,1–3). Dann rufe der Abt ihn wieder herein, und der Büßer werfe sich im Oratorium erneut dem Oberen und danach den anderen Mönchen zu Füßen, und der Abt weise ihm den letzten oder einen anderen angemessenen Platz im Konvent zu (RB 44,5). Doch damit noch nicht genug: Immer noch müsse er sich am Ende der Gebetszeiten an seinem Platz zu Boden werfen, um für sein Vergehen zu büßen, bis ihm der Abt auch diese Strafe erlasse (RB 44,7–8). Auch bei leichteren Vergehen steht dem Abt die Entscheidung zu, wann die Bußfrist endet (RB 44,9–10).

Es wäre jedoch einseitig, nur die Regelungs- und Strafgewalt des Abts zu betonen. Schon in die Kapitelfolge zum klösterlichen Strafsystem ist ein Kapitel eingeschoben, das unter Rückgriff auf den Vergleich mit einem Arzt oder Hirten die Fürsorge für die Bestraften in den Vordergrund und den Abt damit zugleich explizit in die Nachfolge des Guten Hirten Christus stellt. Ziel muss ihm sein, denjenigen zu seinen monastischen Vorsätzen zurückzuführen, der in seinem Vergehen vom selbstgewählten Weg abgewichen ist (RB 27). Dabei wird der Abt explizit gemahnt, seine Strafgewalt mit großem Augenmaß auszuüben:

> »Der Abt muss sich sehr darum sorgen und mit Gespür und großem Eifer danach streben, dass er keines der ihm anvertrauten Schafe verliert. Er sei sich bewusst, dass er die Sorge für gebrechliche Menschen übernommen hat, nicht die Gewaltherrschaft über gesunde« (RB 27,6).

Die Sorge um eine rechte Balance zwischen dem kompromisslosen Vorgehen gegen Missstände und der fördernden Fürsorge für jeden der ihm Anvertrauten findet sich auch in den beiden Kapiteln, die besonders der Figur des Abts gewidmet sind, markant hervorgehoben:

> »Muss er aber zurechtweisen, handle er klug und gehe nicht zu weit; sonst könnte das Gefäß zerbrechen, wenn er den Rost allzu kräftig auskratzen will. Stets rechne er mit seiner eigenen Gebrechlichkeit. Er denke daran, dass man das geknickte Rohr nicht zerbrechen darf [Jes 42,3]. Damit wollen wir nicht sagen, er dürfe Fehler wuchern lassen, vielmehr schneide er sie klug und liebevoll weg, wie es seiner Ansicht nach jedem weiterhilft; wir sprachen schon davon. Er suche mehr geliebt als gefürchtet zu werden« (RB 64,11–14). »Er lasse sich vom Gespür für den rechten Augenblick leiten und verbinde Strenge mit gutem Zureden. Er zeige den entschlossenen Ernst des Meisters und die liebe Güte des Vaters. Härter tadeln muss er solche, die keine Zucht kennen und keine Ruhe geben; zum Fortschritt im Guten ermutige er alle, die gehorsam, willig und geduldig sind; streng zurechtweisen und bestrafen soll er jene, die nachlässig und widerspenstig sind. Auf keinen Fall darf er darüber hinwegsehen, wenn sich jemand verfehlt; vielmehr schneide er die Sünden schon beim Entstehen mit der Wurzel aus, so gut er kann. Er soll daran denken, da ihm sonst das Schicksal des Priesters Heli von Schilo droht [1Sam 2,22–4,18]. Rechtschaffene und Einsichtige weise er einmal und ein zweites Mal mit mahnenden Worten zurecht. Boshafte aber, Hartherzige, Stolze und Ungehorsame soll er beim ersten Anzeichen eines Vergehens durch Schläge und körperliche Züchtigung im Zaum halten« (RB 2,24–28).

Diese Funktionen kann nur ein Abt erfüllen, der seine Mönche sehr genau kennt und auch um ihre persönliche Entwicklung weiß. Als geistlichem Vater sollten die Mönche ihm anvertrauen, wenn sie von Gedanken umgetrieben werden, die sie beunruhigen (RB 4,50; 7,44) – und auf die er eben angemessen zu reagieren habe. Somit wird der Abt neben der Regel zur zweiten leitenden Autorität für den Klosterbewohner – mit der entscheidenden Autorität, nicht nur die Vorgaben des Regeltextes für den Einzelfall auszulegen, sondern gegebenenfalls auch über ihn hinauszugehen. Es handelt sich um ein Idealbild, das hohe Anforderungen an den Vorsteher der Mönchsgemeinschaft formuliert. Betrachtet man die theologisch-spirituellen Voraussetzungen der Benediktsregel, erscheint dieses Idealbild in sich schlüssig – auch wenn der unumschränkte Anspruch auf Gehorsam, die weitreichende Strafkompetenz oder auch empfindliche Eingriffe in die »Privatsphäre« des Einzelnen für die moderne Wahrnehmung sehr befremdliche Züge tragen.

Institutionelle Strukturen des Klosterlebens

Die geistlich begründete Leitungs- und Kontrollfunktion des Abts gegenüber seinen Mönchen lässt sich aus der Benediktsregel heraus sehr detailliert nachvollziehen, sogar bis in ihre theologischen Begründungen hinein. Ganz anders sieht es mit der klösterlichen Verfassung aus, die eher schwach differenziert erscheint und überraschende Leerstellen aufweist. Bezeichnend dafür sind etwa die Vorgaben zur Abtswahl – ein Thema, um das es zu ausgeprägten Forschungskontroversen gekommen ist, weil der Regeltext vage bleibt. Ein Abt, so wird ausgeführt, sei vom Konvent zu wählen, und zwar »einmütig« oder aber von einer noch so kleinen Minderheit, wenn dies »in besserer Einsicht« erfolge. Wenn aber die Mönche sich gemeinsam für einen ungeeigneten Kandidaten entscheiden sollten, solle dies dem zuständigen Diözesanbischof mitgeteilt werden, der ebenso einschreiten müsse wie »die Äbte oder Christen in der Nachbarschaft« (RB 64,1–6). Diese Vorgaben erfüllen nicht die Erwartungen an eine präzise Verfahrensordnung. Es fehlen Angaben zu Abstimmungsarten, zu den Voraussetzungen für den erfolgreichen Einspruch einer Minderheit, zu Appellationsverfahren oder auch zu den formalen Richtlinien für einen Eingriff von außen. Stattdessen finden sich im 64. Kapitel bereits referierte ausführliche Darlegungen zu den geistlichen Prinzipien, nach denen der gute Abt sein Amt führt.

Es stellt sich als Grundprinzip der Benediktsregel heraus, dass das Funktionieren des Klosters nicht von institutionellen Vorgaben gewährleistet werden soll, sondern von einer Darlegung seiner spirituellen Prinzipien. Dennoch zeichnen sich Umrisse seines institutionellen Gefüges ab. An der Spitze des Klosters steht der Abt – das muss nicht mehr weiter ausgeführt werden. Ihm stehen alle wichtigen Entscheidungen zu, für die er Gehorsam erwarten darf. Zur Beratung habe er, so betont das dritte Kapitel an prominenter Stelle, alle Mönche zusammenzurufen und sich jeden Ratschlag anzuhören. Die Entscheidung liege dann jedoch allein bei ihm, eine Debatte oder gar Abstimmung erscheint ausgeschlossen. Als »Lehrmeisterin« – nicht jedoch als unhintergehbare Autorität – diene dem Abt und dem Konvent dabei die Regel, »und niemand darf leichtfertig von ihren Weisungen abweichen« (RB 3,7). Innerhalb des Klosters existiert eine feste Rangordnung, die insbesondere während des gemeinsamen Gebets und Essens die Sitzordnung und die Reihenfolge bei Handlungen festschreibt, die alle Mönche nacheinander vollziehen. Darüber hinaus regelt die relative Stellung der Mönche in der Rangordnung auch ihr Verhalten zueinander, das vor allem auf einem hohen Respekt der Jüngeren vor den Älteren beruht. Entscheidend für die Stellung des Mönchs ist der Zeitpunkt seines Eintritts ins Kloster sowie die Qualität des mönchischen Lebens. Damit entscheidet praktisch erneut der Abt über ein zentrales Moment des klösterlichen Alltagslebens (RB 63).

Klosterämter

Unter ausdrücklicher Betonung der unumschränkten Autorität des Abts führt die Benediktsregel weitere Klosterämter ein, die er besetzen kann. Ein Prior oder mehrere Dekane können ihm in seiner Leitungsfunktion zur Seite stehen – mehr erfahren wir nicht außer der ausführlichen Besorgnis, der Prior könne dem Abt gegenüber hochmütig werden (RB 65). Das gilt auch für den Alternativvorschlag, statt eines Priors mehrere Dekane zu benennen (RB 21). Weitere, etwas präziser umschriebene Funktionsstellen sind die des Cellerars, der Krankenpfleger und des Pförtners. Der Cellerar ist für die Bewirtschaftung der klösterlichen Nahrungsmittelvorräte zuständig, die er nach der Weisung des Abts den einzelnen Mönchen zuteilt. Darüber hinaus fallen auch alle Geräte und aller Besitz in seine Zuständigkeit – hierbei ist wohl an Arbeits- wie Schreibgeräte zu denken, die er an die Mönche ausgibt und deren Zustand er überwacht. Wenn das Kloster größere Dimensionen angenommen haben sollte, so wird mitbedacht, könnten ihm weitere Mitarbeiter an die Seite gestellt werden. Das erscheint umso plausibler, als auch »Kranke, Kinder, Gäste und Arme« in seinen Zuständigkeitsbereich fallen (RB 31,9). Ihm zur Seite stehen ggf. Krankenpfleger (RB 36). Der Pförtner schließlich regelt die Außenkontakte und muss in der Lage sein, auf jede Anfrage selbstständig angemessen zu reagieren (RB 66). Hinzu kommen wöchentlich wechselnde Dienste in der Küche und an der Tafel. Während vom Küchendienst explizit niemand ausgenommen wird – mit Ausnahme des vielbeschäftigten Cellerars in einem größeren Kloster –, besteht das Kapitel über die Tischlesung auf gewisse Einschränkungen: »Die Brüder dürfen übrigens nicht der Reihe nach vorlesen oder vorsingen, sondern nur, wenn sie die Zuhörer erbauen« (RB 38,12).

Das Kloster erscheint als eigenständige Institution, für deren Alltag die Strukturen des Bistums keine Rolle spielen. Auch die Priester, die in ein Kloster aufgenommen werden, sollen auf die Privilegien ihres Amts verzichten, um sich in der klösterlichen Umwelt, wie nachdrücklich eingeschärft wird, wie normale Mönche zu verhalten und keinerlei Anspruch auf einen Sonderstatus zu erheben. Ein Bischof kann nur dann wieder ins Spiel kommen, wenn sich ein Priester diesen Ansprüchen nicht fügen will: Dann soll der Bischof bei mehrfach wiederholten Ermahnungen hinzugezogen werden, um den Priester an sein Mönchsgelübde zu erinnern (RB 62). Darüber hinaus weiß, wie eingangs dieses Abschnitts ausgeführt, die Benediktsregel vom Eingreifen des Bischofs in Krisensituationen, in denen ein Kloster offensichtlich nicht in der Lage ist, sich selbst einen geeigneten Abt zu geben. Ansonsten sind aber nach der Benediktsregel Weltkirche und Kloster zwei institutionell völlig unabhängige Sphären. Adalbert de Vogüé ist in seinem umfangreichen Kommentar der Benediktsregel sichtlich darum bemüht, dieses Desinteresse an der institutionellen Integration des Klosters in kirchliche Strukturen durch einen Rückgriff auf die Magisterregel – die wesentliche Vorlage der Benediktsregel – aufzufangen, wo das Kloster deutlicher dem Bischof zugeordnet erscheint.[4] Die Benediktsregel verzichtet aber auf derartige Festlegungen – wie grundsätzlich das Interesse an institutionellen Strukturen in ihr nicht sehr ausgeprägt erscheint.

»Die Werkzeuge der geistlichen Kunst« (RB 4)

Bisher ist das Kloster, das die Benediktsregel entwirft, vor allem aus der Perspektive des Abts bzw. des Zusammenspiels zwischen ihm und der ihm unterstellten Gemeinschaft betrachtet worden. Das entspricht dem Gegenstand der ersten drei Kapitel der Benediktsregel, die ja nach der Definition, was eigentlich Mönche ausmacht, den Abt und sein Verhältnis zu den versammelten »Brüdern« behandeln. Bevor der Regeltext aber den klösterlichen Alltag thematisiert, bieten die außerordentlich langen Kapitel vier bis sieben umfangreiche Erörterungen zum geistlichen Leben der Mönche, genauer des einzelnen Asketen. In Wiederaufnahme der Gedanken des Prologs geht es darum, noch einmal genauer zu präzisieren, wie das einzelne Klostermitglied sich so erfolgreich in Tugenden üben kann, dass es das ewige Leben gewinnt. Ganz deutlich tritt also an dieser Stelle noch einmal heraus, dass das Kloster der Benediktsregel Mönche versammelt, damit sie je individuell möglichst erfolgreich asketisch leben. Vor allem der Abt, aber je nachdem auch einzelne Mitbrüder, helfen ihm dabei, indem sie ihn überwachen und korrigieren.

Die Titelstichworte »Gehorsam« (RB 5), »Schweigsamkeit« (RB 6) und »Demut« (RB 7) umschreiben die Anforderungen, die zunächst an das Verhalten, dann aber vor allem an die innere Haltung des Mönchs gerichtet werden. Insbesondere das siebte Kapitel entfaltet sich fast zu einem kleinen Traktat, in dem zwölf »Stufen der Demut« entwickelt werden, über die der Mönch zur Vollkommenheit aufsteigt, die ihm seinen Platz im Paradies sichert. Aus der Perspektive des Einzelnen skizziert es, wie er sich dem Abt und den Mitbrüdern gegenüber aufzufassen und zu verhalten hat. Ausgangspunkt der Überlegungen ist die Anforderung, sich als Sünder zu begreifen, der für jeden Fehler selbst die Verantwortung trägt und jeden Verdienst allein Gott zuschreibt. Daraus resultiert Gott und stellvertretend dem Abt gegenüber der Verzicht auf jeden eigenen Willen – um dem Willen Gottes so viel Raum wie möglich zu geben. Die monastische Anthropologie der Benediktsregel arbeitet an dieser Stelle mit einer sich ausschließenden Alternative zwischen dem Anspruch des Sünders, sein Leben selbst zu gestalten, und dem Anspruch des büßenden Asketen, sich ganz von Gott lenken zu lassen. Gehorsam wird hier zu einem asketischen Selbstzweck. Daher bestehen die »Stufen der Demut« darin, sich im Gehorsam zu perfektionieren – vom äußerlich widerspruchsfreien Befolgen aller Weisungen zur innerlichen Anerkennung ihrer Berechtigung ohne Ansehen des Inhalts. Darauf folgt auch die Selbstbescheidung mit dem untersten Platz in der Hierarchie des Klosters, zumindest in der Anerkennung, man hätte diesen Platz wegen der eigenen Sündhaftigkeit verdient. Auch dies soll einerseits seinen Ausdruck im physischen Habitus des Mönchs finden, der durch seine Körperhaltung und sein defensives Auftreten jederzeit das Selbstbewusstsein des Büßers transparent macht. Ebenso wichtig ist andererseits die Aufrichtigkeit des demonstrierten Habitus, der andernfalls zur Heuchelei würde.

Auch die Schweigsamkeit findet in diesem System der Selbstbescheidung oder -demütigung ihren festen Platz.

> »Die neunte Stufe der Demut: Der Mönch hält seine Zunge vom Reden zurück, verharrt in der Schweigsamkeit und redet nicht, bis er gefragt wird. Zeigt doch die Schrift: ›Bei vielem Reden entgeht man der Sünde nicht‹ [Spr 10,19]. ›Der Schwätzer hat keine Richtung auf Erden‹ [Ps 140,12]. Die zehnte Stufe der Demut: Der Mönch ist nicht leicht und schnell zum Lachen bereit, steht doch geschrieben: ›Der Tor bricht in schallendes Gelächter aus‹ [Sir 21,20]. Die elfte Stufe der Demut: Der Mönch spricht, wenn er redet, ruhig und ohne Gelächter, demütig und mit Würde wenige und vernünftige Worte und macht kein Geschrei, da geschrieben steht: Den Weisen erkennt man an den wenigen Worten« (RB 7,56–61).

Trotz der Wertschätzung für die Schweigsamkeit entwirft die *Regula Benedicti* eine Kultur des geistlichen Gesprächs, durch das der Jüngere vom Älteren unterwiesen wird. »Supervisionsgespräche« sollen dazu beitragen, dass der Einzelne nicht von seinen inneren Nöten überwältigt wird. Grundsätzlich soll der Abt ebenso wie andere erfahrene Mönche durch angemessene Worte, aber ebenso durch Taten ein Lehrer und Vorbild sein. So wird im Kapitel über die Schweigsamkeit bündig konstatiert: »[R]eden und Lehren kommt dem Meister zu, Schweigen und Hören dem Jünger« (RB 6,6). Neben dem Abt und älteren Mitbrüdern werden auch angesehene Schriften der Mönchsliteratur in gleicher Weise eingesetzt. Für die Zeit vor dem Nachtgebet, der Komplet, etwa ist vorgesehen, dass alle schweigen. »Dann lese einer die ›Unterredungen‹, die ›Lebensbeschreibungen‹ oder sonst etwas vor, das den Hörer erbaut« (RB 42,3).

Der Lehrer spricht – der Schüler hört zu, allenfalls bittet »man den Oberen […] in aller Demut und ehrfürchtiger Unterordnung« (RB 6,7), sofern dies nötig ist. Dieses Gebot gilt jedoch nicht für den Fall, dass der Mönch von seinen Gedanken bedrängt wird. Dies fasst das vierte Kapitel, das die »Werkzeuge der geistlichen Kunst« aufzählt, in die Formulierrung: »Böse Gedanken, die sich in unser Herz einschleichen, sofort an Christus zerschmettern und dem geistlichen Vater eröffnen« (RB 4,50). An anderer Stelle wird explizit der Abt als einer derjenigen genannt, dem innere Bedrängnisse zu offenbaren sind (RB 7,44; 46,5–6.), ohne dass die *Regula Benedicti* ihm diese Aufgabe exklusiv überträgt. Wegen dieser Kenntnis des Einzelnen und seiner Erfahrung im Umgang mit dem jüngeren Asketen ist es dem Abt möglich, anderen Mönche je nachdem mit gewinnenden, tadelnden oder überzeugenden Worten angemessen zu begegnen (RB 2,31).

Bevor also die Benediktsregel den klösterlichen Alltag beschreibt, entwickelt sie aus der Theologie des sündenbewussten Asketen eine Lehre, wie sich der einzelne Mönch dem Abt sowie seinen Mitbrüdern gegenüber zu verhalten hat. Dieser Habitus des schweigsamen, demütigen Asketen sollte ihm sowohl in Fleisch und Blut übergehen als auch seine Gedanken beständig durchziehen. Gehorsam, Demut und Schweigsamkeit sind Leitbilder eines Ideals, in dem die vollkommene Übereinstimmung des körperlich Gezeigten mit den Gedanken des Mönchs angestrebt wird.

Das Gebet

Im Mittelpunkt des klösterlichen Alltags steht das Gebet – ihm soll nichts vorgezogen werden (RB 43,3). Erschallen die Zeichen zum Gottesdienst, hat der Mönch alles stehen und liegen zu lassen, um zum Oratorium zu eilen (RB 43,1). Erscheinen Mönche zu spät zum Gebet, erwarten sie Strafen, damit sie »sich schämen und deshalb sich bessern« (RB 43,7). Halten sich Mönche aus guten Gründen so weit vom Kloster entfernt auf, dass sie nicht am gemeinsamen Gebet teilnehmen können, sind sie gehalten, an Ort und Stelle die Liturgie nachzuvollziehen, so gut das möglich ist (RB 50). Für die Bedeutung der gemeinsamen Gebetszeiten ist es auch signifikant, wenn der Ausschluss davon zu den besonders harten Strafen zählt, die denjenigen treffen, der sich eines schweren Vergehens schuldig gemacht hat (RB 25).

Die Benediktsregel entwirft einen Tagesablauf, der von einer nächtlichen sowie sieben gleichmäßig über den Tag verteilten Gebetszeiten, den sogenannten Horen, rhythmisiert wird: am Ende der Nacht die Vigil, dann mit Sonnenaufgang die Laudes sowie die an den Stunden des römischen Tages orientierten Horen der Prim, Terz, Sext, Non und Vesper sowie bei Beginn der neuen Nacht die Komplet. Die Stundenliturgie besteht aus wechselweise gebeteten Psalmen in Verbindung mit Hymnen und Schriftlesungen. Eine Eucharistie- bzw. Abendmahlsfeier spielt hingegen in der Benediktsregel keine zentrale Rolle, sondern wird nur nebenbei als Selbstverständlichkeit erwähnt. Ort des Gebets ist ein eigener Raum, das sogenannte *Oratorium,* in das sich der Mönch auch zum individuellen Gebet zurückziehen kann. Es soll keinem anderen Zweck dienen als dem Gebet der Mönchsgemeinde oder dem der Einzelnen (RB 52).

Die Benediktsregel entwirft eine Verteilung der 150 Psalmen des Psalters auf eine Woche. Dabei verbindet sie die im Mönchtum bekannte Gepflogenheit, die Psalmen nach ihrer Reihenfolge im Alten Testament zu beten, mit dem Bemühen, bestimmten Horen geeignete Texte zuzuweisen. Besonders deutlich wird das an den Bestimmungen zur Laudes, für die Psalmen ausgewählt werden, die Motive des Morgens und des Lichts beinhalten. Derartige Leseordnungen sind verschiedentlich im Mönchtum wie in der übrigen Kirche seit dem Übergang von der Antike zum Mittelalter bezeugt, allerdings legt die Benediktsregel selbst nicht übermäßig viel Wert auf die konkrete Verteilung der Einzeltexte, wenn festgestellt wird: »Wenn jemand mit dieser Psalmenordnung nicht einverstanden ist, stelle er eine andere auf, die er für besser hält« (RB 18,22) – sofern nur der gesamte Psalter während einer Woche gebetet wird. Mit sehr viel Nachdruck werden hingegen die Mönche ermahnt, sowohl in ihrem körperlichen Gebaren als auch in ihrer inneren Haltung tiefste Ehrfurcht vor Gott zu bezeugen (RB 19–20).

Die monastische Schrift- und Lesekultur

Der Alltag der Mönche ist nach der Benediktsregel von einem regelmäßigen Wechsel von Zeiten für das Gebet, die meditierende Lektüre und die körperliche Arbeit geprägt. Der – nicht in der Regel selbst enthaltene – Merkspruch *Ora et labora! / Bete und arbeite!* wäre also zu vervollständigen: *Bete, lies und arbeite! / Ora, lege et labora!* Denn nicht nur die Gebetszeiten, sondern auch weitere Stunden des Tags sind fest dem Umgang mit Bibeltexten oder anderer religiöser Literatur gewidmet. Die Schlüsselbedeutung, die der Lektüre zukam, sollte aus Klöstern wichtige Träger der Schriftkultur machen. Sie sollten dadurch im früheren Mittelalter eine herausragende Bedeutung erhalten, weil zu dieser Zeit in vielen Lebensbereichen der Schriftgebrauch auf dem Rückzug war. Es handelt sich aber um eine gezielt auf das mönchische Leben zugeschnittene Schriftkultur, die die Benediktsregel umreißt.

Normalerweise, so wird vorausgesetzt, können angehende Mönche lesen und schreiben, denn wer neu ins Kloster eintrete, dokumentiere seinen Willen zum Klostereintritt mit einer eigenhändig verfassten Urkunde (RB 58,18–19). Auch wenn hier mit der Möglichkeit eines Novizen gerechnet wird, der nicht schreiben kann, und wenn an anderer Stelle für diejenigen Sorge getragen wird, die nicht lesen können oder wollen (RB 48,23), ist zumindest die Lesefähigkeit der Normalfall. Über klösterliche Schulen hingegen erfährt der Leser der Benediktsregel nichts.

Das Stundengebet als kollektives Hören und Rezitieren von Psalmversen, anderen Passagen aus der Bibel oder aus anerkannten Bibelkommentaren wurde bereits erwähnt. Es füllt mehrere Stunden des Tages. Hinzu kommen weitere Anlässe, bei denen die versammelten Mönche Texte vorgelesen bekamen: bei den Mahlzeiten und zwischen der Vesper und der Komplet. Bei Tisch versieht ein Mönch, der gut vorzulesen in der Lage ist, eine Woche lang den Dienst des Tischlesers – die anderen haben schweigend zuzuhören und sind gehalten, keine Diskussionen über das Gehörte zu beginnen (RB 38). Vor der Komplet schließlich, und davon war bereits kurz die Rede, finden sich die Mönche allmählich zusammen, um dem Verlesen monastischer Literatur oder auch geeigneter Bibelpassagen beizuwohnen (RB 42).

Neben den Horen der Gemeinschaft und diesen Momenten lauten Vorlesens »erbauender« Literatur tritt schließlich als drittes Moment die individuelle meditierende Lektüre. Auch für sie ist an jedem Tag ein fester Zeitraum vorgesehen, am Sonntag soll sie sogar große Teile des Tags füllen. Sie ist je nach Jahreszeit mit der Arbeitszeit der Mönche koordiniert. Im Sommer, d. h. von Ostern bis zum 1. Oktober, stehen den Mönchen die letzten beiden Stunden des Vormittags dafür zur Verfügung. Von Oktober bis zum Beginn der vorösterlichen Fastenzeit beginnen sie hingegen den Tag mit zwei Stunden des betrachtenden Lesens. In der Fastenzeit erweitert sich die Zeit dafür auf die ersten drei Stunden des Vormittags – für diese Wochen soll jedem Mönch ein Teilband der Bibel ausgehändigt werden, den er vollständig liest. Darüber hinaus kennt die Benediktsregel eine feste Mittagspause, die entweder der Ruhe oder der individuellen Lektüre gewidmet sein soll, ohne dass jemand durch das Murmeln des (in aller Regel laut) Lesenden gestört würde (RB 48).

Der Kanon der vorgeschlagenen Lektüren besitzt ein klares monastisches Profil. Im Zentrum stehen neben den Psalmen die anderen Bücher der Bibel, sowohl während des Stundengebets als auch während der Zeiten kollektiven wie individuellen Hörens und Lesens. Ansonsten schlägt die Benediktsregel im Epilog wie an anderen Stellen folgende Beispiele monastischer Literatur vor: das *Corpus asceticum* des Basilius von Caesarea,

Johannes Cassians *Institutiones* und *Collationes* sowie Lebensbeschreibungen herausragender Mönche, die sogenannten *Vitas patrum* (RB 42; 73).

Wenn daher benediktinisch geprägte Klöster zu herausragenden Trägern der frühmittelalterlichen Schriftkultur werden sollten, muss diese sehr eigenwillige Prägung des Literaturkanons bedacht werden, der den Mönchen empfohlen wurde. Er ist ganz auf das Ziel der Benediktsregel hin ausgerichtet, den Mönchen eine Umgebung zu schaffen, in der sie möglichst ungefährdet den Weg zu einem tugendhaften Leben finden. Daher die thematische Engführung der Lektüren, in denen es nur um ein rechtes Verständnis von Gottes Wort sowie die asketische Praxis geht. Damit weicht die Benediktsregel nicht nur von antiken oder modernen Bildungsidealen ab, sondern unterscheidet sich auch grundlegend vom zeitgenössischen Entwurf des Cassiodor († nach 580), der sein Kloster zu einem Zentrum wissenschaftlich weit ausgreifender Bibelstudien machen wollte. Benedikts Kloster erscheint daneben beinahe unintellektuell.

Arbeit

Im Wechsel mit Gebet und Lektüre stehen den Mönchen schließlich einige Stunden des Tages der Arbeit zur Verfügung. Sie ist kein Selbstzweck, sondern wird ebenfalls dem monastischen Lebensziel untergeordnet:

> »Müßiggang ist der Seele Feind. Deshalb sollen die Brüder zu bestimmten Zeiten mit Handarbeit, zu bestimmten Stunden mit heiliger Lesung beschäftigt sein« (RB 48,1).

Im Sommer stehen dafür der frühe Vormittag und der späte Nachmittag zur Verfügung, im Winter konzentriert sich die Arbeit auf die hellen Stunden des Tages. Die Arbeitswelt, die die Benediktsregel kennt, kreist um die internen Bedürfnisse eines Klosters, das um ökonomische Autarkie bemüht ist und als landwirtschaftlicher Großbetrieb mit angeschlossenem Handwerk funktioniert. Die Mönche selbst übernehmen die intern anfallenden Aufgaben, neben der Bereitung der Mahlzeiten etwa die Pflege kranker Mitbrüder (RB 35–36). Darüber hinaus können sie auch auf dem Feld eingesetzt werden. Im Zusammenhang mit der Frage nach dem täglichen Weinkonsum war schon von der Möglichkeit die Rede, dass Mönche durch harte körperliche Arbeit – vermutlich auf den Feldern – einen erhöhten Flüssigkeitsbedarf haben (RB 40). Allerdings erscheint es nicht selbstverständlich, dass sie die Ernte selbst einbringen:

> »Wenn die Ortsverhältnisse oder die Armut fordern, dass sie die Ernte selber einbringen, sollen sie nicht traurig sein. Sie sind dann wirklich Mönche, wenn sie wie unsere Väter und die Apostel von ihrer Hände Arbeit leben. Alles aber geschehe der Kleinmütigen wegen maßvoll.« (RB 48,7–9).

Auch hier wirft der Text mehr Fragen auf als er beantwortet – die ökonomischen Belange interessierten vor allem hinsichtlich ihrer Auswirkungen auf den einzelnen Mönch. So erfahren wir von einer Mühle und von Gärten innerhalb des Klosterbezirks, aber nur, weil dies ein gefährliches Umherstreifen der Mönche jenseits der Klostermauern unnötig macht (RB 66,6–7). Oder es wird von den Handwerkern unter den Asketen gesprochen, jedoch nur, um sie vor Hochmut ob ihrer Fähigkeiten zu warnen (RB 57). Die Maßgabe, die eigenen Produkte unter den Marktpreisen der Umgebung anzubieten, um Habgier zu vermeiden, lässt Spielraum für Spekulationen über die Konkurrenz zwischen Klosterwerkstätten und außerklösterlichen Mitbewerbern, aber das wird erneut nicht in der Benediktsregel selbst zum Thema. Vielmehr geht es ihr darum, die Mönche mit Gebet, Lektüre und Arbeit den gesamten Tag über sinnvoll beschäftigt zu wissen, damit sie nicht aus Untätigkeit auf Abwege geraten.

Kloster und Welt – das Kloster als ausgesonderter Bezirk

Die Grenzen zwischen der Lebenswelt der Mönche und der »Welt«, von der sie sich beim Klostereintritt abgewandt haben, sollen nach der Benediktsregel streng markiert werden. Das gilt bereits für den Eintritt in die monastische Gemeinschaft, der als Trennung von der Welt inszeniert wird. Das gilt ebenso für den klösterlichen Alltag, in dem die Kontakte zur Umgebung auf ein Minimum reduziert werden.

Denjenigen, die in das Kloster eintreten wollen, wird eine Zeit der Prüfung zugemutet, die die Bedeutung des Verlassens der Welt nachdrücklich erfahrbar macht: Sie müssen zunächst einige Tage vor der Klosterpforte abwarten, ehe sie überhaupt eingelassen werden, um dann innerhalb der Klostermauern vom Konvent getrennt mit dem asketischen Leben vertraut gemacht zu werden. Neben die praktische Erfahrung tritt das mehrfache Verlesen des Regeltextes, um sie auch theoretisch mit den verschiedenen Facetten ihres neuen Lebens zu konfrontieren. Nachdrücklich wird ihnen eingeschärft, dass der Klostereintritt, ist er erst einmal vollzogen, unwiderrufbar ist (RB 58). Bleibt ein Kandidat nach einem Jahr des Übergangs und der Prüfung seinem Vorsatz treu, Mönch zu werden, erfolgt die Aufnahme in den Konvent in einer feierlichen Liturgie im Oratorium. Sie besteht aus dem Gelübde des neuen Klosterangehörigen, dem wechselseitigen Gebet von neu Eintretendem und den anderen Mitgliedern der Gemeinschaft, der Hinterlegung einer Urkunde auf dem Altar sowie der Einkleidung des neuen Mönchs. Symbolisch wird in dem Kleiderwechsel des Mönchs sein Übertritt in eine neue Lebenswelt besonders deutlich fassbar – seine alten Gewänder werden in der Kleiderkammer aufbewahrt für den Fall, dass er doch seinem Vorsatz untreu werden sollte, stattdessen trägt er nun den Habit des Mönchs. Mit dieser Symbolisierung einer grundsätzlich gewandelten sozialen Existenz korrespondiert der Verzicht auf sein Eigentum, das er vor dem Eintritt entweder dem Kloster oder Armen zu überschreiben hat.

In ähnlich deutlicher Weise betonen auch die Bemerkungen zum klösterlichen Alltag das Bemühen, die Welt des Klosters als abgeschirmte Lebenswelt zu konstruieren. Sie werden von der Skepsis bestimmt, auswärtige Einflüsse könnten die Mönche in ihrer Askese gefährden. Deswegen sollen sie sich, wenn möglich, innerhalb der Klostermauern aufhalten.

> »Das Kloster soll, wenn möglich, so angelegt werden, dass sich alles Notwendige, nämlich Wasser, Mühle und Garten, innerhalb des Klosters befindet und die verschiedenen Arten des Handwerks dort ausgeübt werden können. So brauchen die Mönche nicht draußen herumzulaufen, denn das ist für sie überhaupt nicht gut« (RB 66,6–7).

Daher wird jedes eigenmächtige Verlassen des Klosterareals unter Strafe gestellt. Wer außerhalb umherreisen muss, den sieht die Regel in der beständigen Gefahr, Fehler zu begehen, Böses wahrzunehmen oder selbst Unnützes zu sagen. Deswegen das bereits erwähnte Verbot, nach der Rückkehr seinen Mitbrüdern von den Reiseerlebnissen zu berichten (RB 67,4–7). Selbst Briefe oder Geschenke dürfen nicht unkontrolliert gewechselt werden, vielmehr hat der Abt auch sie zu beaufsichtigen, und gegebenenfalls werden die Sendungen abgewiesen (RB 54).

Außenkontakte

Dennoch sind Außenkontakte unumgänglich – sie zu kanalisieren ist die Aufgabe des Pförtners. Zum einen müssen Mönche für die Feldarbeit oder die Vermarktung klösterlicher Produkte das umgrenzte Areal verlassen. Zum anderen versteht sich das Kloster aus Gründen der Nächstenliebe als Anlaufpunkt für Arme und für auswärtige Gäste. Auch in diesem Zusammenhang ist erneut das Bemühen dominierend, die Aufnahme der Gäste so zu organisieren, dass sie nicht die innere Ruhe der Mönche gefährden. Sie wohnen in einem abgesonderten Bereich des Klosters und der Abt bewirtet sie an einem gesonderten Tisch, damit ihre Mahlzeiten nicht anderen Asketen zum Vorwand werden, ihre Diät zu lockern (RB 53, 56). Diese Bestimmung impliziert aber, dass die Auswärtigen gemeinsam mit den Mönchen in einem Raum speisen, der noch nicht als Teil einer klösterlichen Klausur vor jedem Betreten durch Außenstehende geschützt erscheint.

Weil auf die institutionelle Einordnung des Klosters, wie es die Benediktsregel imaginiert, in kirchliche Strukturen bereits eingegangen worden ist, kann an dieser Stelle noch einmal zusammenfassend auf den Anspruch eingegangen werden, mit dem Kloster eine Sondersphäre zu schaffen. In der Benediktsregel geht es vor allem darum, im Kloster einen Ort jenseits der Welt zu errichten, dessen Insassen durch die räumliche Trennung der Klostermauer, durch ihren besonderen monastischen Habit sowie durch die möglichst völlige Reduzierung jedes persönlichen Kontakts von »der Welt« getrennt sind, von der sie sich losgesagt haben. Viel stärker noch dürfte nach der Erwartung der Benediktsregel auf beiden Seiten der Klostermauern das Wissen um den besonderen Lebenswandel der Asketen die imaginäre Grenze zwischen Kloster und Welt gezogen haben. Die Benediktsregel interessiert sich aber für viele Aspekte dieses Verhältnisses nicht. Sie ist ganz darauf fokussiert, ein Umfeld zu schaffen, in dem der einzelne Mönch Fortschritte auf dem Weg zur Tugend macht und möglichst wenig Gefahren ausgesetzt wird. Sein Alltag, sein Verhältnis zu Abt und Mitbrüdern sowie sein (Un-)Verhältnis zur Welt werden aus dieser Perspektive entworfen und gedeutet: Was hilft dem Mönch bei seinem Vorsatz, dem Eigenwillen zu widersagen und nach einem Leben als gehorsamer Büßer vor Gottes Gericht bestehen zu können?

2.2.4 Die Benediktsregel vor dem Hintergrund der monastischen Literatur

Bis hierher ist die Benediktsregel so, wie sie heute vorliegt, als geschlossene Einheit behandelt worden. Dies ist berechtigt, schließlich diente diese Textform dem mittelalterlichen Mönchtum als normative Basis. Zwei Aspekte sind jedoch dabei nicht ausreichend berücksichtigt worden.

Entstehung der Benediktsregel

Zunächst stellt der Regeltext erstens in der vorliegenden Form das Resultat eines längeren Entstehungsprozesses dar. Dies schlägt sich in thematischen Wiederholungen nieder, insbesondere in der Doppelung der Ausführungen zum Abt in den Kapiteln 2 und 64. Ohnehin zeigt sich kein vollkommen schlüssiger Aufbau des gesamten Werks, auch wenn sich längere Kapitel zu kohärenten Einheiten zusammenfassen lassen. Dies gilt etwa für die ersten drei Kapitel (Abt und Mönche als zönobitisch lebende Asketen), die Kapitel 4 bis 7 (Grundlagen des spirituellen Lebens), 8 bis 20 (Das Stundengebet). Von da ab wird eine Ordnung aber weniger deutlich fassbar, denn die verschiedenen praktischen Details, die jetzt aufgegriffen werden, folgen in sich keiner zwingenden Reihenfolge und können in späteren Kapiteln noch einmal neu erscheinen, etwa die Regelungen zu Strafen (23–30 und 43–46). In manchen Kommentaren erscheint auch die Formulierung am Ende von Kapitel 66 als Schlussformel einer früheren Fassung der Benediktsregel:

> »Diese Regel soll nach unserem Willen in der Gemeinschaft oft vorgelesen werden, damit sich keiner der Brüder mit Unkenntnis entschuldigen kann« (RB 66,8).

Vergleicht man allerdings die Benediktsregel mit dem *Corpus asceticum* des Basilius oder gar den unter dem Namen des Pachomius überlieferten Regeln, erscheint sie doch relativ systematisch angelegt. Die älteren Texte weisen noch weitaus deutlichere Spuren davon auf, dass je nach aktuellem Anlass neue Einzelbestimmungen oder längere Passagen an ein bestehendes Textcorpus angefügt wurden, ohne dass man sich um einen stringenten Aufbau bemüht hätte.

Zweitens aber, und viel gewichtiger ist: Die Benediktsregel speist sich aus einem breiten Strom monastischer Literatur, zitiert einige Vorlagen selbst und besteht sogar zu rund einem Viertel aus – nicht gekennzeichneten – Zitaten aus einer älteren Mönchsregel, der *Regula Magistri.* Obwohl dieser Text seit der Sammlungstätigkeit des karolingerzeitlichen Mönchs Benedikt von Aniane († 821) bekannt war, hat der umfangreiche identische Wortlaut sowie die noch weitaus umfangreichere konzeptionelle Ähnlichkeit beider Texte über lange Zeit zu keinerlei Beunruhigung geführt. In den 1930er Jahren aber sollte sich das mit der These ändern, die Magisterregel sei vor der Benediktsregel verfasst worden und Benedikt von Nursia habe sich daher des Plagiats schuldig gemacht. Auch wenn es nicht um moderne Urheberrechte ging, wog der »Vorwurf« der fehlenden Originalität der Benediktsregel schwer. Auch wenn gelegentlich heute noch andere Positionen vertreten werden, hat sich in der Diskussion die Überzeugung durchgesetzt, dass die Magisterregel in der Tat früher als die *Regula Benedicti* entstanden ist, möglicherweise zu Beginn des 6. Jahrhunderts in Süditalien. Die Benediktsregel folgt ihrem Vorbild im Prolog und in den ersten Kapiteln über lange Passagen wörtlich und im Aufbau der weiteren Regel zumindest in groben Zügen. In den Augen Benedikts und seiner Zeitgenossen stellt dieses Vorgehen allerdings kein unlauteres Plagiieren dar. Schließlich beansprucht der Regeltext für sich selbst gerade keine Originalität, sondern allenfalls die Systematisierung von monastischen Erfahrungen, die in anderen Texten bereits in die Schriftform geronnen sind. Auch kennt die Überlieferung aus dem 5. und 6. Jahrhundert verschiedene Zusammenstellungen, die in weitaus stärkerem Maße aus der systematisierenden Zusammenfassung fremden Materials bestehen, als es bei der Benediktsregel der Fall ist.

Es ließe sich zu jedem Kapitel der Benediktsregel einzeln diskutieren, wie dort Themen aufgegriffen werden, die in der monastischen Literatur seit dem 4. Jahrhundert in vielfältiger Weise behandelt worden sind. Das gilt sowohl für die programmatischen Grundlagen des Klosterlebens als auch für die Ausgestaltung alltäglicher Details. Die Originalität der Benediktsregel kann weder in ihren Inhalten noch in ihrer literarischen Form gesucht werden, allenfalls in der Art und Weise, in der in ihr eine Summe aus den älteren, zu Texten gewordenen Erfahrungen gezogen worden ist. Drei Punkte seien jedoch herausgegriffen.

1. Die Fokussierung der *Regula Benedicti* auf die Vervollkommnung des Einzelnen unterscheidet sie von der monastischen Tradition eines Basilius von Caesarea oder eines Aurelius Augustinus. Beide betonen den sozialen Charakter des Menschen sowie das in der Apostelgeschichte dargestellte Idealbild der Urgemeinde. In der Tat eignete sich die Vorstellung einer einmütigen Gemeinde mit gemeinsamem Besitz zum Leitbild einer Asketengruppe, die dem Gemeinschaftsleben einen Wert in sich beimaß. In der Benediktsregel steht hingegen das vierte Kapitel der Apostelgeschichte eher am Rande, denn es fügt sich nicht zum Bild des einzelnen Asketen, der seinen individuellen Weg zum gottgefälligen Leben sucht.
2. Die Benediktsregel betont stark, dass es ihr darum geht, ein von Vielen zu bewältigendes durchschnittliches Asketenleben zu entwerfen. Dies kann zur Durchgangsstation für eremitische Höchstleistungen werden, die dadurch also explizit nicht ausgeschlossen bleiben. Darin spiegelt sich erneut ein

Unterschied zu den stärker dem gemeinschaftlichen Leben verpflichteten Konzepten anderer Autoren wider. Die Benediktsregel wahrt so die Mitte zwischen der heroischen, kaum nachzuahmenden Askese ägyptischer Wüstenmönche auf der einen Seite und der expliziten Ablehnung dieses asketischen Virtuosentums durch einen Autor wie Basilius von Caesarea auf der anderen Seite.

3. In den Passagen zum klösterlichen Strafregiment fällt die starke rechtliche Färbung auf, die die Benediktsregel prägt. Mit typisch juristischen Formeln werden monastischen Vergehen präzise Strafen zugewiesen. Diese Beobachtung hat die Benediktsregel sogar als Rechtsbuch lesen lassen, was sie in vielerlei Hinsicht nicht ist. Dennoch greift sie juristische Argumentationsfiguren auf, die sie aber der geistlichen Vaterschaft des Abts unterordnet.

Literarische Modelle

Weitaus wichtiger noch als diese Einzelzüge ist aber, dass sich die *Regula Benedicti* als Text mit exemplarischen Ansprüchen in ein literarisches Modell einordnen lässt, das in der monastischen Literatur seit ihren Anfängen entwickelt worden ist. Die ideale Unterweisungssituation – davon war bereits die Rede – des jungen Mönchs war seine Schülerschaft zu erfahreneren Asketinnen oder Asketen, die ihn beaufsichtigten und ihm angemessene Ratschläge, Befehle oder Mahnungen erteilten. Es war die Aufgabe dieser Altväter oder auch Altmütter, für die Jüngeren je nach deren Temperament sowie je nach deren momentaner Entwicklung passende Impulse zu setzen. Somit erfolgte die Unterweisung idealerweise in der direkten, persönlichen Begegnung und gewann ihren Charakter aus einer einmaligen Konstellation. Wenn die Lehren asketischer Charismatiker verschriftet wurden, entstand das Paradox, dass momentane und personengebundene Hinweise von ihrer Entstehungssituation gelöst wurden. Daher waren sie nicht auf wörtliche Befolgung angelegt, sondern besaßen lediglich exemplarischen Charakter. Ihre Adaptation an eine neue, einmalige Konstellation erforderte erneut die Fähigkeit, monastische Erfahrungen an die individuellen Bedürfnisse eines Asketen oder einer Asketin anzupassen. Die monastische Literatur hat das Ideal persönlicher Unterweisung in einem Stilmittel präsent gehalten, das Karl Suso Frank als »fiktive Mündlichkeit« bezeichnet hat: Auch wenn sie für die Niederschrift konzipiert wurden, wird in monastischen Texten oft ein individuelles belehrendes Gespräch imaginiert. Es bietet keine Anweisungen, die wörtlich zu befolgen sind, sondern Anregungen, wie sich monastische Erfahrung auf eine konkrete Situation anwenden lässt. Die Benediktsregel steht in dieser Tradition. Zum einen fingiert auch ihr Prolog ein Lehrgespräch zwischen dem *magister* [»Meister«] und *pius pater* [»frommer Vater«] und dem Adressaten, der als Hörer und Sohn benannt wird. Selbst die Bibelzitate erscheinen als Wort Gottes im emphatischen Sinne, mit dem sich Gott in dieses Gespräch einschaltet. Zum anderen entwirft sie eine innerklösterliche Gesprächskultur, in der vor allem dem Abt die Rolle zukommt, die Ideale des Mönchtums mit den Stärken und Schwächen der einzelnen Mitbrüder zu vermitteln. Sie offenbaren ihm ihre Sorgen und Bedrängnisse, im Gegenzug ist er in der Lage, sie in angemessener Weise mit Strenge oder Nachsicht zu motivieren oder zu korrigieren. Vor diesem Hintergrund erschließt sich noch einmal der beispielhafte Charakter des Regeltexts, der eine Richtschnur bietet, an der sich alle Klosterbewohner orientieren können, nicht jedoch ein wörtlich zu befolgendes Gesetz. Überhaupt kann in der monastischen Literatur der Begriff *Regula* für eine Vielfalt exemplarischer Vorbilder stehen, neben der Regel im modernen Verständnis kann es die Lebensbeschreibung eines vorbildlichen Asketen sein oder auch sein lebendiges Vorbild. Aus dieser Perspektive erscheint es sehr plausibel, wenn in den *Dialogen* Gregors des Großen über die Benediktsregel gesagt wird:

> »Wenn einer seine [Benedikts, Ch. D.] Lebensart genauer kennenlernen will, kann er in den Anweisungen der Regel alles finden, was der Meister selbst übte. Denn der heilige Mann konnte nicht anders lehren, als er lebte« (Gregor, Dialoge 2,36).

Das mittelalterliche Mönchtum war jedenfalls davon überzeugt, mit dem Diptychon aus der Benediktsvita sowie der Benediktsregel ein authentisches Bild davon zu besitzen, wie sich das Mönchtum nach Benedikt von Nursia organisieren und an welchen Leitvorstellungen es sich orientieren sollte.

2.3 Die frühe Rezeption der Benediktsregel

Der Benediktsregel war kein rascher Erfolg beschieden. Während die ältere Forschung noch in sehr optimistischer Weise davon ausging, sie sei unmittelbar rezipiert oder zumindest nach wenigen Jahrzehnten europaweit verbreitet worden, wird die Geschwindigkeit ihrer Rezeption zunehmend skeptisch gewertet. Denn erst im Verlauf des 7. Jahrhunderts, also etwa 100 Jahre nach der Gründung von Montecassino, lassen sich erste Belege für einen Bezug auf die Benediktsregel sowie für die Verehrung Benedikts von Nursia ausmachen, und zwar zunächst vor allem im Gebiet des heutigen Frankreichs sowie in England. Und erst während des 8. Jahrhunderts stiegen die Benediktsregel und ihr Verfasser zu zentralen Referenzpunkten des lateinischen Mönchtums auf.

Entscheidend für das bis in die 1960er Jahre hinein prägende Bild von einer sehr raschen Verbreitung des benediktinischen Mönchtums war die Bewertung der Rolle Gregors des Großen. Nach der Zerstörung Montecassinos durch die Langobarden in den 570er Jahren, so die frühere Überzeugung, hätten die Mönche ein neues Kloster an der Lateranbasilika in Rom begründet. Papst Gregor sei dort mit dem benediktinischen Erbe bekannt geworden und habe sich wirkungsvoll um seine Verbreitung gekümmert. Das von ihm gegründete Andreaskloster auf dem Caelius in Rom habe nach der Benediktsregel gelebt. Vor allem aber wurden die Kontakte, die Gregor mit auswärtigen Akteuren aufgenommen hat, als Belege für eine Ausbreitung des benediktinischen Mönchtums gewertet. So hätten die Bischöfe Leander und Isidor von Sevilla für eine Verbreitung der Benediktsregel in Spanien gesorgt. Vor allem aber der Missionar Augustinus von Canterbury habe sich um die Ausbreitung des benediktinischen Mönchtums verdient gemacht. Selbst zunächst Mönch und Prior in Gregors Andreaskloster, bevor er vom Papst als Missionar nach England geschickt worden war, habe er bereits die während der Reise aufgesuchten Klöster Galliens für die Benediktsregel gewonnen. In England angekommen sei er nicht nur zum Begründer der angelsächsischen Kirche geworden, sondern habe zugleich auch die Tradition eines an Rom wie an Benedikt von Nursia orientierten Mönchtums begründet.

Mit Frankreich und England sind die Regionen benannt, in denen sich während des 7. Jahrhunderts in der Tat deutliche Bezüge auf Benedikt von Nursia und seine Regel nachweisen lassen. Die Schlüsselstellung Gregors des Großen ist hingegen revidiert worden. Zwar hat er die erste, maßgebliche Biographie Benedikts niedergeschrieben, in der er auch eine von Benedikt verfasste Regel erwähnt. Doch lassen sich im literarischen Œuvre Gregors keine über jeden Zweifel erhabenen Bezüge auf den Wortlaut der *Regula Benedicti* ausmachen. Sicher sind die Mönche in seinem römischen Kloster nicht der Benediktsregel gefolgt. Ob an der päpstlichen Lateransbasilika wirklich Mönche gelebt haben, die nach der Zerstörung ihrer Abtei aus Montecassino nach Rom geflüchtet sind, ist gleichfalls nicht sicher zu belegen. Somit hat Gregor der Große mit dem zweiten Buch seiner *Dialoge* zwar einen Basistext der Benediktsverehrung verfasst, aber nicht für eine europaweite Ausbreitung des benediktinischen Mönchtums gesorgt.

Frankreich

In Gallien und England lassen sich frühe Bezugnahmen auf Benedikt von Nursia und die Benediktsregel nachweisen. Zunächst zum heutigen Frankreich. Ein erster Beleg aus den 620er Jahren stammt aus der Diözese Albi (Dep. Tarn). Ein Abt namens Venerandus, der das dortige Kloster Altaripa begründet hat, verweist in einem Brief an Bischof Constantius von Alba (amt. ca. 620–630) auf die Regel des heiligen römischen Abts Benedikt. Aus dem Brief geht hervor, dass Altaripa bereits unter dem Vorgänger des Constantius gegründet worden ist, somit bezeugt er eine punktuelle Rezeption der Benediktsregel in Südwestfrankreich bereits während des ersten Viertels des 7. Jahrhunderts. Allerdings scheint Altaripa keine weitere Ausstrahlung besessen zu haben und stellt daher keinen Ausgangspunkt für eine Weiterverbreitung benediktinischer

Traditionen dar. Diese Rolle hat das von Columban dem Jüngeren († 615) in Luxeuil (Dep. Haute-Saône) begründete Kloster übernommen. Columban zählt zu den überragenden Figuren des frühmittelalterlichen lateinischen Mönchtums. Sein Heimatkloster, das nordirische Bangor, verließ er, um als Asket in der Fremde zu leben. Das asketische Ideal der Heimatlosigkeit, der *peregrinatio pro Christo* (»Pilgerschaft für Christus«) verwirklichte er aber nicht im unsteten Leben eines Wanderasketen, sondern in einer Serie von einflussreichen Klostergründungen. Zunächst wirkte er im Zusammenspiel mit den Merowingern und dem fränkischen Adel und begründete neben Luxeuil am Westabhang der Vogesen zwei weitere Klöster in der Umgebung. Der Konflikt mit König Theuderich II. († 613) und seiner Großmutter Brunichild († 613) zwang Columban jedoch zur Flucht, die ihn über Alemannien schließlich nach Bobbio führte, wo er mit Unterstützung des Langobardenkönigs Agilulf († 615/6) ein neues Kloster gründete. Luxeuil bestand auch nach der Abreise Columbans weiter und blieb bis ins späte 7. Jahrhundert hinein das Zentrum eines klösterlichen Netzwerks. In Urkunden wie in Viten, die aus dieser Klostergruppe stammen, finden sich seit den 630er Jahren Verweise darauf, dass Mönche nach der Regel Columbans und Benedikts lebten. Friedrich Prinz hat in seiner systematischen Analyse dieser Überlieferung ein Bild gezeichnet, dass bis in jüngste Handbücher hinein fortwirkt: Luxeuil habe zuerst eine Kombination aus der Benediktsregel mit den Regeltexten entwickelt, die Columban zugeschrieben werden, der *Regula monachorum* (»Mönchsregel«) sowie der *Regula coenobialis* (»Zönobitenregel«). Diese Mischregel (*Regula mixta*) habe durch die Autorität der Äbte von Luxeuil sowie der von Luxeuil aus entsandten Mönche zunächst im nördlichen Frankreich, dann auch weiter südlich Verbreitung gefunden. So habe das um 650 entstandene Kloster Fleury (heute Saint-Benoît-sur-Loire, Dep. Loiret) selbst nach den Benedikts- und Columbansregeln gelebt und um 660 die aus der Spätantike stammende Mönchsgemeinschaft von Lérins gegen erhebliche Widerstände zur Übernahme der Mischregelobservanz geführt. Entscheidend für ihre Verbreitung sei die Unterstützung des merowingischen Königshauses sowie des Hofadels gewesen, die ihre Klostergründungen der *Regula mixta* unterstellt hätten. Das Ansehen des so entstandenen iro-fränkischen Mönchtums sowie die mächtige Unterstützung der fränkischen Eliten hätten dazu geführt, dass ältere monastische Traditionen Galliens verdrängt worden seien.

Albrecht Diem hat dieses Bild zuletzt infrage gestellt, denn Prinz hatte Formulierungen, die auf ein Leben nach den Regeln oder dem Vorbild Benedikts und Columbans verweisen, mit einer Mischregelobservanz gleichgesetzt. Fraglos vorausgesetzt werde dabei, dass schon das frühmittelalterliche Mönchtum seine Identität vor allem durch die Befolgung bestimmter Regeltexte gewonnen hätte. Das sei jedoch nicht der Fall gewesen. Eine Untersuchung der inhaltlichen Kontexte, in denen unter anderem auf Benedikt verwiesen werde, ergebe ein anderes Bild: Es handele sich vor allem um zum Beispiel bei Klostergründungen und -privilegierungen entstandene Texte, in denen die Autorität des Abts unterstrichen werde. Der Verweis auf das Vorbild Columbans und Benedikts lasse sich daher nicht als ein Beleg für die Befolgung einer *Regula mixta* werten, die aus den Regeltexten beider Verfasser kompiliert worden sei. Vielmehr stünden sie für ein Programm, das Mönche von Klerikern unterscheiden, die Klöster aus den Diözesanstrukturen befreien, die Unzugänglichkeit des klösterlichen Binnenbereichs für Unbefugte gewährleisten sowie das Angebot stellvertretenden Gebets für die Umwelt des Klosters propagieren sollte.

Im Moment ist die Diskussion über die Bewertung der Referenzen auf die Benediktsregel in Frankreich während des 7. Jahrhunderts offen. Sie wird dadurch erschwert, dass man bei allen Quellen mit Interpolationen aus der Karolingerzeit rechnen muss, in der ein Rekurs auf die Benediktsregel zum Kernbestand monastischer Programmatik zählte. Das gilt auch für eine zentrale Etappe der Heiligenverehrung während der zweiten Hälfte des 7. Jahrhunderts: der Überführung von Benedikts Reliquien nach Fleury sowie der seiner Schwester Scholastica nach Le Mans. Erst etwa ein Jahrhundert später, also während der Karolingerzeit, tauchen die ersten Belege dafür auf, dass man von einer Translation der Benediktsreliquien nach Nordfrankreich weiß. Und der ausführliche Translationsbericht, der mit farbigen Details die wunderbare Auffindung des Leichnams auf dem verwüsteten Montecassino und seine dramatische, gleichfalls von Wundern begleitete Überführung nach Nordfrankreich schildert, entstand erst nach 800.

Sicheren Boden betritt man mit der textlichen Rezeption der Benediktsregel in zwei Klosterregeln aus dem Frankenreich, der *Regula cuiusdam ad virgines* sowie der *Regula Donati* aus der Feder des vor 660 verstorbenen Bischofs Donatus von Besançon. Beide Regeln sind für Nonnenklöster verfasst bzw. kompiliert worden, die *Regula cuiusdam* eventuell auch von einer Frau. Und beide Texte gehören in das Umfeld des von Columban inspirierten iro-fränkischen Mönchtums mit dem Zentrum Luxeuil. Die *Regula cuiusdam ad virgines* bezieht sich auf die Benediktsregel, indem sie das Material zahlreicher Kapitel ihrer Vorlage in neuen Formulierungen aufgreift und zu einem selbstständigen monastischen Entwurf umarbeitet. Donatus hat hingegen seinen Text in der Form eines Florilegs aus älterem Material zusammengesetzt, aus Caesarius' von Arles *Regula ad virgines*, Columbans *Regula coenobialis* sowie vor allem der *Regula Benedicti*. Die in beiden Fällen zu beobachtende Adaptation der Konzepte Benedikts an die Bedürfnisse von Frauenkommunitäten des 7. Jahrhunderts belegt auf der einen Seite die Autorität, die seinem Regeltext zugeschrieben wurde. Auf der anderen Seite steht sie aber in der Kontinuität einer monastischen Kultur, in der es nicht darum geht, eine bestimmte Regel zu befolgen, sondern in den Regeln als Erfahrungsspeicher genutzt werden, die beliebig angepasst werden.

England

Ähnlich ist es wohl zu verstehen, wenn Benedikt und die Benediktsregel auch im angelsächsischen Mönchtum des Frühmittelalters als Referenzpunkte erwähnt werden. Beda Venerabilis († 735) weiß zu berichten, Abt Benedict Biscop († 689/90) habe sich bei der Einrichtung seines Doppelklosters in Wearmouth und Jarrow an nicht weniger als 17 Klöstern orientiert, die er während seiner Reisen auf den Kontinent und nach Rom besucht und deren Einrichtungen er niedergeschrieben habe. Ähnlich wie die gleichfalls im 8. Jahrhundert entstandene Vita des

Abts von Ripon und späteren Erzbischofs von York Wilfrid († 709/10) schreibt Beda dem Gründer seines Heimatklosters zu, sich stark an der Benediktsregel orientiert zu haben. Neben diesen Hinweisen aus dem nordenglischen Königreich Northumbria scheint die Benediktsregel auch im Süden Englands im ausgehenden 7. Jahrhundert rezipiert worden zu sein.

Wie bereits angesprochen, hat die ältere Forschung wegen der Überzeugung, Papst Gregor der Große habe seine Mönchsgemeinschaft nach der Benediktsregel leben lassen, unterstellt, dass bereits die von ihm nach England entsandten Missionare unter Augustin von Canterbury die Benediktsregel auf die Insel mitgebracht hätten. Inzwischen ist aber herausgearbeitet worden, dass vor allem das iro-fränkische Mönchtum für die Verbreitung der *Regula Benedicti* im 7. Jahrhundert verantwortlich war. Daher ist es plausibel, dass englische Mönche diesen Regeltext während ihrer Aufenthalte in Gallien kennengelernt haben. Wilfrid könnte die Regel während seines Aufenthaltes in Lyon in den 650er Jahren kennengelernt haben. Ein weiteres Verbindungsglied könnte der enge Kontakt Wilfrids zum fränkischen Bischof Agilbert († um 680/90) gewesen sein. Er stammte aus dem Umfeld von Luxeuil und war unter anderem einige Jahre in Northumbrien tätig. Patrick Wormald hat darauf hingewiesen, dass Wilfrid nach seiner Ernennung zum Abt von Ripon in den Jahren von 664 bis 666 noch einmal auf dem Kontinent war und dort unter anderem in Agilberts Kloster Jouarre die Benediktsregel kennengelernt haben könnte. Und Wilfrid könnte wiederum die Quelle für die Kenntnis der Benediktsregel in den Klöstern Benedict Biscops gewesen sein. Er berief nämlich Ceolfrid († 716) aus Ripon zum ersten Prior des neu gegründeten Wearmouth, den er später zum Oberen von Jarrow erhob und der zuletzt zum Vorsteher beider Klöster aufstieg. Darüber hinaus könnten die schon erwähnten Reisen Benedict Biscops auf den Kontinent eine Gelegenheit dazu geboten haben, die Benediktsregel kennenzulernen. In Bedas Lebensbeschreibung der Äbte von Wearmouth-Jarrow sticht der Bezug zu den ›Dialogen‹ Gregors des Großen ins Auge. Gleich zu Beginn vergleicht Beda zum Beispiel den Gründungsabt Benedict Biscop mit dessen Namensvetter aus Nursia. In den Ermahnungen, die Beda Benedict in den Mund legt, wird nicht nur auf die bereits erwähnten 17 vorbildlichen Klöster verwiesen, an denen er sich orientiert haben will. Vielmehr legt er seinen Mönchen auch nahe, nach dem Vorbild der Benediktsregel seinen Nachfolger aus dem Konvent selbst zu erwählen. Ein weiterer Bezug auf die *Regula Benedicti* findet sich in der anonymen *Vita Ceolfridi*. Dort wird ausgeführt, Ceolfrid habe als Abt von Jarrow nach einer Seuche, die den Konvent stark dezimiert habe, verfügt, während des Stundengebets seien Antiphonen nur noch während der Vesper und der Matutin zu singen. Dies entspricht den Empfehlungen der Benediktsregel zum Stundengebet in einer kleineren Gemeinschaft (vgl. RB 17).

Aus diesen Referenzen lässt sich ablesen, wie in den nordenglischen Klöstern die Benediktsregel rezipiert worden sein dürfte: nicht als geltende Norm, sondern als einer unter mehreren Texten, an denen sich die Äbte und Mönche orientieren konnten – in den konkreten Beispielen bei der Abtswahl oder bei der Neuorganisation des Stundengebets. Eine ähnliche Rolle dürfte die Benediktsregel auch im Süden Englands gespielt haben, was jedoch nur indirekt zu erschließen ist. Zum einen muss Winfrid/Bonifatius in seinen ersten vier Lebensjahrzehnten, die er dort verbracht hat, bereits die *Regula Benedicti* kennengelernt haben. Zum anderen stammt der älteste Textzeuge der Benediktsregel vermutlich aus dem Südwesten Englands. Insgesamt ist also England neben dem nördlichen Gallien eine zweite Region, in der sich seit dem 7. Jahrhundert Referenzen auf Benedikt von Nursia sowie die ihm zuzuschreibende *Regula Benedicti* nachweisen lassen, ohne dass man deswegen bereits von einem benediktinischen Mönchtum in dem Sinne auszugehen hätte, dass die Klöster dort vor allem oder ausschließlich dieser Regel gefolgt seien.

Italien

In Italien erlebte die Verehrung Benedikts von Nursia erst während des 8. Jahrhunderts einen Aufschwung. Papst Gregor II. (715–731) trug nicht nur den Namen seines großen Vorgängers, sondern scheint sich, wie Joachim Wollasch plausibel gemacht hat, auch bewusst an dem Vorbild Gregors des Großen orientiert zu haben. Ein Indiz dafür sieht Wollasch in der Propagierung der Verehrung Benedikts von Nursia. Wie Paulus Diaconus in seiner *Historia Langobardorum* berichtet, veranlasste Gregor II. den Brescianer Petronax († 749/750), auf dem Montecassino wieder eine Mönchsgemeinschaft zu begründen, und zwar am Ort, an dem angeblich der Leichnam des heiligen Benedikt ruhe. Paulus Diaconus weiß zwar, dass die Abtei Fleury und ein Kloster in Le Mans beanspruchen, die Reliquien Benedikts und seiner Schwester Scholastica zu besitzen, erklärt aber, es handele sich nur um Teile der verehrten Leichname, die die fränkischen Mönche heimlich geraubt hätten. Somit stellt für ihn die Wiederbesiedlung von Montecassino eine Wiederherstellung der angemessenen Verehrung Benedikts von Nursia an seinem Grab dar. Explizit verweist er zusätzlich darauf, die neue Gemeinschaft habe sich der Benediktsregel unterstellt. Der zweite Nachfolger Gregors II., Papst Zacharias, hat sich um eine weitere Förderung der Benediktsverehrung auf dem Montecassino verdient gemacht. Zum einen schenkte er den Mönchen einen Codex, der vermeintlich das Autograph der Benediktsregel beinhaltete. Zum anderen bemühte er sich, eine Rückführung der geraubten Reliquien Benedikts zu veranlassen. Im Zuge der Annäherung der römischen Bischöfe an die neue fränkische Herrscherdynastie der Karolinger forderte er in einer Urkunde von 750/751 König Pippin († 768) auf, für die Translation der Benediktsreliquien nach Montecassino Sorge zu tragen. Die Überlieferung aus Fleury, die allein von diesem Rückführungsversuch zu berichten weiß, schildert in farbigen Details, auf welch wunderbare Weise der heilige Benedikt sich davor zu bewahren wusste, gegen seinen Willen wieder nach Montecassino zurückgebracht zu werden. Auch wenn damit das Problem der Reliquien Benedikts ungelöst blieb, stieg die neue Abtei auf dem Montecassino rasch zu einem prominenten Bezugspunkt des lateinischen Mönchtums auf. Seit diesem Zeitpunkt wird immer wieder davon berichtet, Auswärtige seien von Rom zum Benediktskloster weitergereist, um zu erfahren, wie die Mönche dort lebten. Zu den Besuchern zählten Angelsachsen wie Winfrid/Bonifatius († 754), Sturmi († 779), der erste Abt des Bonifatiusklosters in Fulda, der Missionar und spätere Bischof von Eichstätt Willibald

(† 787) sowie der Gründer der Abtei Werden und erste Bischof von Münster Liudger († 809) oder auch Abt Adalhard von Corbie († 826). Auch Karl der Große († 814) wandte sich an die Mönche von Montecassino, um von ihnen zu erfragen, wie sie ihr Klosterleben gestalteten, um die Vorgaben der Benediktsregel zu verwirklichen. Liudger und Adalhard von Corbie gehörten aber schon einer anderen Zeit an, in der die Benediktsregel die anderen Klosterregeln zunehmend verdrängte und zugleich in neuer Weise darüber reflektiert wurde, was es eigentlich bedeutet, sich auf die Benediktsregel zu berufen. Bis in die Mitte des 8. Jahrhunderts war sie lediglich einer von vielen Referenztexten des lateinischen Mönchtums, dessen zunehmende Verbreitung im von Columban gegründeten Vogesenkloster Luxeuil und dem iro-fränkischen Mönchtum seinen Ausgangspunkt nahm. Doch erst der Reimport der Benediktsverehrung nach Montecassino und ihre Förderung durch die Bischöfe von Rom seit Gregor II. schufen die Grundlage für den Aufstieg der Benediktsregel zum wichtigsten monastischen Basistext der Karolingerzeit.

2.4 Der Aufstieg der Benediktsregel zum wichtigsten monastischen Basistext der Karolingerzeit

In der Karolingerzeit sollte die Benediktsregel zum wichtigsten normativen Referenztext für das Mönchtum in den lateinischen Christenheiten aufsteigen. Die ältere Forschung hat diesen Aufstieg vor allem dem Wirken Kaiser Ludwigs des Frommen zugeschrieben und mit dem Bild einer weitgehenden Vereinheitlichung klösterlicher Praxis im karolingischen Großreich verbunden. Mittlerweile ist jedoch herausgearbeitet worden, dass sich die Durchsetzung der *Regula Benedicti* eher einem vielfältigen Rezeptionsprozess in einzelnen Klöstern verdankt, in denen sich eigene Traditionen und Bedürfnisse mit den normativen Vorgaben des Regeltexts verbanden. Die Benediktsregel wurde während des späten 8. und frühen 9. Jahrhunderts somit nicht zum Grundgesetz eines einheitlichen lateinischen

Mönchtums, sondern zu einem Referenzpunkt asketischer Praxis, auf den in sehr unterschiedlicher Weise Bezug genommen werden konnte.

Karl der Große

In der Regierungszeit Karls des Großen (768/771–814) setzte sich zunächst fort, was bereits zuvor beobachtet werden konnte: Der Kontakt mit dem Kloster Montecassino wurde immer wieder gesucht, um sich der vermeintlich authentischen Tradition Benedikts von Nursia zu vergewissern. Darüber hinaus wurde verschiedentlich die Forderung formuliert, das gesamte monastische Leben habe der Benediktsregel zu folgen. Erhalten haben sich etwa zwei Schreiben, mit denen Abt Theodemar von Montecassino († 797) auf Anfragen des ripuarischen Grafen Theoderich sowie Karls des Großen selbst reagiert hat. Graf Theoderich hatte nach Gewohnheiten gefragt, die jenseits des in der Regel Festgeschriebenen im Heimatkloster Benedikts von Nursia Beachtung fanden. Der Frankenkönig hatte sogar Bischof Adalgar († 800?) ins Latium geschickt, um sich informieren zu lassen. In beiden Fällen standen liturgische Fragen im Zentrum des Interesses, hatte sich doch gerade das gemeinsame Gebet im Frühmittelalter stürmisch weiterentwickelt und von dem Stand entfernt, den der Regeltext des 6. Jahrhunderts festhielt. Darüber hinaus wurde für König Karl eine Abschrift des Codex angefertigt, der als Autograph Benedikts von Nursia verehrt wurde. Das fügt sich in das Bemühen des Karolingers, zentrale religiöse und rechtliche Aufzeichnungen in einem möglichst zuverlässigen Wortlaut zur Verfügung zu stellen. Im Fall der Benediktsregel scheint das vermeintliche Autograph allerdings keinen nachhaltigen Einfluss auf die Textgeschichte genommen zu haben.

Darüber hinaus sind aus den Regierungsjahren Karls des Großen nach seiner Kaiserkrönung an Weihnachten 800 zwei Initiativen überliefert, durch Beschlüsse von Reichsversammlungen die Verbreitung der Benediktsregel zu gewährleisten. Für den Oktober 802 berichten die Lorscher Annalen sowie die Chronik von Moissac über eine Synode in Aachen, in deren Verlauf den anwesenden Äbten und Mönchen der Regeltext verlesen und aufgetragen wurde, für seine allgemeine Befolgung Sorge zu tragen. Während dieser Synode scheint es allerdings zu einer heftigen Konfrontation zwischen den Äbten Adalhard von Corbie und Benedikt von Aniane über die Dauer des Noviziats gekommen zu sein. Aus den Folgejahren fehlen weitere Nachrichten, die eine Umsetzung des ehrgeizigen Programms belegten, alle Klöster des Fränkischen Imperium zur Befolgung der Benediktsregel zu ermahnen. Erst für 811 ist in der kaiserlichen Überlieferung der nächste Rekurs auf den Regeltext als zentraler Grundlage des monastischen Lebens zu fassen – der Herrscher wollte darüber mit den Bischöfen und Äbten seines Reichs verhandeln. Zwei Jahre später schließlich stellte die Frage nach der Regelobservanz einen Punkt in einem umfangreichen Fragenkatalog dar, mit dem Karl sich einen Überblick über den Zustand seiner Kirche in den verschiedenen Regionen des Reichs verschaffen wollte. Letztlich blieb es also bei punktuellen Initiativen, mit denen der erste Karolingerkaiser die Verbreitung der Benediktsregel förderte. Die Kontroverse während der Synode von 802 verweist jedoch zugleich auf die Vielfalt klösterlicher Praxis, die einer zentral gesteuerten Vereinheitlichung des karolingerzeitlichen Mönchtums im Wege stand.

Ludwig der Fromme

Das sollte sich unter der Herrschaft Ludwigs des Frommen (814–840) nicht grundlegend ändern, wenngleich auch das Bemühen um eine wirkungsvolle Implementierung der Klosterregel Benedikts weitaus deutlichere Spuren in der Überlieferung hinterlassen hat. In das erste Jahrzehnt der eigenständigen Regierung fällt eine Serie von Reichssynoden in Aachen, deren Beschlüsse ein umfangreiches religiöses Programm des neuen Kaisers dokumentieren. Im Zentrum des Interesses stand dabei nicht primär das Mönchtum, sondern das Gemeinschaftsleben des Weltklerus. Darüber hinaus wurde der Versuch unternommen, das Leben nicht mönchisch lebender religioser Frauen, der sogenannten Sanktimonialen, zu regulieren. Im Zuge dieser Bemühungen trat aber auch das eigentliche Mönchtum in den Blickpunkt, allein schon, um die verschiedenen Religiosengruppen voneinander abzugrenzen. Die Beschlüsse, die das Mönchtum betreffen, wiederholen die bereits vielfach erhobene Forderung, alle Mönche sollten nach der Benediktsregel leben. So beschloss die Synode von 816, die Äbte sollten nach der Heimkehr in ihre Klöster gemeinsam mit ihren Konventen den Regeltext lesen und Wort für Wort erläutern, um dann Wege zu entwickeln, ihn umzusetzen. Auch sollten die Mönche, die dazu in der Lage seien, die Regel im Wortlaut auswendig lernen. Darüber hinaus befassten sich die Synodalen mit einem bunten Strauß an Details des klösterlichen Alltags, die die Liturgie, den Tagesablauf oder etwa das Strafregiment betrafen: Man solle kein Geflügel essen, wer etwa in der Küche arbeite, solle sein Gewand regelmäßig waschen, man solle sich lediglich vor Weihnachten und Ostern baden, und zwar in getrennten Badewannen, während der Fastenzeit habe das »Alleluja« zu unterbleiben, der Karzer des Klosters solle beheizbar sein und anderes mehr. Im folgenden Jahr 817 wurden diese Beschlüsse von einer weiteren Synode aufgegriffen und fortgeführt, zum Teil auch modifiziert. So solle es zum Beispiel nun im Ermessen der Klosteroberen liegen, wie oft Mönchen ein Bad gestattet werde. Neben den Synodalbeschlüssen liegen mit den sogenannten *Statuta Murbacensia* ausführliche Kommentare zu den Beschlüssen von 816 vor, die die Eigenständigkeit belegen, mit der ein Teilnehmer der Synode die Beschlüsse kommentierte und Abweichungen von ihnen begründete, wo sie ihm geboten schienen.

Wenn Synoden auf Initiative der Kaiser beschlossen, das Mönchtum auf eine verbindliche normative Basis festzulegen, manifestierte sich darin die stark religiös geprägte Vorstellung des frühmittelalterlichen Christentums von den Pflichten eines Herrschers. Indem er reformierend in das klösterliche Leben eingriff, trug er dafür Sorge, dass Mönche und Nonnen ihre Aufgaben korrekt erfüllten: neben einem asketischen Leben vor allem das stellvertretende Gebet für Lebende und Tote, Laien, Kleriker und Religiose. Als von Gott eingesetzter Verantwortlicher für seine *ecclesia* [Kirche] hatte der Herrscher für die Wirksamkeit dieses Gebets im Dienste Aller Sorge zu tragen.

Benedikt von Aniane

Eine zentrale Figur im Umfeld Ludwigs des Frommen war Benedikt von Aniane († 821). Als Grafensohn hatte er sich in Aquitanien dem klösterlichen Leben zugewandt und wurde nach einer gewissen Orientierungsphase zu einem nachdrücklichen Verfechter der Benediktsregel. Die biographischen Informationen, über die wir verfügen, stammen vor allem aus einer Heiligenvita, die unmittelbar nach dem Tod Benedikts von Aniane im Kreis seiner Schüler entstanden ist. Ihr Verfasser Ardo, ein Mönch des zuletzt von Benedikt geleiteten Klosters Inden/Kornelimünster bei Aachen, stilisiert den Grafensohn zu demjenigen, der vor allen anderen zunächst im aquitanischen Raum ein der Benediktsregel gemäßes Klosterwesen begründet habe. Mit dem Aufstieg Ludwigs des Frommen vom aquitanischen Teilkönig zum Alleinherrscher im Fränkischen Reich sei Benedikt von Aniane dann zur leitenden Figur im gesamten fränkischen Mönchtum aufgestiegen. Wie schon in Aquitanien habe er von seiner neuen Abtei Inden aus durch persönliche Kontakte und persönliches Vorbild zum regelgemäßen Leben angeleitet. Zugleich habe vor allem er die Beschlüsse geprägt, die die Aachener Synoden zum Mönchtum getroffen hätten.

Dieses Bild eines *Benedictus secundus*, der nach Benedikt von Nursia zum zweiten Stammvater des benediktinischen Mönchtums geworden sei, ist zuletzt relativiert worden. Andere zeitgenössische Quellen bieten kaum Anhaltspunkte für einen maßgeblichen Einfluss Benedikts von Aniane auf die Beschlüsse der Aachener Synoden von 816 und 817 sowie auf das zeitgenössische Mönchtum im Fränkischen Reich. Darüber hinaus können andere Reformer wie Bischof Leidrad von Lyon († nach 816) namhaft gemacht werden, die unabhängig von Benedikt von Aniane um eine Neuausrichtung des Mönchtums auf der Grundlage der Benediktsregel bemüht waren. Dennoch belegt die Überlieferung zu Benedikt von Aniane eine intensive Auseinandersetzung mit der Benediktsregel, die aufschlussreich für die Rezeptionsprozesse ist, denen sich der Aufstieg dieses Regeltexts verdankt.

Aneignung der *Regula Benedicti*

Zunächst beinhaltet die bald nach dem Tod Benedikts von Aniane verfasse Vita eine Auseinandersetzung darüber, ob die Benediktsregel zur Grundlage monastischer Perfektion tauge und ob man ihren Vorgaben folgen solle. In seinen ersten Jahren als Mönch habe Benedikt die *Regula Benedicti* als »Regel für Anfänger und Schwächlinge« verachtet und sich an weitaus strengeren Idealen des östlichen Mönchtums orientiert. Er habe seinen Körper und seine Kleidung bis zur Lächerlichkeit vernachlässigt, so dass »eine Menge von Läusen auf seiner schmutzigen Haut heran[wuchs, Ch. D.], die den von den Fastenzeiten mageren Körper abweideten« (Ardo, Vita Benedicti Anianensis 2). Zwar hätte er seinen Mitbrüdern demütig gedient, diese hätten ihn aber dafür verspottet und regelrecht gemobbt. Nicht einmal die Ermahnung seines Abts habe ihn dazu bewegen können, seine radikale Askese zu mäßigen. Dieser Ungehorsam gegenüber Abt und Regel ist ein Indiz dafür, dass der Verfasser ein Mönchtum kritisiert, das um asketische Extreme bemüht ist, anstatt zu einem moderaten Leben der Benediktsregel gemäß zu finden. Diese Einsicht schreibt Ardo Benedikt von Aniane zu: Er

> »entflammte […] mit gütiger Hilfe Gottes in Liebe zur Regel des vorgenannten Mannes Benedikt [von Nursia, Ch. D.], damit er vielen zu einem zeugnishaften Beispiel des Heils würde« (Ardo, Vita Benedicti Anianensis 2).

Deswegen habe er die Benediktsregel rasch auswendig gelernt und sich von nun an um ein Leben gemäß dieser Regel bemüht sowie andere davon zu überzeugen gewusst. Das schließt in der Darstellung der Vita Benedikts von Aniane nicht die Möglichkeit aus, in Details von den Vorgaben des Abts von Montecassino abzuweichen, wesentlich ist ihm aber die didaktische Qualität des Regeltexts, die es vielen Mönchen ermögliche, eine »dem Mönchtum einigermaßen entsprechende Lebensweise« (RB 73,1) zu verwirklichen. Somit bietet Ardos Lebensbeschreibung Benedikts von Aniane ein mehrschichtiges Bild, welche Bedeutung die *Regula Benedicti* seiner Meinung nach zu gewinnen hat.

Auch im Œuvre Benedikts von Aniane selbst ist seine intensive Auseinandersetzung mit den normativen Grundlagen des Mönchtums zu fassen. Nur in einer überarbeiteten Überlieferung liegt eine Sammlung von Klosterregeln, der sogenannte *Codex Regularum* vor, in dem der aquitanische Mönch zahlreiche Regeln des frühen Mönchtums gesammelt hat. Dieses Textcorpus diente ihm dann zur Grundlage für eine Konkordanz, in der er das Material aus den anderen Regeln den einschlägigen Kapiteln der Benediktsregel zugeordnet hat. Wie er in seinem Vorwort darlegt, soll die *Concordia Regularum* zur Unterweisung und zum Ansporn der Mönche eingesetzt werden. Er kritisiert ein allzu legalistisches Regelverständnis derjenigen, die sich ausschließlich mit der Benediktsregel auseinandersetzen wollten, weil sie nur ein Leben nach dieser Ordnung zu führen gelobt hätten. Dem gegenüber betont Benedikt von Aniane den Vorbildcharakter der von ihm gesammelten monastischen Literatur. Das wird auch in der Disposition des Materials deutlich: An den Beginn der *Concordia* stellt er das letzte Kapitel der Benediktsregel, in dem betont wird, der Regeltext skizziere lediglich die Grundanforderungen an ein gelungenes mönchisches Leben. Es folgen Zitate aus der Benediktsregel wie aus anderen Regeltexten, in denen es um eine Selbstrelativierung der Verbindlichkeit monastischer Literatur geht. Somit dient die *Concordia Regularum* nicht dem Beweis, dass die Benediktsregel in allem wörtlich zu befolgen ist, wie der Biograph Ardo behauptet. Sie will vielmehr einen breiten Textfundus zur Verfügung stellen, dessen Reflexion die Mönche zu einer Vervollkommnung ihrer asketischen Praxis ermahnt.

Ausweislich der *Vita Benedicti Anianensis* sollte der *Codex Regularum* während der vormittäglichen Versammlung der Mönche im Kapitel zur Verlesung kommen. Ein weiterer Zeitpunkt im klösterlichen Tagesablauf, der zur Reflexion auf die spirituellen Grundlagen des mönchischen Lebens einlud, war die abendliche *collatio*. Nach der *Regula Benedicti* sollten sich die Mönche nach dem Abendessen versammeln, um sich bis zur Komplet monastische Literatur vorlesen zu lassen. Diesem abendlichen Beisammensein ordnet Smaragd von Saint-Mihiel († 826/30), ein Weggefährte Benedikts von Aniane, seine der

INNOMINE DNI NOSTRI IHU
XPI · INCIPIT PROLOGUS REGULE
PATRIS EXIMII BEATISSIMI BENEDICTI ·
AUSCULTA
O FILI PRAECEPTA MAGISTRI ·
et inclina aurem cordis tui · et
ammonitionem pii patris liben
ter excipe · & efficaciter comple ·
ut ad eum per oboedientiae labo
rem redeas · a quo per inoboedi
entiae desidiam recesseras ·
Ad te ergo nunc meus sermo
dirigitur · quisquis abrenun
tians propriis uolup
tatibus · dnō xpō uero
regi militaturus · oboedientiae
fortissima atq; praeclara arma assu
mis · Inprimis ut quicquid agendū
inchoas bonum · ab eo perfici instantissima ora
tione deposcas · ut qui nos iam in filiorum digna
tus ē numero computare · non debeat aliquando
de malis actibus nostris contristari · Ita enim

Abb. 2: Beginn des Prologs der Benediktsregel aus dem ältesten Kapitelsoffizumbuch von St. Gallen (9. Jh.).

Erbauung der Mönche gewidmeten Werke zu. Neben dem sogenannten Diadema monachorum, einer Kompilation kurzer betrachtender Texte in 100 Kapiteln, handelt es sich dabei vor allem um die *Expositio in Regulam Sancti Benedicti*, einen monumentalen Kommentar, der nach der *Concordia Regularum* das zweite Zeugnis einer intensiven Meditation der Benediktsregel im Umkreis Ludwigs des Frommen darstellt. Dem von Smaragd skizzierten Sitz im Leben gemäß handelt es sich um ein Werk, das eher zur kontinuierlichen Lektüre und zur nachverfolgenden Aneignung einlädt als zum Nachschlagen präziser Detailinformationen. Im Zentrum stehen vor allem die ersten Kapitel der Benediktsregel, in denen die spirituellen Grundlagen des Klosterwesens Erörterung finden. Zwei der insgesamt drei Bücher der *Expositio* sind den ersten sieben Kapiteln der Benediktsregel gewidmet, in denen Themen wie Gehorsam, Schweigsamkeit und Demut sowie weitere »Werkzeuge der geistlichen Kunst« behandelt werden. Oft sogar um ein adäquates Verständnis des einzelnen Worts ringend entfaltet der Kommentar einen reichhaltigen textuellen Resonanzraum aus Bibelzitaten wie Passagen älterer christlicher und vor allem monastischer Literatur, in den er den Text der Benediktsregel stellt. Auch wenn sich Bezüge zu den Aachener Reformbeschlüssen der 810er Jahre ausfindig machen lassen, dient der Text doch primär der spirituellen Meditation.

Die Reihe umfangreicher Zeugen der Reflexion über die *Regula Benedicti* während des 9. Jahrhunderts schließt ein weiterer Regelkommentar aus der Feder Hildemars von Corbie († um 850) ab. Während die bisher genannten Quellen und ihre Verfasser eng miteinander verbunden waren, ist Hildemar ein Schüler Abt Adalhards von Corbie, der mit Benedikt von Aniane zerstritten und von Ludwig dem Frommen nach dem Antritt der Alleinherrschaft sogar verbannt worden war. Hildemars *Expositio Regulae* liefert gleichfalls einen fortlaufenden Kommentar zum Wortlaut der Benediktsregel, beinhaltet aber breitere Ausführungen zu praktischen Details des Klosterlebens. Sie lassen erkennen, dass trotz der Maßnahmen Ludwigs des Frommen in der Tradition von Corbie Gewohnheiten weitergepflegt und offensiv verteidigt wurden, die von den Beschlüssen der Aachener Synoden abweichen. Hildemar reflektiert explizit die Vielfalt praktischer Gewohnheiten. Man müsse zwischen den Vorgaben Benedikts von Nursia für das spirituelle Leben und seinen Ratschlägen für den klösterlichen Alltag unterscheiden. Erstere seien strikt zu befolgen, von letzteren dürfe man getrost abweichen, wenn das nicht aus Bequemlichkeit geschehe. Zugleich greift dieser Kommentar noch einmal ausführlich das Motiv fiktiver Mündlichkeit auf, präsentiert also das dem alten Mönchtum so teure Ideal der direkten, individuellen Unterweisung. Die Verlesung der *Expositio* machte die Hörer zu Zeugen eines imaginären Gesprächs zwischen Benedikt von Nursia, dem Sprecher des Kommentars und anderen Mönchen, die immer wieder direkt in der zweiten Person angesprochen werden. Ihnen »erläutert« Benedikt von Nursia z. B. im Kommentar zu RB 73 grundsätzlich:

> »Weiter oben hat Benedikt seinem Hörer gesagt: ›An dich also richte ich jetzt mein Wort,‹ [RB Prolog 3] und dadurch seine Aufmerksamkeit geweckt; deswegen hat jener [der Hörer, Ch. D.] alles hinter sich gelassen, ist seiner [Benedikts, Ch. D.] Lehre gefolgt und hat begonnen, aufmerksam zuzuhören. [...] Nun aber fragt ihn gleichsam der Hörer mit den Worten: ›Sieh, Vater, du hast mich zunächst dazu motiviert, dir zuzuhören, als du gesagt hast: ›An dich also richte ich jetzt mein Wort‹; und weil ich geglaubt habe, du lehrtest mich die volle Gerechtigkeit, habe ich alles hinter mir gelassen und bin deiner Lehre gefolgt; wieso wolltest du diese Regel niederschreiben, wenn in ihr gar nicht der gesamte Weg zur Gerechtigkeit enthalten ist?‹ Jener [Benedikt, Ch. D.] antwortet gleichsam darauf: ›Diese Regel haben wir geschrieben, damit wir durch ihre Beobachtung in unseren Klöstern eine dem Mönchtum einigermaßen entsprechende Lebensweise oder doch einen Anfang im klösterlichen Leben bekunden‹ [RB 73,1]«.

Neben der Reflexion darüber, welche Anforderungen die Benediktsregel an diejenigen stellt, die sie befolgen wollen, wie sie die Werke Ardos, Benedikts von Aniane, Smaragds von Saint-Mihiel oder Hildemars von Corbie anstellen, bezeugen zahllose Rekurse auf den Regeltext seine zunehmend breitere Rezeption. Das gilt etwa für herrscherliche Privilegien, in denen den Mönchen aufgetragen wurde, nach der Regel zu leben. Das gilt aber auch für ein breites Spektrum anderer Quellen.

Die *Regula Benedicti* als Topos

Dabei konnte der Bezug auf die *Regula Benedicti* allerdings auch zu einem rhetorischen Topos werden, in dem es nicht so sehr um die Orientierung am Wortlaut ging als um eine Chiffre für die Verwirklichung eines angemessenen klösterlichen Lebens auch jenseits der Vorgaben des Regeltexts. Im Zuge heftiger Konflikte zwischen Teilen des Konvents der Abtei Fulda und ihrem Abt Ratger († 835) kam es zum Beispiel während der Regierungszeit Karls des Großen zu heftigen Auseinandersetzungen. Hintergrund waren ehrgeizige Bauprojekte, mit denen der Abt der gewachsenen Größe und Bedeutung seines Klosters Rechnung tragen wollte, vor allem durch eine stark erweiterte Klosterkirche, in der zugleich das Grab des heiligen Bonifatius einen würdigen architektonischen Rahmen erhalten sollte. Glaubt man den Beschwerden der innerklösterlichen Opposition, hat Ratger als ehrgeiziger Manager alles daran gesetzt, die Produktivität der ihm zur Verfügung stehenden Mönche zu steigern. Er soll körperlich schwache Mönche aus Fulda vertrieben haben, um stattdessen finanziell potente oder aber körperlich robuste Kandidaten neu aufzunehmen, ohne ihre persönliche Motivation zum Eintritt ins Kloster allzu genau zu prüfen. Die Mitglieder seines Konvents soll er gezwungen haben, weniger Zeit aufs Gebet zu verwenden, damit sie für längere Phasen körperlicher Arbeit auf der Großbaustelle zur Verfügung standen. Dem gleichen Zweck soll eine Reduktion der Feiertage gedient haben, die im Kloster begangen wurden. Um ihren Abt zu stürzen, wandte sich eine Gruppe von Mönchen unter dem Wortführer und späteren Abt Eigil († 822) im Jahr 812 an Kaiser Karl und legte ihn mit dem *Supplex libellus* eine Klageschrift vor, in der sie ihre Beschwerden zusammengestellt hatten. Zur Unterstützung ihrer Anliegen verwiesen die protestierenden Mönche verschiedentlich auf die Benediktsregel bzw. die Praxis, die der Gründerabt Sturmi während seines Aufenthalts in Montecassino kennengelernt hatte. Dieser Rekurs auf den Regeltext bzw. die authentische Tradition des benediktinischen Mönchtums erfolgte jedoch nur punktuell, denn zugleich beharrten die Mönche auf den traditionellen Gepflogenheiten ihres Klosters, die ihnen vom Gründer Bonifatius sowie vom ersten Abt Sturmi vorgegeben worden seien. Der rhetorisch geschickte Einstieg in die Argumentation, Karl der Große möge ihnen wieder das gewohnte stellvertretende Gebet gestatten, damit sie bei Gott für sein Heil eintreten könnten, spiegelt zum Beispiel Formen liturgischer Aufgabenteilung, die jenseits des Horizonts der Benediktsregel lagen. Der Verweis auf die Benediktsregel stellt somit nur eines von verschiedenen Argumenten dar, aus deren Arsenal sich die Mönche in ihrem Widerstand gegen Abt Ratger bedienten.

Die *Regula Benedicti* als Grundlage des Mönchtums

Die Karolingerzeit sah also eine Aufwertung der Benediktsregel zur wichtigsten normativen Grundlage des Mönchtums im Fränkischen Großreich. Die davon angestoßene Reflexion über ein angemessenes Verständnis des Regeltexts rückt vor allem seinen didaktischen Wert ins Zentrum und stellt Instrumente zu einem vertieften Nachdenken über die spirituellen Grundlagen des Mönchtums zur Verfügung. Die Bilanz der Synodalbeschlüsse unter Karl dem Großen und Ludwig dem Frommen fällt zwiespältig aus. Auf der einen Seite stützten und förderten sie die breite Rezeption der Benediktsregel. Auf der anderen Seite nahmen dieselben Herrscher ihre Klöster aber für Aufgaben in Anspruch, die sich nicht mit einer wörtlichen Befolgung des Regeltexts in Einklang bringen ließen: Stabilisierung politischer Dominanz, Rekrutierungsbasis wie Versorgungseinrichtungen für geistliche und weltliche Eliten, Missionsstützpunkte oder Ausbildungsstätten für den geistlichen Nachwuchs. Vor allem die Praxis des stellvertretenden Gebets mit der besonderen Wertschätzung der Messe fügt sich schlecht zur Forderung nach einer allgemeinen Befolgung der Benediktsregel. In den Regelkommentaren wie in anderen monastischen Quellen spiegelt sich diese Diskrepanz gelegentlich, wenn über die Verbindlichkeit verschiedener Einzelbestimmungen der Benediktsregel nachgedacht wird. Möglicherweise zeugen sie aber noch in einem anderen Sinne von der Spannung zwischen den monastischen Idealen, die die Benediktsregel artikuliert, und der vielfachen Indienstnahme von Klöstern für diverse geistliche und weltliche Belange: Indem die verschiedenen Regelkommentare und -sammlungen vor allem die spirituellen Grundlagen des Klosterwesens betonen, stellen sie den Mönchen eine identitätsstiftende Grundlage dafür zur Verfügung, sich trotz der zahllosen Geschäfte, die sie mit der Welt verflechten, als Mönche und damit legitime Nachahmer Benedikts von Nursia zu begreifen. Der Forderung nach einer Befolgung der Benediktsregel käme dann ein kompensatorischer Charakter zu, ein beinahe bis zur Unkenntlichkeit gewandeltes Mönchtum an seine ursprünglichen Impulse zu erinnern und dadurch zu erneuern.

2.5 Die Aufzeichnung klösterlicher Gewohnheiten (*Consuetudines*) und die hochmittelalterliche Verbandsbildung

Schon die Benediktsregel verweist neben den gemeinsamen Grundlagen des Mönchtums, die sie selbst zu beinhalten beansprucht, auf die spezifischen Gewohnheiten des eigenen Klosters (vgl. RB 61,2). Aber erst aus dem Hochmittelalter liegen umfangreiche Aufzeichnungen dieser lokalen Gewohnheiten (*Consuetudines*) vor. Die von Pater Kassius Hallinger Mitte des 20. Jahrhunderts angestoßene intensive Editionstätigkeit und Erforschung dieser monastischen Gebrauchstexte ging zunächst von der Erwartung aus, mit ihrer Entstehung, Verbreitung und Rezeption ließen sich voneinander verschiedene Klostergruppen eindeutig identifizieren. Neben der burgundischen Abtei Cluny, deren herausragende Bedeutung bereits seit langem erkannt worden war, sollte mit dem lothringischen Gorze ein zweites Reformzentrum existiert haben, das kaum weniger weit in das benediktinische Mönchtum des Hochmittelalters ausgestrahlt habe. Hinter dieser These stand die Erwartung, die verschiedenen Reformkräfte hätten analog zu modernen Kongregationen innerhalb des Benediktinerordens voneinander verschiedene Klosterverbände mit einer je besonderen Identität gebildet und für die Identität dieser Verbände seien die aufgezeichneten Gewohnheiten maßgeblich gewesen. Die fruchtbaren Forschungen, die aus dieser Erwartung angestoßen worden sind, haben jedoch die Ausgangshypothese falsifiziert. In der Tat stellen die oft monumentalen *Consuetudines* des Hochmittelalters eindrucksvolle Zeugnisse des Bemühens dar, sich zu vergewissern, was es bedeutete, auf der Grundlage der Benediktsregel ein gutes klösterliches Leben zu führen. Die *Consuetudines* beschreiben daher stärker als die *Regula* einen normativen klösterlichen Alltag, zeugen jedoch nicht von dem Bemühen um eine Verbandsbildung oder Uniformierung asketischer Praxis in verschiedenen Klöstern mit dem Mittel normativer Schriftlichkeit.

Rahmenbedingungen

Im Fränkischen Reich trugen einige exponierte Mönche im Umfeld der Herrscher das Bemühen, ein monastisches Leben der Benediktsregel gemäß zu gewährleisten. Formell nahmen sich die Könige und Kaiser, insbesondere Ludwig der Fromme, dieses Anliegens an, um der Verantwortung für ihr Kirchenreich gerecht zu werden. Diese Konstellation verlor mit dem weiteren Verlauf des 9. Jahrhunderts an Bedeutung. Wegen des Auseinanderfallens des Karolingerreichs fielen sowohl der Herrscher als Fokus und Impulsgeber für Reformbemühungen als auch seine Umgebung als Kontaktbörse für den Austausch von Personen und Konzepten aus. Die Erosion der karolingischen Herrschaft verband sich zugleich mit der Unfähigkeit der Herrscher, Angriffe von normannischen, ungarischen oder maurischen Kontingenten zurückzuschlagen. Plünderzüge trafen traditionsreiche und große Abteien wie Fleury bei Orléans an der Loire, St. Gallen am Bodensee oder S. Zeno in Verona ebenso wie viele weitere Klöster. Die Plünderung und Zerstörung beinträchtigte das monastische Leben zum Teil nachhaltig. Zugleich erschwerten die Zeitläufte die Vernetzung einer königsnahen monastischen Elite, die in europäischem Radius über die Ausgestaltung des benediktinischen Mönchtums debattierte.

Cluny

Vor diesem Hintergrund wird der Aufstieg von Cluny zu einem neuen Zentrum des lateinischen Mönchtums verständlich. Denn ihr Stifter, Herzog Wilhelm der Fromme von Aquitanien, hielt in seiner Gründungsurkunde aus dem Jahr 910 fest, dass die burgundische Abtei frei sein solle von jeder Bindung an etablierte Herrschaftsträger, sei es der König, seien es geistliche oder weltliche Große. Stattdessen unterstellte er seine Gründung den Apostelfürsten Petrus und Paulus und damit in symbolischer Weise dem Papst, ohne dass das mit weiteren praktischen Folgen über einen regelmäßigen Anerkennungszins hinaus verbunden sein sollte. In einer Phase, in der die faktische Macht der Päpste kaum über Rom und das Latium hinausreichte, bedeutete eine solche Konstruktion vor allem die Freisetzung Clunys von allen Institutionen, die den Mönchen Schutz anboten und dafür Einfluss auf das Kloster zu nehmen beanspruchten. Darin lag das Risiko eines raschen Scheiterns. Mit dem Erfolg von Cluny war aber ein neues Modell etabliert worden, benediktinisches Mönchtum auf eine stärker sich selbst tragende institutionelle Grundlage zu stellen. Das betraf selbstverständlich nicht die liturgische, kulturelle und materielle Einbindung des Klosters in die Gesellschaft, wohl aber die Gewährleistung einer Ausgestaltung der asketischen und religiösen Praxis, die den zeitgenössischen Erwartungen an ein Leben nach der Benediktsregel entsprach. Cluny erfüllte diese Erwartungen in herausragender Weise und wurde während des 10. und 11. Jahrhunderts zum Zentrum eines weit ausgreifenden und vielgestaltigen Netzwerks geistlicher Gemeinschaften, die auf unterschiedliche Weise mit der burgundischen Abtei verzahnt waren: von unmittelbar dem Abt von Cluny unterstehenden Häusern bis zu punktuell von Cluny inspirierten Klöstern. Im Zuge dieser vielschichtigen Vernetzungen innerhalb des benediktinischen Mönchtums stand selbstverständlich immer die Frage im Raum, wie ein der *Regula Benedicti* gemäßes Leben auszugestalten sei. Und daher entstanden in den *Consuetudines* sehr umfang- und detailreiche Aufzeichnungen über die verschiedensten Abläufe im Kloster. Sie befassten sich vor allem mit der Liturgie, daneben mit den Aufgaben klösterlicher Amtsträger, disziplinarischen Fragen sowie alltäglichen Abläufen innerhalb der Klostermauern. Die Ausgestaltung eines reformierten benediktinischen Mönchtums sowie die Rolle, die *Consuetudines* dabei spielten, sei im Anschluss am Beispiel der Aufzeichnungen der cluniazensischen Gewohnheiten genauer erläutert, obwohl Cluny keinesfalls allein die monastische Landschaft der lateinischen Christenheiten prägte. Auch andere Kommunitäten bemühten sich um eine Reform im Sinne einer angemessenen monastischen Praxis auf der Grundlage der Benediktsregel bzw. wurden zu Impulsgebern für Reformbestrebungen andernorts. Zu nennen wären etwa die Abteien von Fleury/Saint-Benoît-sur-Loire, Christ Church in Canterbury, Vallombrosa, Hirsau oder Siegburg. Zugleich ist auch kritisch zu bedenken, was der Rekurs auf eine Klosterreform in den Quellen eigentlich impliziert.

In der Überlieferung von Cluny, die hier zunächst im Mittelpunkt steht, taucht immer wieder der Anspruch auf, ein Leben nach der Benediktsregel zu führen. Schon die Gründungsurkunde von 910 hält fest, dort sollten »Mönche, die der Regel des heiligen Benedikts gemäß leben, versammelt werden.« Das wird man zunächst als Wunsch zu lesen haben, dass es sich bei der Neustiftung um ein Mönchskloster handeln solle, also nicht eine andere Form des religiosen Lebens. In der Gleichsetzung des Mönchseins mit einem Lebenswandel gemäß der *Regula Benedicti* schlägt sich der Erfolg der seit dem 8. Jahrhundert fassbaren Bemühungen um eine Verbreitung und Verbindlichkeit dieses Regeltexts nieder. Sie führte zugleich dazu, dass Diskurse über eine Reform monastischer Gemeinschaften regelmäßig mit der Frage verbunden wurden, ob in dem einzelnen Haus die Regel befolgt werde. Wenn es galt, den Reformbedarf eines Klosters zu begründen, wurde ihm vorgeworfen, gegen die Regel zu verstoßen, und die Interventionen von außen in die lokale Praxis wurden als Wiederherstellung der Regelobservanz legitimiert.

Die Reform von Fleury

Spektakulär war etwa die Reform des Klosters Fleury, die Odo, der zweite Abt von Cluny (927–942), im Auftrag von Graf Elisiardus († um/nach 946) vornahm. Die Heiligenvita Odos verweist selbstverständlich darauf, dass die Mönche nicht mehr der Benediktsregel gemäß gelebt hätten und dass Odo sie wieder auf diesen Weg zurückgeführt habe. Die Umstände, unter denen dieser äußere Eingriff in das Leben der Angehörigen Fleurys stattfand, könnten dramatischer kaum geschildert werden. Weil sie sich nicht der Reform hätten unterwerfen wollen, so die *Vita Odonis*, hätten sich die Mönche von Fleury bewaffnet, teils die anrückenden Reformer von den Dächern aus mit Steinen und anderen Geschossen beworfen, teils sich vor dem Klostertor verschanzt. Nach mehrtägigen Verhandlungen habe Odo schließlich einen Esel bestiegen, um durch die Nachahmung des am Palmsonntag in Jerusalem einziehenden Jesus seine friedlichen Absichten zu demonstrieren, und sei dann in der Lage gewesen, seine Reformabsichten zu verwirklichen. Konkret nennt der Text zum einen die Frage, ob Mönche Fleisch essen dürften, und zum anderen die Frage nach Privatbesitz des einzelnen Mönchs, in denen Odo seine Mitbrüder in Fleury wieder auf den Pfad der Regelbefolgung zurückgeführt habe. Die Brisanz dieser Intervention resultierte nicht zuletzt daraus, dass die Mönche von Fleury über die Reliquien Benedikts von Nursia zu verfügen glaubten. Der Legende nach seien sie Mitte des 7. Jahrhunderts aus Montecassino entfernt worden und hätten im Loirekloster ihre neue Heimat gefunden. Das machte Fleury zur prädestinierten Hüterin der authentischen Tradition des Heiligen. Die Reformmaßnahmen des Abts von Cluny waren unter diesen Umständen ein besonders heikles Unterfangen. Die *Vita Odonis* rechtfertigt ihren Helden dadurch, dass sie Benedikt von Nursia in mehreren Visionen auftreten lässt, in denen er Odo zu seinem Werkzeug erklärt, mit dessen Hilfe die Mönche von Fleury wieder zu seiner Regel zurückgeführt werden. Damit inszeniert diese Vita zugleich die Abtei von Cluny als eigentliche Garantin eines authentischen benediktinischen Mönchtums. In einer Predigt, die Odo anlässlich des Fests Benedikts von Nursia gehalten hat, verbindet er die Erinnerung an die Wunder an dessen Grab in Fleury mit der Beachtung seiner Regel und eröffnet dadurch eine Perspektive, die die tiefgreifenden Veränderungen im Alltagsleben des von ihm reformierten Klosters möglicherweise erträglicher machte.

Abstwahlen in Cluny

Ein zweiter Zusammenhang, in dem in der Überlieferung Clunys regelmäßig auf die Benediktsregel verwiesen wird, ist die Wahl eines neuen Abts. Mit den Äbten Berno (910–927), Odo (927–942), Aymardus (942–954/963), Maiolus (948/63–994), Odilo (992/994–1048) und Hugo (1049–1109) sah die burgundische Abtei eine Serie von außergewöhnlich lang amtierenden Äbten von meist herausragendem Format. Nicht zuletzt das recht junge Alter, in dem diese Männer zum Abbatiat erhoben wurden, ermöglichte diese langen Amtszeiten. Die Nachfolgeregelungen waren allerdings nicht ganz unproblematisch. Der Gründungsabt Berno, der abweichend von der Benediktsregel sieben Kommunitäten vorstand, designierte zwei Nachfolger, denen er die Häuser anvertraute. In ähnlicher Weise benannten auch die folgenden Äbte ihre Nachfolger, wofür sie die Zustimmung des Konvents und die Anerkennung ihres geistlichen und weltlichen Umfelds einforderten. Es entsprach der Regel, wenn die Äbte aus den Reihen der Mönche rekrutiert wurden, auch wenn es sich anders als von Benedikt von Nursia intendiert um mehr als ein Kloster handelte. Darin unterschied sich Cluny von anderen, von Weltklerikern oder Laien geleiteten Abteien. Aber die Designation durch einen sterbenden oder aus gesundheitlichen Gründen resignierenden Altabt entsprach nicht den Wahlvorgängen, die die Benediktsregel fordert. Lediglich beim Übergang von Odilo zu Hugo entsprach das Wahlverfahren wohl den Vorgaben des Regeltexts: Odilo hatte den sehr jungen Mönch Hugo mit dem zentralen Amt eines Großpriors betraut und ihn dadurch als Nachfolgekandidaten ins Spiel gebracht. Er verzichtete aber selbst auf Nachfragen hin darauf, ihn explizit als künftigen Abt zu designieren, sodass der Konvent sich erst sieben Wochen nach Odilos Tod auf Hugo als neuen Abt verständigte. Gerade dieses Verfahren, das besser den Regelungen der Benediktsregel zur Abtswahl entsprach als frühere Wahlen, könnte aber aus einer Krisensituation des Konvents resultieren: Möglicherweise widerstrebte es zunächst einer größeren Gruppe älterer Mönche, dass ihnen mit Hugo ein Mitbruder vorangestellt wurde, der erst seit einem Jahrzehnt im Kloster gelebt hatte. Vor diesem Hintergrund irritiert es, wenn gerade im Zusammenhang mit den Abtswahlen auf die Tradition Benedikts von Nursia bzw. der Benediktsregel verwiesen wird. Im Bericht über die Wahl des Maiolus von 954, der späteren Wahlbeschreibungen zum Vorbild werden sollte, wurde die Benediktsregel als Autorität zitiert, um die Designation eines Nachfolgers zu legitimieren, obwohl dieses Vorgehen gar nicht dem Wortlaut der Regel entspricht. Wichtiger als das Wahlverfahren war den Mönchen offensichtlich, dass die Entscheidung über ihren Vorsteher der Regel gemäß innerhalb des Konvents fiel – das Wahlprivileg war ihnen bereits 927 vom westfränkischen König Rudolf von Frankreich († 936) und 931 von Papst Johannes XI. (931–935) zugebilligt worden – und dass der Abt selbst Mönch war. Auch im Zusammenhang mit Abtswahlen erfüllte also der Verweis auf die Benediktsregel die rhetorische Funktion, als Autorität bestimmte Optionen Clunys zu unterstützen, ohne sie systematisch ihrem Wortlaut gemäß zu implementieren. Das Agieren *iuxta regulam* (»gemäß der Regel«) erscheint als flexibel einsetzbare Chiffre für den Anspruch, als Mönche richtig zu handeln.

Die Reformierung der Abtei Farfa

Dieser Anspruch wurde von zahlreichen Klöstern sowie den Kräften, die sie mit steuerten, anerkannt. Der Einfluss Clunys resultierte zunächst aus einer großen Zahl von Klosterreformen, die nach dem Muster von Odos Wirken in Fleury erfolgten, wenn auch meist unter weitaus weniger spektakulären Umständen: Ein Abt, ein Konvent oder ein Klosterherr bat den Abt von Cluny um eine Reform, damit die Mönche wieder ein korrektes Leben nach der Benediktsregel führten. Schon Odo von Cluny wurde dazu eingeladen, Klöster in Aquitanien, in der Auvergne oder sogar in Rom zu reformieren. Ein etwas späteres Beispiel für das Vorgehen stellt die im Latium rund 50 Kilometer nordöstlich von Rom gelegene Abtei Farfa dar. Abt Hugo († um 1039) lud bald nach seinem umstrittenen Amtsantritt im Jahr 997 mit Odilo von Cluny († 1048) sowie Wilhelm von Volpiano († 1031) zwei der profiliertesten cluniazensischen Mönche seiner Zeit ein, sein eigenes Kloster zu reformieren. Erneut inszeniert der Rechenschaftsbericht, in dem Abt Hugo von seinen Maßnahmen zur Reform berichtet, dass Cluny andere Abteien in der Funktion abgelöst hat, die ›richtige‹ Tradition Benedikts von Nursia zu bewahren und zu vermitteln: Er habe zunächst vergeblich in Subiaco und Montecassino, also den beiden Klöstern, in denen Benedikt von Nursia gewirkt hat, vorbildlich lebende Mönche gesucht. Auch ein Reformversuch mit Hilfe von Mönchen aus Sant'Apollinare di Classe in Ravenna, wo zu dieser Zeit mit Romuald († 1027) der angesehenste Asket der Apenninenhalbinsel gewirkt hat, sei gescheitert. Erst die herausragenden Mönche aus Cluny seien in der Lage gewesen, ihm durch ihren Rat eine nachhaltige Reform seines Konvents zu ermöglichen. Als Resultat, so berichtet Hugo, habe er eingeführt, dass seine Abtei den Gepflogenheiten Clunys hinsichtlich der Liturgie, der Sitten, der Kleidung und der täglichen Nahrungsration nacheifere. Der Kontakt mit Cluny beschränkte sich aber nicht auf diese einmalige Initiative. Abt Hugo von Farfa verschaffte sich die Aufzeichnungen, die ein Schüler Romualds namens Johannes aus dem Kloster San Salvatore in Montopoli di Sabina in Cluny angefertigt hatte, der dazu von seinem Abt beauftragt worden war. Das Resultat dieser Initiative sind die zwischen 1024 und 1048 entstandenen ersten monumentalen Aufzeichnungen der *Consuetudines* der burgundischen Großabtei, die überliefert sind. Die Sammlung beinhaltet neben ausführlich dargelegten liturgischen Bräuchen auch eine Fülle von Informationen zum klösterlichen Alltag und zur Disziplinarpraxis. Bei dem sogenannten *Liber tramitis*, der nach seiner Überschrift »Die vollkommene Lebensordnung zum Schmuck der ganzen Kirche und zur Bewahrung der Norm des Pfades regelgemäßen Lebens«[5] beinhaltet, handelt es sich aber um einen Text, der die in Cluny gepflegten Bräuche an die Traditionen und Bedürfnisse der mittelitalienischen Reichsabtei adaptiert. Zeugnis von dieser Adaptation legt das Manuskript des *Liber tramitis* ab, das eben nicht in Cluny, sondern in Farfa hergestellt worden ist.

Zweck der *Consuetudines*

Diese Konstellation ist typisch für die meisten der aus Cluny überlieferten *Consuetudines*. Sie sind nicht für den internen Gebrauch verfasst, sondern dienen der Information anderer geistlicher Gemeinschaften. Unter dem Abbatiat Hugos von Cluny (1049–1109) sind im gleichen Zeitraum zwei Fassungen der Gewohnheiten aufgezeichnet worden. Die eine Fassung entstand, weil Wilhelm von Hirsau († 1091) sein neu gegründetes Kloster nach den Gewohnheiten Clunys einrichten wollte. Von Ulrich von Zell († 1093), einem mittlerweile Cluny angehörigen Vertrauten, ließ er sich die *Consuetudines* von Cluny zusammenstellen, wie dieser sie dort gesammelt und aufgeschrieben hat. Für das Normverständnis, mit dem diese Aufzeichnungen entstanden, ist bezeichnend, welchen Gebrauch ihr Verfasser erwartet: Ulrich ermahnt seinen Auftraggeber einerseits, seine mühselig zusammengetragenen Ausführungen nicht bereits nach einer einmaligen Lektüre beiseite zu legen. Andererseits räumt er ihm aber selbstverständlich ein, die Gebräuche aus Cluny gegen andere monastische Gepflogenheiten abzuwägen, um sich mit seinen Mitbrüdern auf einen Weg zu verständigen, der ihnen geeignet erscheint.

Üblicherweise waren also klösterliche Gebräuche vornehmlich zur Information externer Adressaten angefertigt worden. Aus dem Rahmen fallen allerdings die in den gleichen Jahren niedergeschriebenen *Consuetudines* Bernhards. Er erläutert in seinem einleitenden Brief an Abt Hugo, er habe sich zur Aufzeichnung der Gewohnheiten entschieden, weil es innerhalb des Konvents ständig Diskussionen über sie gegeben habe. Die Novizen, die diese Auseinandersetzungen während des Kapitels mitbekämen, verließen die Versammlung der Mönche unsicherer, als sie sie betreten hätten. Um das zu verhindern, bitte er seinen Abt um die Autorisierung seiner Verschriftung der Lebensgewohnheiten, die er schriftlichen Vorlagen sowie den Berichten erfahrener Mönche gemäß zusammengestellt habe. Somit erfüllen auch diese *Consuetudines* eine informative Funktion, ohne den Anspruch zu erheben, die klösterliche Praxis zu normieren.

Dieser Befund ist besonders vor dem institutionellen Hintergrund des Klosterverbands bemerkenswert, dem der Abt von Cluny vorstand. Denn der Einfluss der burgundischen Abtei beschränkte sich keineswegs nur auf Fälle wie Fleury oder Farfa, in denen Klöster von Äbten oder Mönchen aus Cluny dabei unterstützt wurden, ihre liturgischen Abläufe und ihren Alltag zu reformieren. Schon bei der Gründung Clunys unterstanden darüber hinaus Abt Berno weitere geistliche Gemeinschaften, denen er in Personalunion vorstand.

Klosterverband und Priorate

Dieses Modell einer Regierung mehrerer Abteien in Personalunion sollte auch bis ins 11. Jahrhundert hinein in Cluny üblich bleiben. Seit Abt Hugo (1049–1109) entwickelte sich die *Cluniacensis ecclesia*, die Kirche von Cluny, zu einem institutionell abgesicherten Klosterverband, und zwar in der Form einer auf viele Standorte verteilten virtuellen Großabtei: Die einzelnen Häuser wurden nicht als selbstständige Abteien, sondern als Priorate konzipiert, deren Vorsteher dem Abt von Cluny unterstanden. In seine Hände legten auch neu eintretende Mönche ihre Profess ab und wurden so Mönche von Cluny, auch wenn sie de facto in ein weit abgelegenes Priorat eintraten. Als Hugo starb, gehörten 74 Priorate zu seinem Klosterverband. Daneben gab es aber zahlreiche weitere Abteien, die mehr oder weniger eng und mehr oder weniger dauerhaft unter dem Einfluss der burgundischen Großabtei standen. Die meisten Priorate lagen in Zentralfrankreich, daneben aber auch in Spanien, England und Oberitalien. Dass Odo und Odilo von Cluny schon in Rom und Mittelitalien tätig gewesen sind, wurde bereits erwähnt. Traditionsreiche Abteien wie das Andreaskloster auf dem Monte Celio in Rom oder die Reichsabtei Farfa gerieten so ebenso unter den Einfluss des cluniazensischen Mönchtums wie etwa Moissac, Vézelay, S. Bénigne in Dijon oder S. Martial in Limoges.

Welche Rolle spielten die *Consuetudines* in diesem Kosmos direkter Kontrolle und indirekten Einflusses der Äbte von Cluny? In seinen Studien zur Überlieferungsgeschichte der Gewohnheiten, die Ulrich von Zell und der Mönch Bernhard von Cluny unter Abt Hugo aufgezeichnet haben, konstatiert Burkhardt Tutsch den bemerkenswerten Befund, dass sich aus keinem der Cluny unmittelbar unterstehenden Priorate ein Textzeuge erhalten hat. Vielmehr haben sich Abteien, die weiter am Rande der *Cluniacensis ecclesia* zu verorten sind, vermittels der verschrifteten *Consuetudines* über die »richtige« asketische Praxis informiert. Dabei nutzten sie oft beide Texte, obwohl sie nicht deckungsgleich waren, und verschmolzen ihre eigenen Traditionen mit dem Vorbild aus Burgund. Somit erfüllten die *Consuetudines* von Cluny nicht die Funktion, einem großen, weit verstreuten Klosterverband klar definierte normative Vorgaben zu machen, sondern dienten zu unterschiedlichen Anlässen verschiedensten Reformern als Hilfsmittel, um einen eigenen Weg zu einer zeitgemäßen monastischen Praxis gemäß der Benediktsregel zu finden.

Andere Reformzentren

Überblickt man das Panorama des hochmittelalterlichen benediktinischen Mönchtums in den lateinischen Christenheiten, lassen sich die Beobachtungen verallgemeinern, die hier für Cluny zusammengetragen worden sind. Auch andere Reformzentren inspirierten sich selbst an den *Consuetudines* vorbildlicher Klöster oder vermittelten ihre Praxis durch derartige Gebrauchstexte weiter. Vom Modell Cluny unterschieden sie sich in institutioneller Hinsicht vor allem, weil sich kein Klosterverband findet, der in ähnlicher Weise auf den Abt der Mutterabtei fokussiert war. Abteien wie Hirsau, St. Blasien oder Siegburg wurden zu Reformzentren, ohne ein vergleichbares Netz unmittelbar abhängiger Kommunitäten zu knüpfen. Somit konnten *Consuetudines* in diesem Zusammenhang erst recht nicht zu normativen Texte werden, die den Anspruch erhoben, Reformprogramme wirkungsvoll zu implementieren.

Das Mönchtum in England

Das englische Mönchtum stellt in der Phase, in der die *Consuetudines* entstanden, einen Sonderfall dar. Im Frühmittelalter hatten ja angelsächsische Missionare wie Bonifatius wesentlich zur Popularisierung der Benediktsregel auf dem Kontinent beigetragen. Weil aber die Britischen Inseln nicht zum Fränkischen Reich gehörten, wurden sie nicht in gleichem Maße vom Reformeifer der Karolingerzeit ergriffen wie die Regionen Europas, die Karl der Große zu seinem Reich zusammengefasst hatte. Nachdem auch England seit dem ausgehenden 8. Jahrhundert unter Normanneneinfällen zu leiden hatte, die unter anderem die Klöster zum Ziel hatten, kam es unter König Edgar (959–975) zu einem Versuch, das englische Mönchtum auf der Grundlage der Benediktsregel neu zu prägen. Unter dem Einfluss der Mönchsbischöfe Dunstan von Canterbury († 988), Æthelwold von Winchester († 984) und Oswald von Worcester († 992) erließ die Synode von Winchester um 970 die *Regularis concordia*. Es ist sehr wahrscheinlich, dass die Aachener Beschlüsse aus den ersten Regierungsjahren Ludwigs des Frommen diesen Synodalbeschluss angeregt haben. Zugleich gab es in diesen Jahren Kontakte englischer Mönche zu kontinentalen Reformzentren, deren Einfluss sich in der *Regularis concordia* gleichfalls bemerkbar macht.

Die Verbindungen zwischen England und dem Kontinent intensivierten sich noch einmal, nachdem der normannische Herzog Wilhelm der Eroberer im Jahr 1066 England unterwarf und mit der Normandie zu einem neuen Herrschaftsgebilde verzahnte. Mönche aus Abteien wie Caen oder Bec wurden zu den wichtigsten religiösen Spezialisten im Umfeld der normannischen Herrscher, mit Lanfranc († 1089) und Anselm († 1109) wurden zwei ehemalige Mönche aus Bec und benediktinische Äbte nacheinander Erzbischöfe von Canterbury, also Primasse der englischen Kirche. Zugleich standen sie damit in Canterbury auch einer benediktinisch verfassten Gemeinschaft vor, denn das dortige Domkapitel war als ein Kloster organisiert, das nach der *Regula Benedicti* lebte. Für diese Gemeinschaft verfasste Lanfranc vermutlich im Jahr 1077 *Consuetudines*, die noch einmal in mustergültiger Weise das Verhältnis von Regeltext, gelebter Praxis und verschrifteten Gewohnheit thematisieren: Die Gewohnheiten, die er niedergeschrieben habe, sollten weder seine Freiheit beschränken noch die seiner Nachfolger. Schließlich müsse man den klösterlichen Alltag den äußeren Umständen anpassen und auch den gewandelten Vorstellungen der Menschen. Daher könne auch keine Kirche die Gewohnheiten eines fremden Vorbilds vollständig übernehmen. Ein Leben gemäß der Benediktsregel führten alle, die sich um Weltverachtung, Nächstenliebe, Keuschheit, Demut, Duldsamkeit, Gehorsam, Buße für begangene Sünden, Gebet und Schweigen bemühten.

> »Wo das beachtet wird, kann man mit Fug und Recht davon reden, dass die Benediktsregel und ihre Lebensordnung für Mönche beachtet werden, auf welche Weise auch immer die anderen Angelegenheiten geregelt werden, die in verschiedenen Klöstern auf unterschiedliche Art festgesetzt worden sind.«[6]

2.6 Die hochmittelalterliche Diskussion über ein regelgemäßes Leben

Schon seit der Jahrtausendwende begannen einige Asketen, die gewohnten Bahnen des lateinischen Mönchtums zu verlassen.

Kamaldulenser

Ein frühes Beispiel dafür sind die von Romuald († 1027) begründeten Kamaldulenser in ihrer Verbindung von zönobitischem und eremitischem Leben. Romuald begann seine Mönchskarriere im Kloster S. Apollinare in Classe in Ravenna, begründete dann aber während eines recht unsteten Wanderlebens zahlreiche Klöster in Italien, unter anderem in Camaldoli in der östlichen Toskana. Es wurde zum Mutterhaus eines neuen Ordens, der es einzelnen Mönchen ermöglichte, nach ihrer Formation im Kloster ein geregeltes Eremitenleben zu führen. Dieses Modell ähnelt Vorbildern im griechischen Mönchtum, das zur Zeit Romualds in Mittel- und Unteritalien noch eine gewichtige Rolle spielte. Zugleich greift es aber ein Modell auf, das die Benediktsregel in Kapitel eins skizziert: Neben den Zönobiten erkennt sie Einsiedler als legitime monastische Lebensform an, wenn diese nach längerer »Bewährung im klösterlichen Alltag [...] den Einzelkampf in der Wüste« aufnehmen« (RB 1,3–5). In den um 1080 verabschiedeten ersten *Consuetudines* aus Camaldoli wird folgendes Modell festgeschrieben: Unter der gemeinsamen Leitung eines Priors sollen eine Mönchsgemeinschaft und eine Eremitenkolonie bestehen, die räumlich voneinander getrennt werden. Während für die Mönche die Benediktsregel maßgeblich ist, unterstehen die Eremiten den stark spirituell geprägten Weisungen der *Consuetudines*. Das Bild, das die moderne Forschung vom Mönchtum Romualds gewonnen hat, ist wesentlich von der Heiligenvita geprägt, die der Kirchenreformer und Kardinal Petrus Damiani († 1072) verfasst hat, der sein geistliches Wirken als Mönch in der eng mit Camaldoli verbundenen Einsiedlergemeinschaft von Fonte Avellana in den Marken begonnen hatte. In den Gewohnheiten, die Prior Rodulfus um 1080 für Camaldoli festgesetzt hat, lässt sich wiederum der Einfluss von Petrus Damianis Schriften nachweisen.

Vallombrosaner

Folgt man der Lebensbeschreibung des Johannes Gualberti († 1073), entstand auch die benediktinisch inspirierte Reformgruppe der Vallombrosaner aus dem Ungenügen an dem bestehenden Klosterwesen. Der Spross einer toskanischen Adelsfamilie verdankte seine Bekehrung zum Mönchtum einer Vision, die er in der Abteikirche von S. Miniato al Monte oberhalb von Florenz gehabt hat. Nachdem er auf die Gelegenheit zur Rache am Mörder eines Verwandten verzichtet hatte, betrat er die Abteikirche, in der ihm eine Darstellung des Gekreuzigten zunickte, um sein Verhalten zu bestätigen. Johannes Gualberti trat der kurz zuvor gegründeten Abtei von S. Miniato al Monte bei, zerstritt sich jedoch bald mit deren Abt. Ausweislich seiner Vita, die allerdings erst in den 1090er Jahren verfasst worden ist, resultierte dieser Konflikt aus dem Streit um Simonie, also die Umstände, unter denen Abt Hubert sein Amt übertragen bekam. Damit begann eine lange Folge von Konflikten, in denen Johannes Gualberti an der Seite kirchenreformerischer Kreise für eine Zurückdrängung des Laieneinflusses auf die Besetzung kirchlicher Ämter kämpfte. Parallel dazu gründete er in Vallombrosa eine eigene Abtei, die zum Rekrutierungsbecken wie Rückzugsort für zahlreiche Mönche wurde, die trotz ihrer Gelübde kein rein kontemplatives Leben führten, sondern sich an der Seite ihres Abts an den öffentlich ausgetragenen Auseinandersetzungen um die rechte Lebensform des Klerus beteiligten. Der Höhepunkt des Wirkens dieser benediktinischen Reformgruppe war zweifellos die öffentlich inszenierte Feuerprobe, in der Petrus Igneus († 1089) den Beweis erbrachte, dass der Florentiner Erzbischof Petrus Mezzabarba († nach 1068) sein Amt auf simonistische Weise erlangt hatte und deswegen zur Flucht gezwungen wurde. Somit verband sich die Suche nach einer angemessenen asketischen Praxis, die am Anfang der Geschichte der Vallombrosaner stand, mit einem kirchenpolitischen Wirken, das kaum mit den Idealen benediktinischen Mönchtums in Einklang zu bringen war. Als gegen Ende des 11. Jahrhunderts die öffentlichen Debatten um Simonie (Ämterkauf) und Nikolaitismus (Priesterehe) ihre Dynamik verloren, organisierten sich die Vallombrosaner – inzwischen hatten sich mehrere Abteien in Mittel- und Oberitalien dem Nachfolger des Johannes Gualberti unterstellt – zu einer eigenständigen Klostergruppe mit innovativen Organisationsstrukturen: An die Seite der *Consuetudines* traten die Beschlüsse der regelmäßig abgehaltenen Generalkapitel, also von Treffen der Äbte der Vallombrosa zugehörigen geistlichen Gemeinschaften. Somit entwickelten sie um die Wende vom 11. zum 12. Jahrhundert ein neues institutionelles Modell, das in ähnlicher Form mit den Zisterziensern während des 12. Jahrhunderts europaweite Bedeutung gewinnen sollte.

Mit den Kamaldulensern und Vallombrosanern begann zugleich auch die Einführung einer eigenen Gruppe von Laienbrüdern, den sogenannten Konversen, in die Klostergemeinschaft. Bei ihnen handelte es sich um Personen, die einer weniger strengen Askese unterlagen, verringerte Gebetsverpflichtungen zu erfüllen hatten und zugleich auch weniger intensiv geistlich geschult waren als die Mönche und deswegen vor allem zu praktischen Diensten herangezogen wurden. Diese scharfe Binnendifferenzierung innerhalb des Konvents, die auch in Hirsau und Cluny, aber ebenso auch bei den Zisterziensern übernommen wurde, konnte bis zu einer Absonderung von zwei weitgehend getrennten Gemeinschaften innerhalb eines Klosters vorangetrieben werden.

Prämonstratenser

Während die Kamaldulenser und Vallombrosaner zwar neue Wege suchten, aber sich letztlich in das Spektrum etablierter monastischer Traditionen einfügten, entstanden in den Jahrzehnten um 1100 zahlreiche religiöse Bewegungen, deren Verhältnis zu den bestehenden kirchlichen Institutionen sehr ambivalent war. Angetrieben von einer Skepsis gegenüber den bestehenden religiosen Lebensformen, die sich aus einem neuen Verständnis von einer authentischen Nachfolge Christi und der Apostel speiste, war diesen Bewegungen ein höchst unterschiedliches Schicksal beschieden. Einige lösten sich mit dem

Tod ihrer Anführer auf, wenn letztere nicht sogar unter dem Vorwurf der Häresie ausgeschaltet wurden. Andere konnten sich institutionell verfestigen und zu neuen geistlichen Gemeinschaften werden. Ein Beispiel für viele sind die Prämonstratenser, die sich aus dem Wirken Norberts von Xanten († 1134) und Hugos von Fosses († 1164) entwickelten. Sie verbanden eremitische und monastische Ideale mit dem Wunsch, als Prediger in der Seelsorge tätig zu sein. In den ersten Jahren nach seiner Bekehrung zum asketischen Leben zog Norbert lebhafte Kritik auf sich, weil er zeitweise als Mönch und Einsiedler lebte, ein selbst gewähltes Asketengewand trug, einer Kanonikergemeinschaft angehörte und als Priester und Wanderprediger wirkte. Statt aber wegen dieser unerhörten Verbindung vermeintlich unvereinbarer religiöser Funktionen verurteilt zu werden, ließ sich Norbert mit seinen Anhängern in die etablierten kirchlichen Strukturen einbinden, unter anderem durch die Gründung einer nach der Augustinusregel lebenden Kanonikergemeinschaft in Prémontré (Dep. Aisne). Unter Hugo von Fosses wurde diese Abtei zum Mutterhaus des bis in die Gegenwart fortexistierenden Ordens der Prämonstratenser.

Zisterzienser

Wichtiger noch für das benediktinische Mönchtum wurde die Herausforderung durch die Zisterzienser, die in der ersten Hälfte des 12. Jahrhunderts ein europaweit verzweigtes Netz von miteinander verbundenen Abteien etablierten.[7] Denn einerseits beriefen sie sich ebenso wie zahlreiche andere Klöster auf die Benediktsregel als fundierendem Text, aus dem sie aber andererseits eine in zahlreichen Aspekten völlig neue asketische Praxis ableiteten. Die räumliche Nähe wie die personellen Vernetzungen zwischen Cluniazensern und Zisterziensern in Burgund und dem Gebiet des modernen Frankreich führten dazu, dass es zwischen ihnen zu intensiven Debatten darum kam, was es eigentlich bedeutete, der Benediktsregel gemäß zu leben. Den Zisterziensern ging es darum, sich eindeutiger von der Welt abzuwenden, um ein kontemplatives Leben bei strenger Askese führen zu können. Dieses Ideal verwirklichten sie in einer Organisationsstruktur, die aus den Zisterziensern den ältesten Orden im modernen Sinne machte. Der institutionelle Zusammenhalt zwischen den sich rasch vermehrenden Einzelhäusern wurde durch das Filiationsprinzip hergestellt: Cîteaux und die vier Primarabteien La Ferté, Pontigny, Clairvaux und Morimond wurden zu Stammhäusern langer Filiationsketten, die jede Neugründung mit der Mutterabtei verband, aus der ihre Mönche stammten. Die Mutterabtei übernahm dabei Beratungs- und Kontrollfunktionen, indem sie für die Visitation ihrer Tochtergründungen verantwortlich war. Mit dem Filiationsprinzip verbanden sich regelmäßige Versammlungen aller Äbte der Zisterzienser zu dem Zweck, den Zusammenhang des Ordens zu gewährleisten. Diese Generalkapitel erließen Statuten, in denen unter anderem grundsätzliche, für alle Klöster verbindliche Entscheidungen festgehalten wurden. Wie es in einem der Gründungsdokumente der Zisterzienser, der *Carta caritatis* (»Dokument der Liebe«), formuliert wurde, sollte die Verbindung von geregelter Beschlussfassung und geordneter Supervision gewährleisten, dass in allen Abteien die Benediktsregel in gleicher Weise ausgelegt und praktiziert wird.

Nach ihrem Selbstverständnis etablierten die Zisterzienser damit eine monastische Praxis, in der sie eine authentische Verwirklichung des Wortlauts der *Regula Benedicti* sahen. Von den älteren benediktinischen Abteien unterschieden sie sich durch eine Zurückdrängung der Gebetszeiten und Aufwertung monastischer Arbeit, durch eine rigidere körperliche Askese, etwa im Verzicht auf Schlaf oder auf Nahrung, sowie durch eine rigorose Beschränkung der materiellen Ausstattung ihrer Klöster. Für die Angehörigen des »neuen Klosters« legitimierte diese strengere Observanz ihr Ausbrechen aus dem etablierten Asketentum – zugleich stellten sie damit aber die Berechtigung anderer Mönche fundamental in Frage, die gleichfalls ein Leben nach der Benediktsregel zu führen beanspruchten. Es erscheint daher beinahe zwangsläufig, wenn es zu heftigen Polemiken zwischen »alten« und »neuen« Benediktinern kam.

Zwei herausragende Zeugnisse dieser Debatten stammen von den Äbten Bernhard von Clairvaux († 1153) und Petrus Venerabilis von Cluny († 1156). Trotz der unterschiedlichen Ausrichtung ihrer monastischen Praxis verbindet beide, dass sie nicht nur zu den stimmgewaltigsten Vertretern der Zisterzienser und Cluniazenser zählten, sondern auch miteinander bekannt waren und sich trotz aller Differenzen gegenseitig schätzten. Ausgangspunkt der Argumentationen beider Verfasser sind die offensichtlich von Zisterziensern erhobenen Ansprüche, nur sie verwirklichten in angemessener Weise ihr Gelübde, der Benediktsregel gemäß zu leben.

Bernhards *Apologia*

Bernhard von Clairvaux setzte sich in seiner *Apologia* mit derartigen Aussagen auseinander:

> »Deshalb muß ich mich jetzt mit einigen aus unserem Orden auseinandersetzen, von denen es heißt, daß sie unter Mißachtung jenes Wortes: ›Richtet nicht vor der Zeit; wartet, bis der Herr kommt, der das im Dunkeln Verborgene ans Licht bringen und die Absichten der Herzen aufdecken wird‹ [l Kor 4,5] andere Orden herabsetzen. Sie wollen nur ihre eigene Gerechtigkeit gelten lassen und haben sich nicht der Gerechtigkeit Gottes unterworfen. Wenn es wirklich solche Mönche gibt, entspräche es eher der Wahrheit, wenn ich sie weder Brüder unseres Ordens noch irgendeines anderen nennen würde, denn wenn sie zwar nach einer Regel leben, aber die Sprache des Stolzes sprechen, machen sie sich zu Bürgern Babylons, das heißt der Verwirrung, ja zu Söhnen der Finsternis und der Hölle selbst, wo es keine Ordnung gibt und ewiger Schrecken wohnt. Zu euch also spreche ich, Brüder, die ihr in dreistem Vertrauen auf eure Gerechtigkeit die anderen verachtet, sogar, nachdem ihr das Gleichnis vom Pharisäer und Zöllner gehört habt. Wie es heißt, rühmt ihr euch, als einzige unter den Menschen gerecht zu sein oder alle an Heiligkeit zu übertreffen. Ihr behauptet, als einzige von den Mönchen nach der Regel zu leben, während die übrigen eher Übertreter der Regel sind« (Bernhard von Clairvaux, Apologia V.10, S. 165).

Diese Vorwürfe, die Bernhard referiert, decken sich mit dem Grundtenor, den Petrus Venerabilis einigen Zisterziensern in den Mund legt: Die Mönche von Cluny folgten lieber selbstgesetzten Vorgaben, als den Vorschriften der Väter Folge zu leisten, sodass sie zugleich ihre eigenen Lehrmeister und Schüler seien. Sie befolgten nicht ihr Gelübde, der Regel gemäß zu leben, das sie doch vor Gott und seinen Heiligen abgelegt hätten, sondern verstießen in zahlreichen Punkten gegen die Vorgaben des heiligen Benedikt.

Grundsätzlich teilen beide Autoren den Vorbehalt gegen derart scharfe Urteile, die Zisterzienser über Mönche aus Cluny geäußert haben müssen. Beide verweisen darauf, dass es mit der monastischen Grundtugend der Demut unvereinbar ist, sich selbst eines rigorosen Lebenswandels zu rühmen und andere zu verachten, die sich nicht der gleichen asketischen Strenge unterwürfen. Zugleich differenzieren sie auch zwischen den Vorgaben des Regeltexts, die nur die physischen Verhältnisse betreffen, und den Ausführungen zum geistlichen Leben. In den Worten Bernhards zu den Vorgaben, die »den Geist betreffen« und den »Vorschriften für den Körper«:

> »Die einen muss man beobachten, die anderen darf man nicht vernachlässigen. Wäre es jedoch notwendig, entweder diese oder jene preiszugeben, müßten wir eher die zweiten als die ersten aufgeben. In dem Maß nämlich, in dem der Geist kostbarer ist als der Körper, ist aber die geistliche Übung ersprießlicher als die körperliche« (Bernhard von Clairvaux, Apologia VII.13, S. 171).

Beide verweisen auch auf die Vielfalt und Wandelbarkeit religioser Lebensformen innerhalb des Christentums. Selbst derselbe normative Grundtext, die Benediktsregel, könne in unterschiedlicher Weise verwirklicht werden. Worin sie aber grundlegend voneinander abweichen, ist die Bewertung des zisterziensischen Anspruchs, die eigene Praxis sei diejenige, die die *Regula Benedicti* im Wortlaut verwirkliche. Bernhard von Clairvaux formuliert diesen Anspruch im Modus vorgeblicher Bescheidenheit. Nur weil er strenger lebe als andere Mönche, bedeute das nicht, dass er das andere Mönchtum verachte. Er sei ein außerordentlich unwürdiger Sünder und bedürfe daher einer besonders strengen Buße, wie sie die zisterziensische Askese gewährleiste. Und diese besondere Strenge sei das Charakteristikum eines monastischen Lebens, das sich am Wortlaut der Benediktsregel orientiere, wie Bernhard an anderer Stelle ausführt, wo er die in seinem Orden praktizierte Reinheit der Regel den Gewohnheiten Clunys gegenüberstellt. Auch andere lebten der Regel gemäß, wenn sie nicht explizit ihrem Wortlaut widersprechende Gewohnheiten befolgten, aber nur die Zisterzienser folgten der »Regel ganz und rein nach ihrem Buchstaben« (Bernhard von Clairvaux, De praecepto et dispensatione 49, S. 413).

Die Reaktion des Petrus Venerabilis

Diesen Anspruch stellt Petrus Venerabilis in Frage. Unter Rückgriff auf den Wortlaut der Benediktsregel weist er den Zisterziensern nach, ihrem Anspruch nicht in jeder Hinsicht zu genügen. Manches davon erscheint kasuistisch. Die Benediktsregel macht zum Beispiel die Vorgabe: »Über Farbe oder groben Stoff [ihrer, Ch. D.] Kleidungsstücke sollen sich die Mönche nicht beschweren« (RB 55,7). Zugleich stelle es der Wortlaut der Regel dem Abt anheim, über die den Umständen angemessene Kleidung zu entscheiden. Daher verstießen die Zisterzienser gegen ihren Wortlaut, wenn sie sich einerseits ihrer Gewänder aus ungekämmter und ungefärbter Wolle brüsteten und andererseits den Mönchen von Cluny ihre zu üppige Kleidung vorhielten. Analog zu Bernhard von Clairvaux verweist auch der Abt von Cluny darauf, dass die spirituellen Kernbestände des Mönchtums ein größeres Gewicht besitzen als die äußeren Lebensumstände im Kloster. Die Zisterzienser, die sich für bessere Mönche hielten als die Bewohner anderer Klöster, befolgten nicht die Kernforderung: »[D]er Mönch erklär[e] nicht nur mit dem Mund, er sei niedriger und geringer als alle, sondern glaub[e] dies auch aus tiefstem Herzen« (RB 7,51). Des Weiteren reflektiert aber Petrus Venerabilis auch in grundsätzlicher Weise, welches Gewicht Einzelnormen der Benediktsregel zuzumessen sei. So stellt er am Beispiel monastischer Handarbeit den Wortlaut der Ausführungen ihrer Intention gegenüber. Die regelmäßige manuelle Beschäftigung sei ein Mittel, jeden Müßiggang zu vermeiden, und kein Selbstzweck. Das eigentliche Ziel sei aber auch auf anderem Wege zu erreichen, daher könne man sich über die Einzelbestimmungen zur Handarbeit hinwegsetzen, ohne gegen den Geist der Regel zu verstoßen. Auch müsse man darauf achten, ob man nicht in dem Wunsch, bestimmte Einzelnormen umzusetzen, zwangsläufig gegen andere verstoße.

Dies erörtert der Abt von Cluny am Beispiel des Empfangs von Gästen. Er selbst und seine Mönche könnten wegen der großen Zahl der Besucher die Forderungen der Benediktsregel, jeden Gast aufwändig zu begrüßen und ihm die Füße zu waschen, unmöglich erfüllen – täten sie es doch, wären sie nicht in der Lage, ein geordnetes klösterliches Leben zu führen. Ein weiteres Argument, in dem Petrus Venerabilis den Wortlaut der Benediktsregel aufruft, um den zisterziensischen Anspruch zurückzuweisen, nur sie lebten dem Wortlaut des Regeltexts gemäß, bezieht sich schließlich auf die Verbindlichkeit, mit der die Vorgaben formuliert seien. So zitiert er die Ausführungen der *Regula Benedicti* zum Weinkonsum vollständig, in denen es heißt: »Doch mit Rücksicht auf die Bedürfnisse der Schwachen meinen wir, dass für jeden täglich eine Hemina Wein genügt« (RB 40,3). Auch hinsichtlich der Kleidung äußere die Benediktsregel keine verbindliche Norm, sondern nur eine unverbindliche Einschätzung: »Unserer Meinung nach genügen in Gegenden mit gemäßigtem Klima für jeden Mönch Kukulle und Tunika« (RB 55,4). Gerade der Wortlaut dieser Passagen gestatte es also, von den Vorgaben zu den äußeren Gepflogenheiten des klösterlichen Alltags abzuweichen.

Petrus Venerabilis reflektiert in seinem Brieftraktat noch weiter über die Frage, wie der normative Grundtext des Mönchtums angemessen zu implementieren sei. Er verweist unter anderem auf die *necessitas*, also äußere Umstände, die einen Wandel des für Mönche zu verschiedenen Zeiten verbindlichen Normbestands erzwängen. Und er ordnet die Benediktsregel in das weite Netz christlicher Autoritäten ein, indem er auf das Alte und Neue Testament, die Kirchenväter oder auch päpstliche Entscheidungen verweist, die ebenfalls zu bedenken seien, wolle man ein angemessenes Asketenleben führen. Der unmittelbare Anlass, die Gewohnheiten seines Klosters gegen die Kritik von zisterziensischer Seite zu verteidigen, führt also zu einer Reflexion über die normativen Grundlagen des benediktinischen Mönchtums. Letztlich weist der Abt von Cluny auf, dass die Zisterzienser gerade in ihrem Bemühen, die Benediktsregel buchstäblich umzusetzen, gegen die Geltungsansprüche verstoßen, die der Regeltext erhebt. Mit dieser Kritik stand Petrus Venerabilis nicht alleine. Der normannisch-englische Benediktiner und Geschichtsschreiber Ordericus Vitalis greift in seiner *Historia ecclesiastica* den Vorwurf fehlender Demut auf, die die Zisterzienser anderen Mönchen gegenüber zeigten, und plädiert zugleich für eine Vielfalt religioser Lebensformen. Unter Rückgriff auf die Polemik des Apostels Paulus gegen die Gesetzesfrömmigkeit gipfeln die Vorwürfe darin, die Zisterzienser folgten wie die Israeliten dem Wortlaut des Gesetzes, ohne seinen Geist zu fassen.

Cluny im 12. Jahrhundert

Trotz dieser ablehnenden Reaktionen blieben die neuen Impulse, die das Auftreten der Zistenzienser brachte, nicht ohne Wirkung auf das etablierte Mönchtum. Auch das lässt sich am Beispiel des Wirkens von Petrus Venerabilis beobachten. Nach einer langen Zeit des Wachstums geriet Cluny zu Beginn des 12. Jahrhunderts in eine Krise. Das betraf zunächst die ökonomischen Grundlagen einer Abtei, der mehr als 300 Mönche angehörten. Ihre Verpflegung stellte sich als zunehmend problematisch dar, weil die eigene landwirtschaftliche Produktion nicht ausreichend Ertrag abwarf. Hinzu kamen die immensen Kosten für den Bau einer neuen Klosterkirche, damals der größten Kirche in den lateinischen Christenheiten. Ein weiterer belastender Faktor waren die umfangreichen Armenspeisungen. Die Mönche von Cluny beteten nicht nur für ihre verstorbenen Mitbrüder, sondern auch für zahllose weitere Personen, die mit ihnen eine Gebetsverbrüderung eingegangen waren. An deren Todestag wurde nicht nur für das Seelenheil der Verstorbenen gebetet, sondern auch pro Verstorbenem ein Armer gespeist, dessen Gebet gleichfalls dem Toten zugute kommen sollte. Weil diese Aufwendungen die Abtei von Cluny in den Bankrott trieben, beschränkte Petrus Venerabilis die Zahl der Armenspeisungen auf 50 pro Tag, was im Laufe eines Jahres immer noch die erhebliche Anzahl von 18 250 Verpflegungsrationen ausmachte. Zu diesen ökonomischen Problemen traten innere Spannungen, die vermutlich aus der Verflechtung des Konvents von Cluny mit dem regionalen Adel resultierten und den aus widerstreitenden Loyalitäten der Mönche erwachsenden Gruppierungen unter ihnen. Abt Pontius, der 1109 zum Nachfolger von Hugo gewählt worden war, wurde deswegen 1122 dazu gezwungen, sein Amt abzutreten. 1124 versuchte er jedoch gewaltsam, Cluny zurückzugewinnen, musste dann aber erneut auf das Amt verzichten und starb als Gefangener des Papstes im Kloster S. Andrea in Rom. Abt Petrus Venerabilis, der seit 1122 Cluny vorstand, musste also auf mehrere Entwicklungen reagieren: das Aufblühen der Zisterzienser, deren asketische Praxis eine Herausforderung für die ihm unterstehenden Mönche bedeutete, eine tiefe ökonomische Krise sowie extreme interne Spannungen innerhalb des Konvents. Er tat dies einerseits, indem er sein Kloster gegen die Vorwürfe verteidigte, die von Seiten der Zisterzienser gegen seine Lebensweise erhoben wurden – davon war bereits ausführlich die Rede. Er leitete andererseits einen langfristig angelegten Reformprozess ein, mit dem seine Mönche auf strengere Gewohnheiten verpflichtet wurden, was sowohl ihr asketisches Profil schärfte als auch die ökonomische Lage seines Klosters verbesserte. Bereits im Jahr 1132 berief er eine Versammlung von Vertretern der gesamten *Cluniacensis ecclesia* – dem Cluny unterstehenden Klosterverband – ein, an der nach Ordericus Vitalis 200 Prioren und 1212 Mönche teilgenommen haben sollen. Gemeinsam habe man die neuen, strengeren Praktiken beschlossen, die Abt Petrus vorgeschlagen habe. Wie langfristig und vorsichtig er bei seinen Initiativen vorging, belegen die Statuten, in denen er vermutlich um 1146/1147 noch einmal festhalten ließ, welche Änderungen er seit seinem Amtsantritt veranlasst hatte. Ausdrücklich betont er nicht nur, ein der Regel gemäßes Leben befördern zu wollen, sondern vor allem keine einsamen Beschlüsse gefasst zu haben. Vielmehr habe er sich zunächst nach den Vorgaben der Benediktsregel mit einigen der vernünftigeren und erfahreneren Mönchen beraten, um dann die Statuten dem gesamten Kapitel von Cluny zur Zustimmung vorzulegen. Darin lässt sich in zweierlei Hinsicht eine Orientierung am zisterziensischen Mönchtum erkennen. Zum einen liegen die Einschränkungen in der Lebensmittelversorgung der Mönche oder dem Aufwand für ihre Bekleidung durchaus auf der Linie der Kritik, die zuvor an Cluny geäußert worden war. Zum anderen könnte das geordnete Verfahren, in dem die neuen Statuten beraten und für verbindlich erklärt wurden, dem Vorbild der Generalkapitel verpflichtet sein, mit dem die Zisterzienser ihren Orden leiteten.

Hildegards von Bingen Auseinandersetzung mit der Regel

Auch jenseits der Impulse, die sich die im Burgund beheimateten Mönche wechselseitig gaben, beförderten die neue intellektuelle und religiöse Dynamik und die daraus resultierende Vervielfältigung der religiosen Lebensformen neue Reflexionen darüber, wie die Benediktsregel angemessen zu verstehen und in klösterliche Praxis zu überführen sei. Ein Resultat der Debatten um eine gute monastische Praxis ist eine kurze Auslegung der Regel aus der Feder der Nonne und Mystikerin Hildegard von Bingen († 1179). Aufgewachsen als Angehörige einer kleinen Gruppe von Reklusinnen, die dem Benediktinerkloster Disibodenberg angegliedert war, begann sie in den 1140er Jahren, Visionen aufzuschreiben, die sie nach eigenen Angaben bereits seit längerer Zeit gehabt hatte. Dort und in dem von ihr später begründeten eigenen Kloster auf dem Rupertsberg war sie eine gefragte Ratgeberin, die unter anderem die Anfrage einer bis heute nicht identifizierten asketischen Gemeinschaft erreichte, wie die Benediktsregel zu realisieren sei. Ihre Legitimation als Verfasserin geistlicher Texte war problematisch, weil sie sich als Frau nicht in eine gelehrte Schultradition stellen konnte. Deswegen präsentiert Hildegard ihren Kommentar als Resultat einer göttlichen Eingebung, der sie als Prophetin nur das weibliche Gefäß (*feminea forma*) geliehen habe (Hildegard von Bingen, De regula, S. 67 und 97). Der Kommentar verzichtet folgerichtig auf das Aneinanderreihen von Autoritätenzitaten, mit denen sich die Äbte von Clairvaux und Cluny geschmückt hatten. Auch bietet er keine langen Erörterungen über die Semantik bestimmter Wörter, die die karolingerzeitlichen Kommentarwerke geprägt haben, in denen sich die breite Rezeption antiker Gelehrsamkeit präsentierte. Stattdessen bedient sich Hildegard einer gezielten Auswahl signifikanter Passagen sowie deren vorsichtiger Kommentierung, um ihre monastischen Anliegen zu formulieren. Es handelt sich nämlich keineswegs um einen vollständigen Kommentar des gesamten Regeltexts, sondern vielmehr um Ausführungen zu zentralen Themen, über die das benediktinische Mönchtum des 12. Jahrhunderts ebenso gestritten hat wie zahlreiche andere religiose Gemeinschaften: Wieviel Schlaf gestattet Benedikt? Wie wird die Liturgie der Regel gemäß so gestaltet, dass die Gebetszeiten nicht überhandnehmen und die Psalmen aufmerksam gesungen werden? Wie können die Vorgaben der Benediktsregel hinsichtlich der Ernährung und der Kleidung angemessen verwirklicht werden, wenn man zugleich die klimatischen Differenzen wie die kulturellen Wandlungsprozesse berücksichtigt, die Mittelitalien während des 6. Jahrhunderts von ihrer Zeit und ihrer Heimat trennten? Wie kann das Verhältnis von Priester- und Laienmönchen zueinander ausgestaltet werden? Wie ist mit Mönchen umzugehen, die ihr Kloster verlassen haben und um Aufnahme in eine andere Gemeinschaft bitten? Erkennbar ist Hildegards Anliegen, den Wortlaut der Benediktsregel zwar zur Geltung zu bringen, zugleich aber ihrem exemplarischen Charakter gerecht zu werden und dabei die eigentlichen Anliegen des benediktinischen Mönchtums im Blick zu behalten, auch wenn man sich dazu vereinzelt über den Wortlaut des Regeltexts hinwegzusetzen hat. Hildegard erörtert zum Beispiel ebenso wie Petrus Venerabilis, dass es bei dem gegenwärtigen Zustrom von Besuchern in Klöster unmöglich sei, die Anweisungen Benedikts zur Aufnahme von Gästen »an Christi statt« zu erfüllen. Insgesamt stellt sie vor allem den maßvollen Charakter der Benediktsregel sowie die zentrale Bedeutung der Tugend der Unterscheidung (= *discretio*) in den Mittelpunkt ihres kurzen Kommentars.

Die Anfrage an Hildegard von Bingen, die Diskussionen zwischen Bernhard von Clairvaux und Petrus Venerabilis wie auch die zum Teil noch weitaus heftigere Polemik zwischen den Vertretern verschiedener religioser Lebensformen spiegeln die Pluralisierung asketischer Praxis im lateinischen Hochmittelalter wider. An die Seite der traditionellen benediktinischen Klöster und Kanonikerstifte waren neue Gruppen getreten, die einen je spezifischen Lebensentwurf verfolgten und aus den verschiedenen Traditionen christlichen Asketentums schöpften. Das benediktinische Mönchtum war nur noch eine von verschiedenen Möglichkeiten, einer geistlichen Gemeinschaft beizutreten, um nach dem Seelenheil zu streben. Damit verlor es viel von seiner dominierenden Stellung innerhalb der lateinischen Christenheiten.

2.7 Benediktinisches Mönchtum im Spätmittelalter. Päpstliche Interventionen und Klosterreformen

Die Konkurrenz der Zisterzienser sowie zahlreicher anderer neuer Entwürfe geistlichen Lebens seit dem 12. Jahrhundert sowie der Bettelorden seit dem 13. Jahrhundert machten den benediktinischen Mönchen ihre zentrale Stellung auf dem »Markt religiöser Angebote« streitig. Die überaus zahlreichen benediktinischen Häuser existierten weiter, sahen sich jedoch ab dem 13. Jahrhundert zumeist Phasen tiefgreifender spiritueller, ökonomischer oder politischer Herausforderungen ausgesetzt. Zugleich geriet das benediktinische Mönchtum in den Fokus neuer Regelungsinstanzen, des Papsttums sowie des Kirchenrechts. Oft in enger Verschränkung schufen Kirchenrechtler, Päpste und die päpstliche Kurie neue normative Grundlagen für monastisches Leben, die auch auf den Umgang mit der Benediktsregel zurückwirkten.

2.7.1 Kirchenrecht und päpstliche Interventionen

Das Kirchenrecht gewann mit dem 12. Jahrhundert ein völlig neues Profil. Schon seit der Antike wurden neben anderen theologischen Texten Synodal- und Konzilsbeschlüsse sowie päpstliche Schreiben gesammelt und als Recht der Kirche verwendet. Dies konnte auch das Mönchtum betreffen – etwa im Fall der oben bereits diskutierten Beschlüsse von Synoden der Karolingerzeit, dem Mönchtum ein Leben nach der *Regula Benedicti* vorzuschreiben.

Die Sammlungen derartiger Beschlüsse resultierten aus sehr verschiedenen, oft aktuellen Anlässen verpflichteten Intentionen. Zugleich gab es nie einen anerkannten, klar definierten Textbestand, der das geltende Recht zusammengestellt hätte. Die Intensität der Überarbeitung und Sammlung kirchenrechtlicher Traditionen nahm vor allem durch die Auseinandersetzungen im Gefolge der hochmittelalterlichen Kirchenreformen seit dem 11. Jahrhundert exponentiell zu. Eine neue Qualität gewann das Kirchenrecht im 12. Jahrhundert.

Kirchenrecht

Mit der *Concordantia disconcordantium canonum*, dem sogenannten Dekret, legte der Bologneser Jurist Gratian († um 1150/60) eine Sammlung vor, die den Zweck verfolgte, die gesamte Materie in systematischer Form zu erschließen. Entstanden als Schulwerk, gewann sie durch ihre breite Rezeption rasch allgemeine Anerkennung als geltendes Kirchenrecht. In diesem Prozess spielte die päpstliche Gerichtsbarkeit eine entscheidende Rolle. In den folgenden Jahrhunderten produzierten Papst und Kurie eine Fülle neuer Entscheidungen, die in mehreren Redaktionsstufen kompiliert und in Kraft gesetzt wurden, so im *Liber extra* Gregors IX. (1227–1241) von 1234, im *Liber sextus* Bonifaz' VIII. (1294–1303) von 1298 oder in den 1317 promulgierten *Clementinae constitutiones*, die auf Clemens V. (1305–1314) zurückgehen. Somit verfügte die lateinische Kirche ab dem Hochmittelalter über ein systematisch angelegtes und allgemeine Geltung beanspruchendes Kirchenrecht, dessen Implementierung von Papst und Kurie sowie der päpstlichen delegierten Gerichtsbarkeit wirkungsvoll befördert wurde. Demnach stand das benediktinische Mönchtum unter dem Einfluss neuer, sehr umfangreicher normativer Textbestände, deren Anerkennung nachdrücklich gefordert wurde und deren Missachtung mit rechtlichen Strafandrohungen belegt war.

Welche Konsequenzen hatte diese neue Konstellation für den Umgang mit der Benediktsregel? Am Anfang der Entwicklung finden sich in den *Causae* 16 bis 20 des *Decretum Gratiani*, die sich mit Fragen rund um das Mönchtum befassen, keine unmittelbaren Anklänge an die *Regula Benedicti*. Es geht vielmehr um Grenzfälle zwischen Mönchtum und Weltklerus: die Abgrenzung der Rechte vom Pfarrklerus zu Mönchen, die Seelsorge betreiben, den Wechsel von Weltklerikern in ein Kloster oder die rechtlichen Folgen für das Verhältnis eines Klosters zu seinem Abt, nachdem er zum Bischof gewählt worden ist. Einzig beim Problem des Umgangs mit sogenannten *pueri oblati*, also Kindern, die von ihren Eltern in jungen Jahren einem

Kloster übergeben worden sind, kommt ein rein monastisches Problem zur Sprache, das auf eine jahrhundertelang gewohnte Praxis zurückgeht, die bereits in der Benediktsregel Berücksichtigung findet.

Provinzialkapitel

Von einschneidender Bedeutung für das benediktinische Mönchtum sollten dann aber vor allem die Eingriffe in die institutionelle Struktur werden, die seit dem 13. Jahrhundert von Päpsten und Konzilien vorgenommen wurden. In dem Bemühen, die sogenannten »schwarzen Mönche« dem Muster der neuen Orden anzugleichen, gab es mehrere Initiativen, benediktinische Klöster zu gemeinsamen Kapiteln und einer klosterübergreifenden Visitationstätigkeit zu zwingen. Die Konzilsväter des Vierten Laterankonzils bemühten sich gemeinsam mit Innozenz III. (1198–1216) darum, die Organisationsstrukturen des benediktinischen Mönchtums nach dem Vorbild des Zisterzienserordens umzugestalten. *In singulis regnis*, der zwölfte Kanon der Konstitutionen, schreibt vor, dass alle diejenigen Benediktinerklöster, die bisher kein regelmäßiges Generalkapitel abhalten, alle drei Jahre zu solch einem Treffen zusammenkommen sollen. Die Kapitel sind nach regionalen Prinzipien zu konstituieren, und zwar auf der Grundlage von Kirchenprovinzen oder Reichen. Ziel der Kapitel soll es sein, über die Reform des monastischen Lebens und die Regelobservanz zu beraten und für alle betroffenen Abteien und Priorate verbindliche Beschlüsse zu fassen. Zugleich bestellen die Mitglieder der Provinzialkapitel Visitatoren mit dem Auftrag, reformierend und korrigierend in das Leben der geistlichen Gemeinschaften einzugreifen. Das Vorbild der zisterziensischen Generalkapitel wird explizit erwähnt. Für die Anfangszeit dieser neuen Institution schreiben die Konzilsväter vor, dass je zwei aus der Region stammende Zisterzienseräbte an den benediktinischen Provinzialkapiteln in beratender Funktion teilnehmen, »da diese in der Feier solcher Kapitel aus langer Gewohnheit mehr Erfahrung haben.« Auch die Abläufe der Kapitel hätten sich an der »Art der Zisterzienser« zu orientieren.[8]

Auch wenn der Konzilsbeschluss die Regeltreue als ein Ziel der neuen Provinzialkapitel betont, entwirft er zugleich ein institutionelles Design, das sich weit vom selbstständigen Kloster der Benediktsregel entfernt. Den Visitatoren wird apostolische Autorität zugeschrieben, sie handelten im Namen des Papstes. Das dürfte wohl auch für die Provinzialkapitel gelten, deren Beschlüsse von jedem Appellations- oder Widerspruchsrecht ausgenommen werden. Zugleich bemühte sich das Vierte Laterankonzil, die Ansprüche der Klöster auf Selbstständigkeit mit dem Bedarf an Kontrolle auszubalancieren. Einerseits wird die Rolle der Vorsitzenden der Provinzialkapitel auf ihre Funktion während der Beratungen beschränkt – die dazu ausgewählten Äbte seien nicht befugt, »daraus eine dauernde Vorrangstellung ab[zu]leite[n].« Andererseits wird neben den Visitatoren vor allem den Diözesanbischöfen aufgetragen, für die Durchsetzung von Reform- und Strafmaßnahmen zu sorgen. Sowieso seien sie gehalten,

> »sich [...] so um die Reform der ihnen unterstellten Klöster [zu] bemühen, daß die genannten Visitatoren bei ihrem Besuch mehr Empfehlens- als Tadelnswertes vorfinden.«[9]

Die Einrichtung von Koordinations- und Aufsichtsgremien, die der einzelnen Abtei übergeordnet sind, stellt aber keine abrupte Neuerung des *Lateranum* dar, sondern zeichnete sich bereits während des 12. Jahrhunderts ab. Das Vorbild der Zisterzienser mag eine wichtige Rolle gespielt haben, etwa bei der Einführung von Generalkapiteln des Klosterverbands von Cluny unter Abt Petrus Venerabilis († 1156). Auch Innozenz selbst hat bereits zu Beginn seines Pontifikats Maßnahmen ergriffen, die auf die Konstitution des Laterankonzils vorausweisen. Schon 1203 hatte er Provinzialkapitel für Mittel- und Oberitalien, Frankreich und England einberufen, die von da an jährlich anberaumt werden sollten. Darüber hinaus bemühte er sich darum, dass die unmittelbar dem Heiligen Stuhl unterstehenden Klöster jährlich in seinem Namen visitiert werden sollten. Eine weitere »Visitationskampagne« des Jahres 1208 galt den Klöstern Mittelitaliens. Auch von anderer Seite wurde an Papst Innozenz die Vorstellung herangetragen, über die Einzelabtei hinausgreifende Strukturen zu entwickeln. So trug ihm

Erzbischof Anders Sunesen von Lund 1206 den Beschluss der Äbte seiner Kirchenprovinz vor, sie wollten sich einen gemeinsamen Rektor erwählen, der ihnen vorstehen und für die Disziplin des benediktinischen Lebens Sorge tragen sollte. 1210 erreichte Innozenz eine ähnliche Anfrage aus der Kirchenprovinz von Rouen – diesmal schlugen ihm die versammelten Benediktineräbte sogar vor, alle vier Jahre nach Rom zu reisen, um sich mit dem Papst über den Zustand in den Klöstern zu beraten. Beide Anfragen behandelte Innozenz dilatorisch mit der Begründung, es handele sich um institutionelle Innovationen, deren Folgen man erst bedenken und beobachten müsse. Dennoch zeigen sie, dass das *Lateranum* mit der Einrichtung regelmäßiger Provinzkapitel der Benediktiner Gedanken aufnahm, die gleichsam in der Luft lagen.

Die Konstitution des Laterankonzils über die Mönche ringt um die Institution von Provinzialkapiteln wie auch die präzise Umschreibung ihrer Rechte und Pflichten. Dies belegt noch einmal die neue Bedeutung juristischer Argumentationsfiguren für das benediktinische Mönchtum seit dem Hochmittelalter. Instrumente des Kirchenrechts sollten sicherstellen, dass in den Klöstern der Regel gemäß gelebt wird. Zugleich lässt sich am Wirken Innozenz' III. die enge Verschränkung ablesen, die zu diesem Zweck zwischen kanonischem Recht und päpstlichen Interventionen bestand. Die unmittelbaren Effekte der päpstlichen wie konziliaren Initiativen blieben beschränkt. Lediglich in England scheint es zu regelmäßigen Provinzialkapiteln gekommen zu sein, die sich andernorts nur sporadisch nachweisen lassen. In Deutschland tagten sie während des 13. Jahrhunderts zum Beispiel 1253, 1261 und 1275 in Salzburg, 1259 in Erfurt, 1262 in Trier oder 1293 in Fulda. Längerfristig wirkte hingegen der Umstand, dass die Konstitutionen des *Lateranum* wie auch andere Dekretalen in den Kanon des Kirchenrechts aufgenommen wurden und ihnen dadurch eine jahrhundertelange Rezeption gesichert wurde. *In singulis regnis* wurde so in den *Liber extra* aufgenommen, mit dem Gregor IX. im Jahr 1234 eine Kanonisierung der seit der Mitte des 12. Jahrhunderts erheblich gewachsenen Fülle kirchenrechtlich relevanter Texte angestrebt hatte. Diese Kanonbildung machte die Konstitution des Vierten Laterankonzils zu einem Bestandteil des bis

1917 geltenden Kirchenrechts. Derselbe Papst erließ auch Statuten für die Benediktiner, in denen unter anderem gefordert wurde, die Benediktsregel in den Klöstern nicht nur in Latein, sondern auch in der Volkssprache zu verlesen, damit alle Klosterangehörigen sie verstünden. Auch wenn es nicht als unmittelbare Folge dieser Norm gewertet werden kann, ist auffällig, dass vom 13. Jahrhundert an das gesamte Spätmittelalter hindurch die Überlieferung von Regelübersetzungen stark zunahm.

Die Reformbulle *Summi magistri* (*Benedictina*)

Eine breit angelegte Initiative des in Avignon residierenden, aus dem Zisterzienserorden stammenden Papsts Benedikts XII. (1334–1342) zur Reform christlicher Orden betraf auch das benediktinische Mönchtum. Mit der aufwändigen, wenn auch in ihrer Wirkung umstrittenen Bulle *Summi magistri* vom 20. Juni 1336, der sogenannten *Benedictina*, versuchte er, das institutionelle, intellektuelle und ökonomische Leben benediktinischer Klöster auf eine neue Grundlage zu stellen. Nach den Ausführungen des Proömiums leitete den Papst das Bemühen, das Leben der Benediktiner auf ein noch höheres Niveau der Vervollkommnung zu heben – eine diplomatische Formulierung, hinter der sich die Überzeugung verbarg, um die benediktinischen Klöster stehe es sehr schlecht. Wie immer, wenn es darum ging, Missstände anzuprangern, verband sich mit dem Bemühen um Reform der Anspruch, die Mönche zur Befolgung ihrer Regel zurückzuführen. Der Papst wolle mit seiner Bulle kein neues Recht setzen, sondern die Mönche zur intensivierten Orientierung an den für sie geltenden Regeln und Vorschriften motivieren.

Misst man die Inhalte der *Benedictina* an diesem Anspruch, fällt erneut ins Auge, wie weit sich die hoch- und spätmittelalterlichen Realitäten von den Ursprüngen entfernt hatten. Sie behandelt ein breites Themenspektrum, aber nicht die Wiederherstellung eines Mönchtums nach dem Wortlaut der Benediktsregel. Zu Beginn wiederholt der Text die Forderung des Vierten Laterankonzils, die Benediktiner sollten sich regelmäßig zu Provinzialkapiteln zusammenfinden und zugleich regelmäßige Visitationen der einzelnen Abteien institutionalisieren. Erneut sollte sich der Zusammenschluss der einzelnen Klöster am territorialen Zuschnitt der Kirchenprovinzen orientieren – somit wurden abermals Abteien nur aufgrund ihrer geographischen Lagen miteinander verbunden, ohne auf ihre sehr unterschiedliche Eigentradition oder ihr monastisches Profil Rücksicht zu nehmen. Weitaus detaillierter als die Konzilsväter von 1215 regelte *Summi magistri* den Zuschnitt der Provinzen sowie die Abläufe und Kompetenzen der alle drei Jahre anzuberaumenden Kapitel sowie der Visitationen. Die Auflistung ermöglicht es zugleich, die Ausdehnung de benediktinischen Mönchtums zu erfassen. Sie nennt für den Mittelmeerraum eine eigene Provinz der Insel Zypern sowie mehrere Provinzen im Bereich des Patriarchats von Konstantinopel. Trotz der großen Zerstörungen durch den Mongoleneinfall in der Mitte des 13. Jahrhunderts verzeichnet die Bulle benediktinisches Mönchtum in Dalmatien, Ungarn und im Böhmischen Reich. Zu ergänzen wären noch die polnischen Häuser. Über die geographisch definierten Provinzen hinaus rechnet die Bulle mit jährlichen Generalkapiteln der Klostergruppen wie Cluny, in denen sich mehrere Häuser zu einem Verband zusammengeschlossen haben. Außerdem wird gefordert, dass die Mönche jeder Abtei täglich zum Kapitel zusammenkommen sollten, um ihre Verfehlungen zu offenbaren. Diese Schuldkapitel sollen zugleich der Anlass sein, die Benediktsregel zu verlesen und sie in der Volkssprache zu erörtern.

Während an dieser Stelle auf die *Regula Benedicti* als maßgeblicher Grundlage des klösterlichen Lebens verwiesen wird, geht es im weiteren Verlauf von *Summi magistri* wieder um Themen, die jenseits des Horizonts der Regel liegen: die intellektuelle Ausbildung der »schwarzen Mönche« sowie die Bewältigung der ökonomischen Herausforderungen an die Klöster. Papst Benedikt zeichnet den Entwurf von geistlichen Gemeinschaften, deren Mitglieder in den Klöstern selbst eine solide grammatische, logische und philosophische Grundausbildung erhalten. Zugleich seien die Klöster gehalten, je einem von 20 Konventsmitgliedern ein Universitätsstudium in Theologie oder Kirchenrecht zu finanzieren. Beide Forderungen, insbesondere aber die nach einem Universitätsbesuch, entsprachen nicht gängiger benediktinischer Praxis. Im Gegensatz etwa zu den Zisterziensern und noch mehr zu den stark mit der Welt der Universitäten verflochtenen Bettelorden wahrten die schwarzen Mönche über lange Zeit eine skeptische Distanz zur Welt der Universitäten.

Auch hinsichtlich der Klosterwirtschaft verweist die Bulle Benedikts XII. in detaillierter Weise auf die spätmittelalterliche Umwelt der Klöster. Sie setzen sich vor allem mit den Gefahren der Entfremdung von Klosterbesitz und der Überschuldung auseinander. Den Hintergrund dafür bilden die divergierenden Interessen zwischen Äbten, die oft nicht dem Kloster selbst angehörten oder zumindest nicht vor Ort residierten, und ihren Konventen. Ein wesentlicher Faktor, der diese Konstellation beförderte, war das päpstliche Benefizialwesen: Kirchliche Ämter, etwa das Abbatiat, konnten an den einzelnen geistlichen Institutionen vorbei direkt bei der Kurie erworben und dann gegenüber den lokalen Akteuren beansprucht werden. Die Inhaber der Pfründen bezogen dann Einkünfte, ohne sich selbst um die geistlichen oder weltlichen Pflichten kümmern zu müssen, die dem Amt zubehörten. In Italien, Frankreich und Spanien hat sich diese Praxis als sogenannte »Kommende« das gesamte spätere Mittelalter hindurch zu einer festen Struktur entwickelt. Auf die ökonomischen Folgen aus Kommendataräbten wie dem Benefizialwesen generell reagiert die *Benedictina* in ambivalenter Weise. Auf der einen Seite versucht sie, die Konvente davor zu schützen, von klosterfremden Äbten ausgeplündert zu werden. Die Landleihe, der Verkauf von Besitzen und Rechten oder auch die Aufnahme von Darlehen werden an die Zustimmung des Konvents gebunden, Äbte dürfen sich nicht den mobilen Besitz von abhängigen Häusern oder von Ämtern aneignen, deren Vorsteher verstorben ist, der Besitz jedes Klosters soll zur regelmäßigen Kontrolle der Wirtschaftstätigkeit inventarisiert werden und jeder neue Abt muss einen Eid ablegen, den Besitz des Konvents zu respektieren. Zugleich wird innerklösterlichen Finanztransaktionen ein Riegel vorgeschoben: Die Oberen haben ihren Mönchen unentgeltlich alles Lebensnotwendige zur Verfügung zu stellen – womit dann die Forderung an die übrigen Konventsmitglieder korrespondiert, auf jeden Eigenbesitz zu verzichten. Quer zu diesen ökonomischen Idealen rechnet aber die Bulle explizit mit der Fortexistenz des Benefizialwesens – und stützt damit ein System, das dem Papst und der Kurie hohe Einnahmen sicherte. Im Einzelnen diskutiert die Bulle die Folgen der Bepfründung eines Klosterangehörigen mit einem auswärtigen Benefizium sowie der Übertragung einer Pfründe des Klosters an einen Externen. An den Grundlagen des Benefizialwesens wird nicht gerüttelt, obwohl es unvereinbar mit der Rolle des Abts erscheint, wie sie die Benediktsregel entwirft.

Erst in den letzten Kapiteln geht die Bulle dann noch knapp auf Fragen der klösterlichen Disziplin und Versorgung ein, so die angemessene Kleidung, des Verweilens im Kloster, des Verzichts auf Fleisch oder auch des gemeinsamen Schlafsaals der Mönche. An dieser Stelle lässt sich wenigstens in Ansätzen fassen, dass Benedikt XII. auch einige Punkte behandelt, die wirklich mit der Forderung nach regelgemäßem Leben in Verbindung stehen, auf die er im Prolog der *Benedictina* angespielt hat.

Diese Schwerpunktsetzung lässt sich auch in den Maßnahmen zur Implementierung der Bulle nachweisen. Aus dem Jahr 1338 sind die Akten eines Provinzkapitels in der Abtei St. Peter in Salzburg überliefert, mit dem die Forderung des Papstes nach einer Verbreitung und Anerkennung der Bulle erfüllt werden sollte. In den Mandaten, mit denen die päpstlichen Exekutoren ausgestattet worden waren, wurden sie explizit aufgefordert, die ökonomischen Verhältnisse der einzelnen Klöster zu erfragen, für die Einsetzung von geeigneten Magistern in den Häusern zu sorgen, die Entsendung geeigneter Mönche zum Studium zu gewährleisten sowie die Ämter der Klöster zu reformieren. Auch Benedikt XII. selbst griff in seinem Dekret *Dudum pro bono* von 1340 noch einmal die Themen der Visitation, der Kapitel, des Studiums von Mönchen sowie der Klosterwirtschaft ausführlich auf, als er einige Punkte seiner Bulle präzisierte. Von den Fragen der Klosterdisziplin tauchen hier lediglich noch die Aufnahme neuer Mönche, das Verbot, Frauen im Kloster wohnen zu lassen, sowie das Verbot, das Kloster zu verlassen, auf. Die Schwerpunkte liegen aber ähnlich wie bei den zuvor zitierten Quellen auf Problemen, die aus einer nicht von der Benediktsregel vorgesehenen Organisation des benediktinischen Mönchtums herrührten.

Welcher Erfolg diesem päpstlichen Eingriff in das benediktinische Mönchtum beschieden war, ist schwer zu bestimmen. Schon die Einberufung von Provinzialkapiteln erwies sich als sehr ungleichmäßig. Die englischen Benediktiner setzten zum Beispiel ihre Tradition regelmäßiger Treffen in intensivierter Weise fort, bis mit der Reformation ihre Klöster aufgelöst wurden. In anderen Kirchenprovinzen wie Salzburg kam es zu einem Kapitel, das für eine Verbreitung der Bulle sorgte. Die aus vielen Regionen Europas fehlenden Quellen zu derartigen Kapiteln wertet Franz J. Felten jedoch als Indiz dafür, dass die *Benedictina* in weiten Teilen zunächst kaum Beachtung fand.[10] Und selbst dort, wo die Bulle wie in Salzburg zur Ausführung gebracht wurde, taten sich weitere Schwierigkeiten auf. Die versammelten Klosteroberen weigerten sich, das vom Papst geforderte Inventar ihrer Besitztümer und ihres Personenbestands zusammenzustellen. Sie begründeten das mit der ökonomischen Notlage, die aus zahllosen gewalttätigen Konflikten, unter denen sie zu leiden hätten, sowie aus schweren Naturkatastrophen herrührten. Grundsätzlicher noch verwiesen sie darauf, wie ungewohnt es sei, wenn im Gefolge der päpstlichen Initiativen ein Abt einem Amtsbruder Vorschriften machen wolle, schließlich seien die Äbte daran gewöhnt, »sich selbst Gesetz und Regel zu sein.«[11] Vor dem Hintergrund dieser Skepsis gegenüber einer klosterübergreifenden Visitations- und Reformtätigkeit erscheint es sehr fraglich, dass Papst Benedikts neue normative Vorgaben unmittelbar breite Wirkung entfalteten.

Reformen zu Beginn des 15. Jahrhunderts

Das sollte sich erst im 15. Jahrhundert ändern, als allgemeinkirchliche Impulse zu einer tiefgreifenden Reform des benediktinischen Mönchtums auf Klosterbewohner trafen, die ähnliche Ziele verfolgten. Dabei traten päpstliche bzw. gesamtkirchliche Initiativen zurück, auch wenn aus dem Umfeld der Konzilien von Konstanz und Basel durchaus Reformimpulse an die Benediktiner ausgingen. Die großen Kirchenversammlungen dienten zunächst als Kontaktbörsen, an denen sich herausragende Benediktiner aus weiten Teilen Europas trafen. Darüber hinaus initiierte das Konstanzer Konzil eine Provinzialsynode der benediktinischen Abteien, die der Kirchenprovinz Mainz/Bamberg angehörten. Die Beschlüsse dieser Provinzialsynode bezeugen die langfristige Wirkung päpstlicher Interventionen, denn während des Treffens, das am 28. Februar 1417 in der Abtei Petershausen bei Konstanz zusammenkam, griff man vor allem auf die von Benedikt XII. erlassene *Benedictina* zurück. Erneut ging es also zunächst um Themen, die nicht mit den Vorgaben der Benediktsregel übereinstimmen: die regelmäßige Durchführung von Versammlungen aller Äbte einer Kirchenprovinz, die von diesen Provinzialsynoden organisierte geregelte Visitationstätigkeit, die intellektuelle Ausbildung und das Studium von Benediktinern sowie die Sicherung der materiellen Grundlagen der Klöster. Daneben kamen erneut einige Fragen der Alltagspraxis zur Sprache, die sich im Rahmen der Regel bewegten, so die Frage des Fleischgenusses, der für das Refektorium ausgeschlossen und sonst eingeschränkt wurde, des gemeinschaftlichen Lebens im Konvent sowie des Verbots, leinene Gewänder zu tragen. Ein wichtiges Anliegen war auch das Aufbrechen des Adelsprivilegs für zahlreiche Konvente, vor allem Hochschulabsolventen sollte der Weg in die Abteien offenstehen. Konnten sich die in Petershausen versammelten Äbte auf den gut acht Jahrzehnte alten Text berufen, belegt das die langfristige Wirkung der *Benedictina*. Sie resultierte aber aus einer breiteren Reformstimmung innerhalb der lateinischen Christenheiten. An vielen Stellen erschallte zur gleichen Zeit die Forderung nach einer Reform der Kirche an Haupt und Gliedern, die unter anderem auch das benediktinische Mönchtum erfasste. Bereits seit dem 14. Jahrhundert, für das sich die Klagen über einen Niedergang des mönchischen Lebens häufen, lassen sich zugleich immer neue Reformimpulse fassen, die insgesamt ein weitaus differenzierteres Bild ergeben, als die stereotypen Klagen vermuten lassen.

2.7.2 Spätmittelalterliche Reformbewegungen

Seitdem Klosterneugründungen zunächst den Zisterziensern, dann zunehmend den Bettelorden anvertraut wurden und zugleich die Zahl neuer Mönche in alten Konventen zurückging, stand das benediktinische Mönchtum vor der Herausforderung, entweder neue Impulse zu entwickeln oder wenigstens den kulturellen wie materiellen Bestand seiner Häuser zu sichern. Selbst wenn es, wie etwa im Fall der Trierer Abtei St. Matthias während der Auseinandersetzung ihres Abts Theoderich von Warsberg († 1287) mit Erzbischof Heinrich von Finstingen († 1286) in den 1260er Jahren um kirchenpolitische und besitzrechtliche Fragen ging, wurde immer auch die Gefährdung des regelgerechten Lebens im Kloster beklagt. Zu selbstverständlich war das klösterliche Leben mit dem Rekurs auf die Benediktsregel verbunden – auch in Phasen, in denen in der Literatur gerne von einem Niedergang, einer Krise des traditionellen Mönchtums gesprochen wird. Viele Mönche werden sich durchaus bewusst als Bewahrer benediktinischen Geists verstanden haben, selbst wenn sich das nicht unbedingt breit in den Quellen niedergeschlagen hat.

Silvestriner und Coelestiner

Daneben kennt das benediktinische Mönchtum auch seit der Wende vom Hoch- zum Spätmittelalter verschiedene Initiativen zur Innovation, die die Vitalität dieser Traditionen belegen. Das gilt zum Beispiel für die stark eremitisch orientierten Silvestriner und Coelestiner, zwei Mitte des 13. Jahrhunderts in Zentralitalien entstandenen Untergruppen der Benediktiner. Ihre Gründer suchten zunächst einen Weg, als Einsiedler eine neue Spielart christlicher Askese zu entwickeln. Um sich in das Gefüge kirchlicher Institutionen einzugliedern, nahmen sie nicht zuletzt aufgrund päpstlicher Interventionen die Benediktsregel an. Damit erfüllten sie formal die Forderung des Vierten Laterankonzils, es solle keine neuen Religiosengemeinschaften geben, weil sie sich als selbstständige Gruppen dem benediktinischen Mönchtum anschlossen.

Olivetaner

Einen ähnlichen Gründungsprozess durchliefen die Olivetaner. Ihre Gründer, eine kleine Gemeinschaft Sieneser Patriziersöhne unter der Leitung von Bernardo Tolomei († 1348), zogen sich zunächst zu Beginn des 14. Jahrhunderts auf ein Landgut der

Tolomei in der südlichen Toskana zurück, um in der dortigen Einsamkeit als Asketen zu leben. Der rund anderthalb Jahrhunderte später entstandene Gründungsbericht des Antonius von Barga schildert ein raues Leben, geprägt von Gebet, körperlicher Arbeit und strenger Askese. Ein päpstlicher Legat habe schließlich den Anstoß dazu gegeben, dass sich die Männer um Bernardo Tolomei an den zuständigen Diözesanbischof von Arezzo, Guido Tarlati († 1327), gewandt hätten, der ihnen gestattet habe, ein Kloster zu errichten und sich der Benediktsregel zu unterwerfen. In seinem stark stilisierten, auf die Praxis seiner Zeit bezogenen Gründungsbericht hebt Antonius von Barga unter anderem hervor, die Mönche hätten sich hinsichtlich der Nahrung, der Getränke und der Kleidung eng an den Vorgaben des Regeltextes orientiert, um dann die Lebensgewohnheiten seiner Zeitgenossen an diesem Ideal der Gründerzeit zu messen.

Schaut man auf die Gründungsdokumente, die ab dem Jahr 1319 vorliegen, findet man auch dort explizite Bezüge auf die *Regula Benedicti* als zentrale Merkmale des neuen Klosters. Zur Abwehr des Risikos, einem Kommendatarabt unterstellt zu werden, lassen sich die Gründer von Monte Oliveto Maggiore gleich zu Beginn von Bischof Guido das Privileg erteilen, gemäß der Regel selbst einen Abt wählen zu dürfen, der Mönch sein müsse und – wie kurze Zeit später präzisiert wird – aus den eigenen Reihen stammen solle. Zugleich wird ihnen die Erlaubnis gegeben, sich eigene *constitutiones* zu setzen. Welche Bedeutung das Motiv der Regelobservanz für die Mönche um Bernardo Tolomei besaß, zeigt ein weiteres Detail: Die Übernahme der römischen Liturgie, des *Officium Romanum*, führte zu einer Abweichung von den Vorgaben der Benediktsregel zum Stundengebet. Diese Abweichung genehmigte auch der Bischof von Arezzo 1324 den Olivetanern, und zwar erneut unter explizitem Bezug auf die Benediktsregel: »Wir machen ausdrücklich auf folgendes aufmerksam: Wenn jemand mit dieser Psalmenordnung nicht einverstanden ist, stelle er eine andere auf, die er für besser hält« (RB 18,22). Die um 1350 bis 1360 entstandenen ersten überlieferten Konstitutionen des Ordens beziehen sich zu verschiedenen Anlässen explizit auf die Benediktsregel: Hinsichtlich der Speisen, Getränke, Kleidung,

Aufnahme von neuen Mönchen oder auch der Wiederaufnahme entlaufener Konventsmitglieder habe man ihre Vorgaben zu verwirklichen. Ebenso wie die *Regula Benedicti* selbst sollten diese Konstitutionen in regelmäßigem Rhythmus in den einzelnen Konventen verlesen werden.

Trotzdem entstand mit der Abtei und dem Orden von Monte Oliveto ein Gebilde, das deutliche Spuren der organisatorischen Neuerungen aufweist, die seit dem Hochmittelalter gleichsam zum Standard für zeitgemäßes Mönchtum geworden waren: Der Abtei waren bereits gegen Mitte des 14. Jahrhunderts weitere Häuser in Mittelitalien unterstellt, denen je ein Prior vorstand. Die Prioren trafen sich jährlich Anfang Mai mit dem Abt und Konvent von Monte Oliveto Maggiore zu einem Generalkapitel, das Statuten erlassen konnte und die Einhaltung der normativen Vorgaben zu überprüfen hatte. Anders als in der Benediktsregel vorgegeben bot der Abt von Monte Oliveto Maggiore zu Beginn jedes Generalkapitels seinen Rücktritt an und konnte sein Amt nur weiterführen, wenn das Kapitel ihn explizit dazu aufforderte. Neben diesem institutionellen Design unterschieden sich die Olivetaner auch durch ihren weißen Habit vom etablierten benediktinischen Mönchtum.

Die Spannung zwischen dem identitätsstiftenden Rekurs auf eine strenge Regelobservanz und den Anpassungen an die Zeitumstände bleibt für die Olivetaner auch noch während des 15. Jahrhunderts ein Problem. Antonius von Barga greift es auf, indem er sich an Bernhards von Clairvaux Brieftraktat *De praecepto et dispensatione* anschließt. Bernhard und in seinem Gefolge der Olivetaner des 15. Jahrhunderts verweisen auf Zitate der spätantiken Päpste Gelasius und Leo, die rechtfertigen, dass normative Vorgaben dann geändert werden können, wenn es die Notwendigkeit erfordert. Für das neue kirchenrechtliche Umfeld des Spätmittelalters ist es bezeichnend, dass Antonius von Barga vor allem dem Papst die Kompetenz zuschreibt, derartige Notwendigkeiten festzustellen und Regeländerungen zu approbieren. Damit kann er aber zugleich rechtfertigen, dass sein Orden sich auf eine besonders strenge Observanz der Benediktsregel beruft und trotzdem von ihren organisatorischen Vorgaben in unübersehbarer Weise abweicht.

Montecassino im Spätmittelalter

Neben diesen Neugründungen zeigten sich auch in traditionsreichen italienischen Benediktinerabteien bereits während des 14. Jahrhunderts unübersehbare Anzeichen für das Bemühen, das monastische Leben neu an der Benediktsregel auszurichten. Das prominenteste Beispiel dafür bieten die Abteien, die direkt mit der Person Benedikts von Nursia verbunden sind: das Kloster Sacro Speco von Subiaco, wo er zunächst erfolglos als Abt gewirkt hatte, sowie seine eigene Gründung Montecassino.

Montecassino hatte bereits von Papst Innozenz III. 1215 Statuten erhalten, mit denen im Mutterkloster des benediktinischen Mönchtums ein regelgerechtes Leben sichergestellt werden sollte. Den Äbten wurde befohlen, sich der Regel gemäß zu kleiden, am täglichen Kapitel des Konvents teilzunehmen, gemeinsam mit den Gästen zu speisen, kein Fleisch zu verzehren, keine Schausteller und Gaukler bei Tisch zu dulden, ebensowenig wie die Mönche Vögel oder Hunde zu halten, um sie bei der Jagd einzusetzen, und sich bei Reisen mit einem bescheidenen Gefolge angemessen zu präsentieren. Den Mönchen sollte auch der Fleischgenuss untersagt sein, darüber hinaus wurde ihnen ein gemeinsames Dormitorium (Schlafsaal) und Refektorium (Speisesaal) vorgeschrieben. Neben anderen Details legten die *Capitula* des Papstes besonderen Wert darauf, jeglichen Privatbesitz der Mönche zu unterbinden, sowohl was die Gegenstände des alltäglichen Lebens anging als auch Präbenden oder andere regelmäßige Einnahmen. Darüber hinaus schärft das Schreiben den Äbten ein, gegen rebellische Mönche mit harten Strafen vorzugehen. Dies alles sei dem Abt wie dem Konvent monatlich in Erinnerung zu rufen.

Die Abtei hatte bis Mitte des 14. Jahrhunderts unter den wechselhaften Zeitläuften zu leiden – neben ungarischen Kontingenten, die im Gefolge der Ermordung des Kronprätendenten Andreas von Ungarn im Jahr 1345 in Süditalien einmarschierten, trug ein schweres Erdbeben zur Krise der Abtei bei. Mit dem Kamaldulenser Andrea von Faenza übernahm 1369 ein Reformer die Abtswürde von Montecassino, der unter anderem Statuten erließ, die den Klosterverband, der dem Abt von Montecassino unterstand, unter seiner Leitung straffen sollten. Auch wenn als Ziel benannt wird, die Regelobservanz zu stärken, steht de facto die Unterordnung der Amtsträger sämtlicher Klöster unter den Abt von Montecassino im Zentrum der Regelungen: ihre Pflicht, die Mutterabtei regelmäßig aufzusuchen und alle geschuldeten Abgaben zu leisten. Auch die Zuweisung eines Benefiziums oder einer päpstlichen Legation an Montecassino unterstehende Mönche soll nichts an der Unterordnung unter den Abt der Mutterabtei ändern, wie unter Rekurs auf die *Benedictina* Benedikts XII. eingeschärft wird. Das wörtliche Zitat der entsprechenden Passage aus der päpstlichen Reformbulle fügt sich in den stark kirchenrechtlichen Duktus der Statuten von Abt Andreas. Als notarielle Urkunde abgefasst und beglaubigt ist dieser Text von Formulierungen geprägt, die in juristischer Weise die Geltung der Regelungen unterstreichen, ihre Publikation gewährleisten sollen und mit präzisen Strafandrohungen bei Zuwiderhandlung aufwarten. Fragen der klösterlichen Disziplin – der Kleidung sowie des Schweigens in der Klausur – werden lediglich am Rande mit erwähnt. Im Zentrum steht die Herrschaft des Abts von Montecassino über die von ihm abhängigen Klöster.

Subiaco

Mit dem aus zwei Häusern bestehenden Konvent von Subiaco, der Abtei S. Scolastica sowie dem Priorat Sacro Speco, entwickelte sich auch die zweite geistliche Institution, die mit dem Leben Benedikts von Nursia verknüpft war, zu einem weit ausstrahlenden Reformzentrum. Seine Wirkung beruhte nicht allein auf der dortigen Observanz, sondern auch auf der Unterstellung der Zeitgenossen, man habe dort in besonders zuverlässiger Weise Zugang zu Traditionen, die unmittelbar auf den Heiligen zurückführten.

Ein vermutlich aus dem steirischen Kloster St. Lambrecht stammender Mönch verfasste im Jahr 1400 einen Brief, in dem er einem daheim gebliebenen Mitbruder das Leben der Mönche in Subiaco schildert. Der Brief verfolgt das Ziel, den österreichischen Mitbrüdern die gewiss stilisiert beschriebene Lebensweise des mittelitalienischen Konvents gleichsam als Spiegel vor Augen zu halten, um die eigenen Gewohnheiten daran zu messen. Gleich zu Beginn betont er, dass man in Subiaco einigermaßen darum bemüht sei, nach der Benediktsregel zu leben. Man müsse jedoch vor allem wegen des geringen Personalbestands Konzessionen machen und von der Regel abweichen. Unter diese Überschrift stellt er seine Darstellung eines Konvents, dem zwar ein Abt vorsteht, dessen beide Häuser aber je von einem eigenen Prior geleitet werden. Dieser Prior nehme in S. Scolastica und Sacro Speco die Rolle ein, die die Regel dem Abt zuweise, während der Abt selbst kaum präsent sei. Im Anschluss betont er dann aber, in welcher Hinsicht die Mönche von Subiaco vorbildlich lebten. Der Regel gemäß seien sie alle gleich, und die klösterliche Rangordnung orientiere sich lediglich am Eintrittsalter. Das habe zum Beispiel während seines Aufenthalts dazu geführt, dass zwei Doktoren – ein Theologe aus Prag sowie ein Jurist aus Bologna – trotz ihres Titels beim Gottesdienst, bei den Prozessionen und in den Sitzordnungen die hintersten Plätze zugewiesen bekämen, »wie es die Regel lehrt.«[12] Auch andere Aspekte des Klosteralltags wie die Liturgie orientierten sich, wie der Verfasser betont, an der *Regula Benedicti*.

Der Ruhm Subiacos, der nicht zuletzt die nordalpinen Klosterreformer zur Nachahmung anregte, resultierte aus mehreren Entwicklungen des 14. Jahrhunderts. Schon Abt Bartholomäus II. († 1343) richtete das Priorat Sacro Speco unter dem Einfluss eines franziskanischen Spiritualen neu ein. Vermutlich trug die bescheidene Ausstattung dieses Hauses dazu bei, dass es anders als die Schwesterabtei S. Scolastica nicht unter den Einfluss regionaler Familien geriet, sodass es weitgehend ungestört ein eigenes monastisches Leben entfalten konnte. Nachdem Mitte des 14. Jahrhunderts der Gesamtkonvent in heftige Konflikte verwickelt wurde – die Quellen berichten von Mord und Totschlag unter tatkräftiger Beteiligung der Äbte –, gelang es dem 1362 von Papst Innozenz VI. (1352–1362) eingesetzten Abt Bartholomäus III. († 1369), den gesamten Konvent grundsätzlich zu reformieren. Er vertrieb die Insassen von S. Scolastica und ließ Mönche aus Sacro Speco die verwaiste Abtei besiedeln. Mit welchen Schritten er und seine Nachfolger en détail das klösterliche Leben neu an der Benediktsregel ausrichteten, ist noch nicht recht erforscht. Fassbar sind auf jeden Fall Eingriffe in die Klosterverfassung, die der Doppelstruktur von Subiaco – ein Konvent mit zwei Häusern unter der Leitung eines Abts – gerecht wurden und die auch dem steirischen Benediktiner aufgefallen sind. Darüber hinaus ist klar erkennbar, dass die materiellen Ressourcen des Klosters dem Zugriff des regionalen Adels entzogen wurden – um stattdessen die recht umfangreichen finanziellen Forderungen der Kurie zu erfüllen. Ansonsten bezeugen vor allem die wachsende Zahl der Konventualen, der Eintritt zahlreicher Mönche aus verschiedenen Regionen Europas wie den deutschsprachigen Ländern, Spanien oder Polen sowie die große Zahl der von weither anreisenden Besucher das Renommee des monastischen Lebens in Subiaco seit dem ausgehenden 14. Jahrhundert.

S. Giustina (Padua)

Während Subiaco vor allem durch sein Ansehen und persönliche Kontakte als Reformzentrum wirkte, schlug die Abtei S. Giustina in Padua unter ihrem Abt Ludovico Barbo († 1443) den Weg einer institutionalisierten Kongregation ein. Als der venezianische Patriziersohn 1409 von Papst Gregor XII. mit 26 Jahren zum Abt ernannt wurde, wies er selbst kaum monastische Erfahrungen auf und stand einem Konvent vor, der aus lediglich drei Benediktinermönchen, zwei Kamaldulensern sowie zwei Kanonikern bestand. Weitgehend als monastischer Autodidakt entwickelte Barbo ein Reformprogramm, mit dem er nicht nur sein eigenes Kloster auf eine neue Grundlage stellte, sondern auch andere Häuser grundlegend erneuerte. In der Bestätigungsbulle für die Kongregation, die Papst Martin V. (1417–1431) im Jahr 1419 erließ, werden bereits drei weitere Abteien genannt, unter ihnen die traditionsreiche Abtei S. Maria in Florenz, die im Stadtzentrum der Arnometropole gelegene sogenannte Badia, sowie das dem Dogenpalast in Venedig gegenüber errichtete Inselkloster von S. Giorgio Maggiore. Bis zum Ende des Mittelalters schlossen sich rund 50 Klöster dieser Reformkongregation an, 1504 auch Montecassino.

Folgt man den programmatischen Aussagen zu dieser Kongregation, ging es Ludovico Barbo und seinen Mitstreitern erneut um die strikte Regelobservanz – *simplex observantia regu-*

lae. Das schlichte Befolgen der Benediktsregel wurde in dem *Memoriale* aus Florenz, einer ersten Sammlung normativer Vorgaben aus den 1420er Jahren, prononciert ihrer Überformung durch abweichende Gewohnheiten gegenübergestellt. Es bedeute, der Wahrheit des Geistes zu folgen, wenn man sich nur auf die Regel beziehe, anstatt in der Knechtschaft von Konstitutionen zu verbleiben, die die Regel änderten. Dieser Grundimpuls wurde zum Beispiel in Vorgaben für die Generalkapitel der Kongregation sowie die von ihr beauftragten Visitatoren aufgenommen. Beide hätten sich bei ihren Beschlüssen und Eingriffen allein daran zu orientieren, die Einhaltung der Regel zu gewährleisten. So müssten es die Visitatoren dulden, wenn in einzelnen Klöstern des Verbands unterschiedliche Alltagsabläufe in Übung seien, sofern nur die Substanz und die zentralen Elemente der Regel Beachtung fänden. Auch das Strafregiment der einzelnen Häuser habe sich nicht an der kirchlichen Bußpraxis zu orientieren, sondern an den Vorgaben der *Regula Benedicti.* Allerdings reflektierte Ludovico Barbo zugleich auch die Differenzen zum Wortlaut der Regel, die aus ihrer zeitgemäßen Adaptation resultierten. Weil er die Kontemplation ins Zentrum des monastischen Lebens stellte, entlastete er zumindest die Priestermönche von manuellen Tätigkeiten wie dem Dienst in der Küche – neben Laienbrüdern dürfe man sogar nicht dem Konvent angehörige Laien damit beauftragen. Auch hielt er entgegen der Benediktsregel statt des gemeinsamen Schlafsaals aller Mönche Einzelzellen für angebrachter, in denen Mönche weniger bei ihren geistlichen Übungen abgelenkt wurden. Mit dieser Vorgabe setzte er sich nicht nur über den Wortlaut der Benediktsregel hinweg, sondern auch über die *Benedictina* Benedikts XII., der ja im Dormitorium ein wichtiges Instrument zur Stärkung des klösterlichen Gemeinschaftslebens gesehen hatte. Erneut gegen die Vorgaben der *Benedictina* stand die Ablehnung, Mönche an die Universitäten zu schicken – die Benediktsregel hatte sich mit dieser Frage noch nicht befassen müssen. Insgesamt forderte Ludovico Barbo, sich in den spirituellen Kernbeständen eng an den Wortlaut der Regel zu halten. In praktischen Fragen billigte er sich und den Generalkapiteln seiner Kongregation das Recht zu, sich über die Vorgaben hinwegzusetzen. Das gilt auch für das Organisationsgefüge des Verbands, der als institutionalisierte Kongregation ebenfalls nicht mit dem Klostermodell übereinstimmte, das die Benediktsregel entwirft. Ähnlich wie die Olivetaner versammelten sich auch die Mitglieder der Kongregation von S. Giustina zu einem jährlichen Generalkapitel, auf dem alle Mönche, denen Leitungsfunktionen zugewiesen worden waren, ihr Amt zur Verfügung stellten und neu bestätigen lassen mussten. Ludovico Barbo ging es zunächst darum, die päpstliche Zuweisung von Äbten und das damit verbundene Kommendenwesen abzuwehren. Deswegen ließ er sich von Martin V. zunächst das Recht zusichern, dass alle zu S. Giustina gehörenden Klöster ihre Vorsteher selbst wählen durften. Diese Kompetenz wurde dann aber rasch auf das Generalkapitel übertragen. Zugleich benannte die Kongregation vier Visitatoren, die den Sitzungen des Generalkapitels vorstanden und die einzelnen Abteien überprüften – erneut ein Element, das bereits die Olivetaner entwickelt hatten. Im Gegensatz zu ihnen behielten die Abteien, die S. Giustina unterstellt waren, aber ihre Selbstständigkeit unter der Leitung eines eigenen Abts. Neben der unmittelbaren Wirkung der Reformkongregation von S. Giustina auf das benediktinische Mönchtum hat Ludovico Barbo zugleich ein institutionelles Modell entwickelt, das im 15. Jahrhundert nördlich der Alpen von der Bursfelder Kongregation aufgegriffen wurde, dem größten und stabilsten Klosterverband des spätmittelalterlichen Römischen Reichs deutscher Nation.

Reform nördlich der Alpen

Ähnlich wie in Italien lassen sich auch nördlich der Alpen das gesamte Spätmittelalter hindurch Ansätze fassen, das Leben in Klöstern nach den Vorgaben der Benediktsregel zu reformieren. Das Spektrum reicht von Initiativen einzelner Personen bzw. Abteien über weit ausgreifende Visitations- und Reformkampagnen bis zum institutionell verfestigten Klosterverband. Vielfach waren es nicht klosterinterne Kräfte, die diese Reformen angestoßen haben, sondern externe Akteure, etwa Bischöfe, Kloster- oder Landesherren. Sie mussten allerdings Unterstützer aus den Reihen der Religiosen finden, die ihre Maßnahmen umzusetzen halfen. Letztlich kam es immer darauf an, die Bewohner der Klöster selbst für die geänderten Leitbilder zu gewinnen. Die Leitbilder dieser Reformprozesse, die gerne auf die Kurzformel einer Stärkung der Regelobservanz, der Befolgung der Kloster- oder Ordensregel, gebracht wurden, ähnelten sich über die Grenzen der verschiedenen Orden hinweg: Im Zentrum standen die essentiellen Forderungen an Mönche und Nonnen: Keuschheit, Armut und Gehorsam. Darüber hinaus ging es meist um eine Stärkung des Gemeinschaftslebens und der gemeinsamen Liturgie, die intellektuelle und religiöse Schulung der Klosterinsassen und nicht zuletzt die Absicherung der ökonomischen Grundlagen der geistlichen Gemeinschaften. Gemeinsame Schlagworte wie Reform und Observanz, aber auch die Ähnlichkeit verschiedener Reformprogramme führten dazu, dass die Ähnlichkeiten zwischen reformierten Häusern über die Grenzen der Orden hinweg wichtiger werden konnten als die Angehörigkeit zu einer bestimmten Klostergruppe. Zumindest das Personal, das die Reformen trug, orientierte sich nicht an der Zugehörigkeit zu bestimmten Orden.

St. Matthias (Trier)

So ließ sich zum Beispiel der Trierer Erzbischof Otto von Ziegenhain († 1430) von Papst Martin V. im Jahr 1421 das Privileg erteilen, an die Spitze der Abtei St. Matthias vor Trier auch einen Zisterzienser, Kartäuser oder Prämonstratenser setzen zu dürfen, sofern er »nicht einer laxeren Ordensobservanz« zuzurechnen sei.[13] Und in der Tat setzte er mit Johannes Rode († 1439) einen Kartäuser als Abt ein, der bald weitreichenden Einfluss auf das benediktinische Mönchtum nehmen sollte. Die Bindung an die jeweilige Ordens- oder Klosterregel samt dem weiteren Apparat an Statuten, Gewohnheiten oder anderen normativen Vorgaben stand also hinter der grundlegenderen Vorstellung zurück, entscheidend sei die Strenge der Regelobservanz unabhängig davon, auf welchen Text dabei rekurriert werde.

Dem Vorgehen des Erzbischofs von Trier lag die Vorstellung zugrunde, man könne reformierte und nicht reformierte, observante und nicht observante Konvente eindeutig voneinander scheiden. Dies wird jedoch den Verhältnissen des Spätmittelalters nicht gerecht. So gab es auch in Deutschland neben Klöstern, die sich in einer kritischen Lage befanden, immer auch Häuser, deren geistliches Leben und materielle Grundlagen florierten. Darüber hinaus konnte die Initiative einzelner Äbte zu einer tiefgreifenden Verbesserung des klösterlichen Lebens führen, ohne dass das Kloster formal reformiert oder gar einer Reformkongregation angegliedert wurden.

Metten

Ein Beispiel dafür ist das Wirken Abt Peters I. von Metten in Niederbayern in den Jahren von 1388 bis 1427. Bei seiner Wahl im Dezember 1388 befand sich das Kloster offenbar in einer schwierigen Lage. Zu gravierenden ökonomischen Problemen traten innere Auseinandersetzungen hinzu. Seine Wahl verdankte der neue Abt dem Umstand, dass er aus dem benachbarten Kloster Oberaltaich stammte, das sich zu dieser Zeit in einem guten Zustand befand. Der künftige Abt von Metten hatte in seinem Heimatkloster unter anderem als Cellerar bereits Erfahrungen in der Verwaltung des Klosterguts gesammelt, die auch sein Wirken an neuer Stelle prägten. Denn in den ersten Regierungsjahren bemühte er sich vor allem darum, die ökonomische Lage Mettens zu inventarisieren und zu verbessern, Kredite abzulösen, Rechts- und Besitztitel einzufordern und schließlich sogar den Grundbesitz auszubauen. Auf der Grundlage einer gesicherten ökonomischen Basis investierte er dann in Neubauten und die Ausstattung seines Klosters. Schließlich ließ er auch prachtvolle Codices erstellen, die er zur Unterweisung seiner Mönche einsetzen wollte. Der aufwändigste Band beinhaltet unter anderem eine lateinische und eine volkssprachige Fassung der Benediktsregel. Sie wird von kostbaren Miniaturen begleitet, die das Leben Benedikts nach der Beschreibung Gregors des Großen darstellen. Daneben beinhalten die Bände, die Abt Peter I. in Auftrag gab, weitere Texte zur spirituellen Unterweisung. Somit ging die Sicherung der materiellen Grundlagen der Abtei einher mit der Vergewisserung über die normativen und spirituellen Grundlagen des klösterlichen Lebens der Mönche. Allein schon durch die Gebetsverbrüderung mit dem oberpfälzischen Reformzentrum Kastl wird Abt Peter mit den zeitgleichen Strömungen zur Erneuerung des benediktinischen Mönchtums vertraut gewesen sein. Dennoch zeugt sein Wirken von den Spielräumen, die nicht zuletzt die Benediktsregel dem einzelnen Abt bot, das Kloster nach seinen Vorstellungen neu zu gestalten. Dies geschah in diesem wie in weiteren Fällen ohne die Visitation oder gar ›reformatio‹ des Klosters durch Vertreter prominenter Reformzentren wie Kastl oder Melk.

Das überlokale Reformwirken Johannes Rodes

An der Schwelle zwischen lokalen Initiativen und großräumigen Reformbemühungen war der Trierer Abt Johannes Rode tätig. Wie bereits angesprochen, trat er nach seinem Studium der Theologie und des Kanonischen Rechts in Heidelberg zunächst in die Kartause St. Alban vor den Toren seiner Heimatstadt Trier bei, zu deren Prior er 1419 bereits zwei Jahre nach seiner Profess aufstieg. Erneut dauerte es nur zwei Jahre, bis Erzbischof Otto von Ziegenhain ihn zum Abt der unmittelbar benachbarten Abtei St. Eucharius/St. Matthias ernannte mit dem expliziten Auftrag zu einer Reform des klösterlichen Lebens. Diesen Auftrag erweiterte der Erzbischof auf die im Stadtgebiet liegenden anderen drei Benediktinerabteien, unter denen vor allem St. Maximin aufgrund seiner alten Tradition, seines Reichtums wie seiner gesellschaftlichen Verbindungen jedem Eingriff von außen sehr abwehrend gegenüberstand. Dennoch erreichte Johannes Rode, dass die 1435 für St. Matthias erlassenen neuen Consuetudines auch bald in St. Maximin übernommen wurden. Seine Tätigkeit dehnte sich rasch auf weitere Klöster aus: 1422 war er bereits maßgeblich an den Beratungen eines Provinzialkapitels der Benediktineräbte der Kirchenprovinzen von Trier und Köln beteiligt. Aus den 1430er Jahren sind Statuten überliefert, die er für die Benediktinerinnen des Klosters Marienberg erließ, einem seit dem 12. Jahrhundert St. Matthias unterstellten Frauenkonvent. Zu diesem Zeitpunkt war Rode aber bereits weit über die Grenzen seiner Heimatdiözese hinaus tätig. Auf dem Basler Konzil, wo er auch einen Traktat zur »Amtsführung des Abtes« zum Vortrag gebracht hat, kam er mit führenden Vertretern des zeitgenössischen benediktinischen Mönchtums zusammen und wurde vom Konzil zum Visitator für die Benediktinerklöster in den Kirchenprovinzen Trier/Köln sowie Mainz/Bamberg ernannt. Im Auftrag des Konzils visitierte er dann zum Beispiel die Abteien St. Gallen und Reichenau. Sein Einfluss erstreckte sich über diese Aktivitäten hinaus, denn er kam mit Johannes Dederoth († 1439) in Verbindung, dem Abt von Klus und Bursfelde. Dederoth erbat sich Mönche aus St. Matthias, die Reformen in seinen Klöstern anstoßen sollten und zugleich dort die Gewohnheiten der Trierer Abtei bekannt machten. Bursfelde sollte sich in der Folgezeit zum Haupt der wichtigsten Reformgruppen innerhalb des deutschsprachigen Raums entwickeln. Somit entfaltete Johannes Rode, dessen benediktinische Reformtätigkeit zunächst aus einer lokalen Initiative seines Erzbischofs herrührte, eine breite Wirkung im Spektrum der vielfältigen Bemühungen zur Erneuerung des benediktinischen Mönchtums während des 15. Jahrhunderts.

Nordalpine Reformzentren – Kastl

Die wichtigen größeren Reformgruppen im deutschsprachigen Raum sind jeweils nach dem Namen der Abtei benannt, in der sie ihren Ursprung nahmen: Kastl (Oberpfalz), Melk (Niederösterreich) und Bursfelde (Niedersachsen). Die älteste dieser Bewegungen, die Kastler Reform, resultierte aus dem Zusammenspiel mehrerer Akteure. Die Wittelsbacher fungierten dort als Klostervögte. Sie kooperierten mit Abt Otto II. Nortweiner († 1399) sowie einigen an der Universität Prag ausgebildeten Konventsmitgliedern wie Franz von Böhmen/Kastl und Johannes von Kastl († nach 1426). Das spirituell-theologische Programm verweist auf böhmische Quellen, denn die Kastler haben Anregungen aus der Universität Prag ebenso aufgenommen wie aus den Klöstern Břevnov (Breunau, Prag) und Kladruby (Kladrau) sowie dem Augustiner-Chorherrenstift Roudnice (Raudnitz an der Elbe). Um 1400 hatte die oberpfälzische Abtei sich ihrer ökonomischen wie spirituellen Grundlagen vergewissert. Neben Indizien für einen wirtschaftlichen Aufschwung sprechen dafür eine Italienreise Franz' von Kastl, die ihn unter anderem nach Subiaco führte, die Ausarbeitung neuer liturgischer und klösterlicher Gewohnheiten (*Liber ordinarius* und *Consuetudines*) sowie weiteres monastisches Schriftgut aus der Feder von Franz und Johannes von Kastl, etwa ein Regelkommentar, den letzterer in diesen Jahren kompilierte. Das Ansehen dieses Klosters führte dazu, dass sich »weltliche und geistliche Territorialherren, Vögte, Diözesanbischöfe und reformaufgeschlossene Äbte«[14] an die Mönche von Kastl wandten, um andere Gemeinschaften visitieren zu lassen bzw. die Kastler Gewohnheiten zu übernehmen. Neben Kastl selbst wurden von dort aus reformierte Häuser wie Reichenbach (Oberpfalz), das Schottenkloster St. Egidien in Nürnberg, das Heiligkreuzkloster in Donauwörth und Michelfeld (Oberpfalz) zu Zentren, von denen aus die Kastler Reform in so prominente Häuser ausstrahlte wie St. Magnus in Füssen, Weihenstephan bei Freising oder auch St. Emmeram in Regensburg. Die Kastler Reformbewegung fand nie zu einer definierten institutionellen Struktur, sondern beruhte auf der Grundlage persönlicher Kontakte, Visitationen sowie Austausch von Mönchen, Consuetudines und anderem Schriftgut.

Die Melker Reform

Das gleiche gilt auch für die vom niederösterreichischen Stift Melk ausgehenden Erneuerungsimpulse. Sie gingen auf Pläne Herzog Albrechts V. von Österreich († 1439) zurück, die Augustinerstifte und Benediktinerklöster in seinem Herzogtum zu reformieren. Als religiöser »Experte« stand ihm mit Nikolaus von Dinkelsbühl († 1433) ein Berater zur Seite, der vor allem an der Universität Wien aktiv war, aber auch als Repräsentant seines Herrn das Konstanzer Konzil besucht hatte. Dort traf er eine Gruppe von sieben Mönchen aus dem deutschsprachigen Gebiet, die über lange Jahre in Subiaco gelebt hatten und eigentlich auf Einladung Bischof Andreas Laskaris von Posen († 1426) in dessen Bistum reisen sollten, um das dortige Klosterleben zu erneuern. Statt von Konstanz aus nach Polen weiterzureisen, konnte Nikolaus von Dinkelsbühl sie dafür gewinnen, in den Dienst seines Herzogs zu treten. Der Habsburger machte das Stift Melk möglicherweise deshalb zum Ausgangspunkt seiner Klosterpolitik, weil er als Klostervogt leichten Zugriff auf den Konvent hatte und seine Familie sich auch zuvor bereits intensiv um die Zustände dort gekümmert hatte. Eine vom Herzog beauftragte Visitationskommission, die im Sommer 1418 in Melk erschien, setzte Nikolaus Seyringer († 1425) zum neuen Abt ein. Damit wurden zugleich die Lebensgewohnheiten, die der Abt aus Subiaco mitgebracht hatte, zur Grundlage für die Neugestaltung des Klosterlebens. Die Mitglieder des Konvents konnten sich entscheiden, sich entweder der neuen Ordnung zu fügen oder das Kloster zu verlassen, was etwa die Hälfte der Mönche tatsächlich tat.

Ihren entscheidenden Rückhalt erhielten die Reformer aus Melk in der Unterstützung ihres Landesherrn, der sie gegen den Widerstand der zuständigen Diözesanbischöfe, aber mit päpstlicher Bevollmächtigung die Benediktinerstifte in seinem Herzogtum visitieren ließ. Ab 1424 weitete sich die Reformbewegung auch auf Bayern aus, und zwar erneut unter dem maßgeblichen Einfluss des Landesherrn: »Der Erfolg der Reform [...] wurde durch das Zusammenwirken des Freisinger Bischofs Nikodemus della Scala und des bayerischen Herzogs Wilhelm begünstigt.«[15] Nach ihrer Visitation in den Jahren 1426/27 etablierte sich die Abtei Tegernsee als Zentrum, von dem aus die Melker Impulse im bayerischen Raum wirksam wurden. In den folgenden Jahren erfasste die Melker Reform eine große Zahl prominenter Klöster in Bayern wie im Alpenraum, so Benediktbeuren, Scheyern, Milstatt, St. Peter in Salzburg oder St. Ulrich und Afra in Augsburg. Einen weiteren Schub gewann der Einfluss Melks dadurch, dass Nikolaus von Kues († 1464) im Rahmen seines Auftrags, im Namen Papst Nikolaus' V. (1447–1455) für eine Reform der Klöster in Deutschland und Österreich Sorge zu tragen, im Jahr 1451 Mönche der Melker Observanz als Visitatoren einsetzte. Der Melker Profess Johannes Schlitpacher († 1482) verfasste folgerichtig auch den abschließenden Bericht über die Visitationskampagne. Ähnlich wie im Fall von Kastl basierte auch hier die Reformtätigkeit auf dem Austausch von Mönchen, der Visitationstätigkeit sowie vor allem die Abfassung und Überarbeitung von *Consuetudines*, nicht jedoch eine institutionelle Ausgestaltung eines zusammenhängenden Klosterverbands.

Die Bursfelder Kongregation

Diesen Schritt sollte erst die Bursfelder Kongregation unternehmen, die sich ab den 1430er Jahren formierte. Auch ihre Geschichte begann mit der Kooperation eines um Neuerungen bemühten Mönchs, Johannes Dederoth, mit einem reformwilligen Landesherrn, Herzog Otto II. von Braunschweig-Göttingen († 1463). Dieser machte Dederoth 1430 unter Einsatz von Gewalt zum Abt des Klosters Clus. Drei Jahre später wurde ihm auch die Abtei Bursfelde anvertraut. Johannes Dederoth griff zum einen Impulse der zeitgenössischen Oberservanzbewegungen und monastischen Spiritualität auf, etwa der Windesheimer Kongregation der reformierten Augustiner-Chorherren oder der Kartäuser. Zum anderen orientierte er sich am Vorbild benediktinischer Reformkreise. Die Organisation einer Kongregation, einer institutionalisierten Vereinigung mehrerer Abteien mit einem Generalkapitel als zentralem Steuerungsorgan und definierten Visitationsverfahren, belegt, dass er die von Ludovico Barbo begründete Kongregation von S. Giustina kannte. Während einer Reise nach Italien sowie einem Aufenthalt beim Basler Konzil dürfte er seine Kenntnisse erweitert haben. Entscheidend wurde der Kontakt mit Johannes Rode, aus dessen Kloster St. Matthias bei Trier er Mönche erbat, die seine Reformbemühungen unterstützten und zugleich die *Consuetudines* mit sich führten, die Rode für seine Abtei entwickelt hatte.

Ihren entscheidenden Aufschwung erlebte die Kongregation dann unter dem Nachfolger Dederoths als Abt von Bursfelde, Johannes von Hagen (Abt 1439–1468). Unter seiner Ägide wurden Statuten beschlossen, die zunächst sowohl die liturgischen Gebräuche als auch die institutionellen Strukturen der Kongregation festschrieben. Darüber hinaus begann die überlieferte Beschlusstätigkeit der Generalkapitel, deren älteste erhaltene Rezesse von 1446 stammen, wie Marcel Albert nachweisen konnte.[16] Beim Tod Johannes' von Hagen hatten sich rund 40 Klöster der Bursfelder Kongregation angeschlossen. Zu ihrer Absicherung ließ er sich auch entscheidende Privilegien gewähren, so das Recht zur Vereinheitlichung der Liturgie und zum Abhalten von Generalkapiteln. Der Mainzer Erzbischof Dietrich Schenk von Erbach bestätigte 1449 die Recht-

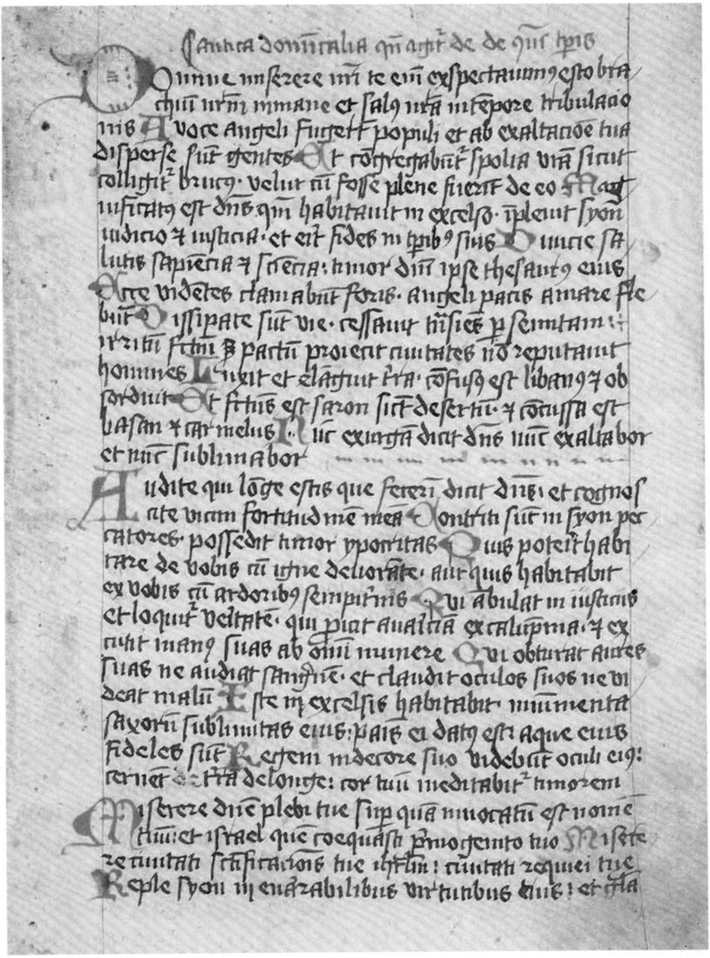

Abb. 3: Liturgische Handschrift mit Hymnen und einem Totenoffizium gemäß den Gewohnheiten der Bursfelder Kongregation (um 1500).

mäßigkeit der Kongregation, der Papst Pius II. (1458–1464) 1459 die Privilegien der Kongregation von S. Giustina übertrug. Somit war ein institutionell verfestigter, kirchenrechtlich anerkannter Klosterverband entstanden, dem bis zur Reformation etwa 90 Abteien angehörten und der bis zum Ende des Ancien régime fortbestehen sollte. Von Kardinal Nikolaus von Kues und Papst Pius II. in den 1450er und 1460er Jahren beförderte Versuche, die Observanzbewegungen von Melk und Kastl mit der Bursfelder Kongregation zu fusionieren, scheiterten.

Ein neues Bemühen um Regelobservanz

Die vorgestellten Reformen einzelner Klöster, die Visitationskampagnen wie die Begründung einer benediktinischen Kongregation gingen mit einem intensiven Bemühen einher, sich der normativen Grundlagen des monastischen Lebens zu vergewissern. Als Grundanliegen wird immer wieder formuliert, die Regeltreue der Mönche zu gewährleisten und die Klöster im Dienste einer verbesserten Regelobservanz zu reformieren. Dazu trugen zunächst Maßnahmen bei, die darauf abzielten, die Benediktsregel verfügbar zu halten und ihr Verständnis abzusichern. Abt Peter I. von Metten ließ nicht nur neben der lateinischen auch eine deutsche Fassung der Regel niederschreiben, sondern schmückte den Kodex mit aufwändigen Miniaturen, die den Regeltext mit der Erinnerung an das Leben Benedikts von Nursia verzahnten. Generell gewannen die volksprachige Überlieferung der Benediktsregel sowie die Forderung nach ihrer Erläuterung in einer Sprache, die alle Mönche verstanden, seit dem 13. Jahrhundert, insbesondere aber im ausgehenden Mittelalter, zunehmend an Bedeutung. Jüngst ist sogar von einer »Entdeckung der Benediktsregel im spätmittelalterlichen Reformkloster Kastl und in seinem literarischen Umfeld« gesprochen worden – im Sinne einer kreativen Neuaneignung des seit Gründung der Abtei bekannten und beachteten Regeltexts.[17] Zugleich setzte das benediktinische Mönchtum des 15. Jahrhunderts die seit dem Hochmittelalter gepflegte Tradition fort, liturgische Abläufe, Fragen der Klosterverfassung, aber auch des klösterlichen Alltags in umfangreichen *Consuetudines* aufzuzeichnen, so Johannes Rode, aber auch die Mönche von Kastl, Melk und Bursfelde. Sie verarbeiteten dabei breit älteres Material – Johannes Rode stützte sich zum Beispiel auf einen *Liber Ordinarius* des ausgehenden 13. Jahrhunderts, den Mönche aus dem Kloster

St. Jakob in Lüttich mitgebracht hatten, als sie sich zeitweise in St. Matthias aufhielten. Und dieser Lütticher *Liber Ordinarius* überliefert wiederum unter anderem Material aus den hochmittelalterlichen *Consuetudines* von Cluny. In ähnlicher Weise orientierten sich auch andere Reformer an älteren Gewohnheiten – in Kastl an den hochmittelalterlichen Aufzeichnungen aus Hirsau, in Melk an denen, die die Mönche aus dem italienischen Kloster von Subiaco mitgeführt hatten. Am Anfang der Bursfelder Reformbemühungen stand wiederum die Kenntnis der Gewohnheiten, die Johannes Rode in Trier erarbeitet hatte. Dieser Text beinhaltet aber zugleich ein breites Spektrum weiteren Materials, das den normativen und spirituellen Horizont erschließt, in dem die Reformbewegungen sich bewegten: von spätmittelalterlichen Kommentaren zur Benediktsregel über den Wahltraktat aus der Feder des Kanonisten Wilhelm von Mandagout († 1312) und einem Dekret des Basler Konzils bis zu Statuten der Kartäuser. Somit mischt sich die Tradition benediktinischer *Consuetudines* mit zwei Bereichen, die für die Reformbewegungen des benediktinischen Mönchtums während des ausgehenden Mittelalters fundamental waren: den Observanzbestrebungen anderer Orden und Gruppen von Religiosen sowie dem von Päpsten, Konzilien und Kanonisten getragenen weiten Feld des Kirchenrechts.

Unabhängig von den Texttraditionen, die die *Consuetudines* weitertragen, beanspruchen sie jeweils für ihre Gegenwart, die aktuellen Probleme zu benennen und geeignete Gegenmittel bereitzustellen. Ganz im Sinne des Leitbilds, eine strenge Regelobservanz garantiere eine vorbildliche monastische Praxis, benennen die *Consuetudines* von Kastl das Nichtbeachten der Benediktsregel als zentrales Problem für das Klosterleben. Der Prolog führt aus, es liege insbesondere in der Verantwortung der Oberen eines Klosters, für eine sorgfältige Beachtung der Regel Sorge zu tragen. Denn gemäß der Benediktsregel falle das Fehlverhalten der Mönche auf den Abt zurück, sofern er sich nicht in ausreichendem Maße um eine Besserung der ihm Anvertrauten bemüht habe und nachdrücklich gegen Fehlverhalten vorgegangen sei. Die verschiedenen Textzeugen, die aus den Abteien St. Magnus in Füssen, Reichenbach (Oberpfalz), Weihenstephan, Kastl und St. Emmeram (Regensburg) stammen, nennen folgerichtig im Prolog den jeweiligen Abt als denjenigen, der die Gewohnheiten aufzeichnen lassen und in Kraft gesetzt habe. Weitaus differenzierter setzt sich hingegen Johannes Rode im Prolog seiner Gewohnheiten mit der Frage auseinander, wie die angemessene Implementierung der Klosterregel Benedikts gewährleistet werden könne. Man habe, wie er unter Verweis auf Bernhard von Clairvaux ausführt, zwischen Anforderungen zu unterscheiden, die Gott an jeden Menschen stelle – Liebe, Demut, Milde –, und denjenigen an Religiose, denen zu entsprechen sie in ihren Gelübden versprächen. Darüber hinaus gebe es aber weitere Bestimmungen, die je nach Zeit, lokalen Umständen wie auch den Besonderheiten einzelner Mönche individuell anzupassen seien, und diese Anpassungsleistung habe Benedikt in seiner Regel den Äbten auferlegt. Um dieser Anforderung zu genügen, habe er, Johannes Rode, während seiner Tätigkeit als Visitator Erfahrungen gesammelt, aus denen heraus er jetzt in gemeinsamer Beratung mit dem ihm anvertrauten Konvent die folgenden Gewohnheiten verfasst habe. Zur Unterstützung ihrer Geltung beruft er sich einerseits auf seine Bevollmächtigungen durch Papst Martin V. und Erzbischof Otto von Ziegenhain sowie durch das Basler Konzil, andererseits aber auf die Beratung und Zustimmung durch die Amtsträger seines Klosters und den gesamten Konvent, für den die *Consuetudines* formuliert worden sind. Durch den Hinweis auf die Entscheidungsfindung wie auf die hierarchische Position, in der er tätig ist, ordnet Johannes Rode seine Gewohnheiten in die kirchenrechtlichen Rahmenbedingungen des spätmittelalterlichen Mönchtums ein – worin sich wiederum ein Aspekt der zeitgebundenen Aktualisierung der Benediktsregel sehen lässt, wie sie der Prolog propagiert. Durch die Übernahme des Modells eines institutionalisierten Klosterverbands gingen die Begründer der Bursfelder Kongregation noch einen Schritt weiter. Ihre kraft ordnungsgemäßer Beschlussfassung verbindlichen Statuten und Generalkapitelsrezesse entsprechen dem selbst gegebenen Satzungsrecht christlicher Orden seit dem Hochmittelalter. Somit kannte das benediktinische Mönchtum des 15. Jahrhunderts verschiedene Wege, auf denen normative Schriftlichkeit zur Grundlage eines institutionellen Gefüges gemacht wurde, das eine sorgfältige, den Zeitumständen angepasste Verwirklichung der Benediktsregel sicherstellen sollte: das Einzelkloster unter der Verantwortung seines Abts, dessen *discretio* ihm eine angemessene Leitung seiner Mönche ermöglichte; Observanzbewegungen, die vermittels persönlicher Kontakte, des Austausches von Visitatoren sowie von normativer Schriftlichkeit gleichförmige Ziele verfolgten, sowie straffer organisierte, auf der Grundlage eigenen Satzungsrechts stehende Kongregationen. Sie alle standen wiederum einerseits unter dem Einfluss des Kirchenrechts und der auf seiner Grundlage handelnden Instanzen wie Päpste und Konzilien. Andererseits nahmen Bischöfe und weltlichen Akteuren, deren Berater nicht selten aus den Reihen der Universitätstheologen stammten, Einfluss auf die Klöster.

Die Rolle der Äbte

Über Gestaltung institutioneller Strukturen hinaus weisen schließlich zahlreiche weitere Werke, in denen über ein zeitgemäßes Verständnis der Benediktsregel reflektiert wurde. Dazu zählen neben Geschichtsschreibung, in denen sich Reformkräfte ihrer Identität vergewisserten, und Kommentaren auch weitere Traktate. Sie demonstrieren die Verschiedenheit, mit der auch noch im Reformbenediktinertum des 15. Jahrhunderts über den Umgang mit den Regelungen der Benediktsregel diskutiert wurde. 1435 trug der Trierer Abt Johannes Rode vor dem Basler Konzil seine Überlegungen »Über die gute Amtsführung des Abtes« vor. Im Zentrum seiner Ausführungen steht das Ideal eines Abts, der gemeinsam mit seinem Konvent um eine Realisierung monastischer Ideale bemüht war. Wie der Abt, den die Benediktsregel zeichnet, übernimmt er die Verantwortung für das geistliche Leben seiner Mönche, die er mit Ermahnungen, Lob und Strafe zu einem gemäßigt asketischen Leben führt. Folgerichtig zitiert Rode aus der Benediktsregel zum Beispiel die Forderung, dem Abt solle »immer Barmherzigkeit über das Gericht [gehen]« (RB 64,10) und er solle sich darum bemühen, »mehr geliebt als gefürchtet zu werden« (RB 64,15).

Dieses Ideal spiegelt sich unter anderem in Rodes Ausführungen, was Äbte hinsichtlich des Essens ihrer Mönche zu beachten haben. Hierbei stellt er die Verantwortung des Abts für den spirituellen Fortschritt der Mönche in den Mittelpunkt. So habe er zu beobachten, ob es einem Mönch nicht gut gehe und er deswegen wenig esse. Diesen habe er dazu aufzufordern, in der Krankenstube zu essen und so gegebenenfalls auch Fleisch zu sich zu nehmen. Dabei habe er einerseits darauf zu achten, dass er »nicht leichtfertig Brüdern mit abgestumpftem Gewissen [...] Fleischspeisen gestattet«, andererseits aber »besonders Eifrigen oder Ängstlichen Fleischspeisen anbietet«.[18] Die Grundnahrungsmittel der Mönche, Brot und Wein, solle er jederzeit in ausreichender Menge und guter Qualität vorhalten, damit die Mönche nicht murrten. Vor allem aber solle der Abt darauf achten, dass sich kein Mönch eigenmächtig eine strengere Nahrungsmittelaskese auferlege. »Die Brüder können nämlich im Maßhalten und in unauffälliger Zurückhaltung beim Essen mehr erbauen, als wenn sie es unbedingt vorziehen würden, sich ein einzigartiges Abstinenzgesetz aufzuerlegen«.[19] Die konkreten Vorgaben zur Askese, die der Abt seinem Konvent macht, haben also nach Rode unter der Leitperspektive zu stehen, dem spirituellen Fortschritt jedes Einzelnen angemessen zu sein, worin sich der Verfasser auf die Benediktsregel selbst berufen konnte, die es ja auch der Verantwortung des Abts übertrug, zu entscheiden, welche asketischen Leistungen einzelne Mönche auf sich nehmen dürfen.

Reformdebatte des Basler Konzils

Während Johannes Rode die geistliche Vaterschaft des Abts zum Ausgangspunkt seiner Überlegungen machte, stellte 1436 der Melker Prior Martin von Senging († 1483) während des Basler Konzils die wörtliche Regelbefolgung auch in der äußerlichen Lebensgestaltung ins Zentrum seiner Intervention. Ihm ging es darum, die Regelobservanz als wesentlichen Bestandteil monastischer Identität in den Vordergrund zu stellen. Denn mit seiner Profess habe der Mönch nicht nur ein Leben in Keuschheit und Gehorsam zu führen gelobt, sondern auch gemäß der *observantia regularis*. Weil nun die Benediktsregel verschiedene Vorgaben auch zu den Details der asketischen Praxis mache, hätten die Mönche auch diese zu befolgen. Dies führt Martin von Senging dann genauer am Beispiel des Fleischverzichts, des Habits, des Badens sowie der klösterlichen Liturgie aus, um die Konzilsväter dazu zu bewegen, durch ihre Entscheidung die normative Grundlage für eine Standardisierung innerhalb des benediktinischen Mönchtums zu legen. Hinsichtlich des Fleischkonsums befürwortet Martin von Senging eine strenge Auslegung des Wortlauts der Benediktsregel. Zwar könne man sich scheinbar auf Papst Benedikt XII. sowie auf die in der Benediktsregel gewährten Freiräume berufen, um Ausnahmen zu gestatten. Dabei handele es sich aber um ein fehlerhaftes Verständnis beider Texte. Man habe sich vielmehr – und hier rekurriert er auf die jüngere Geschichte seines Heimatklosters Melk – an den Gebräuchen zu orientieren, die in Subiaco gepflegt würden und die den Fleischgenuss strikt einschränkten. Die möglichst strenge Auslegung der Benediktsregel wird hier zum Kennzeichen eines korrekten, reformierten Mönchtums – die Regelobservanz »ist untrennbar verflochten mit und beweist sich in der Beachtung der Akzidenzien.«[20]

Zusammenfassung

In der Reformdebatte des Basler Konzils bündelten sich noch einmal Motive, die den Rekurs des benediktinischen Mönchtums auf die *Regula Benedicti* während des gesamten Mittelalters geprägt hatten. Dass die Benediktsregel die Basis für die Gestaltung des klösterlichen Lebens, für die Liturgie, die Verfassung des Klosters wie die Ausgestaltung des monastischen Alltags sein sollte, stand seit der Karolingerzeit nicht mehr in Frage. Ihre relativ geringe Regelungsdichte sowie ihre Eigenart, eher exemplarische Vorschläge zu unterbreiten als verbindliche Vorgaben zu machen, ließen aber große Spielräume für die Antwort auf die Frage, wie sie in die Praxis umzusetzen sei. Der relativ weit gesteckte normative Rahmen der Benediktsregel gestattete es einer Vielzahl höchst unterschiedlicher Spielarten des Mönchtums, sich auf sie zu berufen. Nicht zuletzt daher rührt die Vielgestaltigkeit des benediktinischen Mönchtums während des Mittelalters und darüber hinaus. Diese Vielfalt ließ sich auch gegen Forderungen, die Regel wörtlich zu befolgen, in Anschlag bringen. Wer die individuelle Verantwortung des einzelnen Abts für den spirituellen Fortschritt der Mönche in den Vordergrund stellen wollte, fand seine Rechtfertigung in den Passagen, in denen die Benediktsregel in ähnlicher Weise argumentiert. Auf der anderen Seite lassen sich immer wieder Bemühungen beobachten, im Dienste einer als korrekter empfundenen strengeren asketischen Praxis die Vereinheitlichung und Standardisierung des monastischen Lebens nach dem Wortlaut der Benediktsregel durchzusetzen. Dies konnte mit der Bildung größerer Klosterverbände, Observanzbewegungen und Orden einhergehen, so den Vallombrosanern, Zisterziensern, Olivetanern oder auch den Kongregationen von S. Giustina und Bursfelde. Dann traten zum Regeltext weitere Statuten oder andere Beschlüsse, die eine einheitliche Implementierung der Benediktsregel gewährleisten sollten. Zugleich lassen sich in den hochmittelalterlichen Debatten um eine wörtliche Regelbefolgung Züge beobachten, die auch außerhalb der Klöster den Umgang mit geschriebenen Normen charakterisieren: Die Erwartung, durch eine möglichst präzise schriftliche Sicherung normativer Ordnungen zu einer Verbesserung der Lebenspraxis beizutragen. Außermonastische Einflüsse prägten auch sonst die Art und Weise, in der Mönche nach der Benediktsregel lebten – von den Beschlüssen unter Karl dem Großen und Ludwig dem Frommen bis zu päpstlichen und konziliaren Bestimmungen des späteren Mittelalters. Im Spannungsfeld von monastischen Traditionen, den Erwartungen außermonastischer Akteure, dem jeweiligen Zeitgeist wie den Überzeugungen einzelner Mönche lieferte die Benediktsregel nicht eine klare Vorgabe, wie asketisches Leben korrekt gestalten werden konnte, sondern einen Bezugspunkt für sehr unterschiedliche Ausgestaltungen monastischer Praxis. Die *Regula Benedicti* definierte nicht, was benediktinisches Mönchtum eigentlich war, sondern stellte nur einen Bezugspunkt dafür dar, die Identität benediktinischen Mönchtums jeweils neu auszuhandeln.

3 Gebet, Religiosität und Kunst im benediktinischen Mönchtum

»Dem Gottesdienst soll nichts vorgezogen werden« (RB 43,3)

Die Benediktsregel stellt das Gebet ins Zentrum des mönchischen Tagesablaufs. Sieben Mal am Tag sowie einmal in der Nacht sollen sich die Mönche im Oratorium, dem Gebetsraum des Klosters, versammeln, um Gott ihren Dienst zu erweisen. Darüber hinaus verankert die Regel feste Zeiten für die meditierende Lektüre geistlicher Texte im klösterlichen Alltag und fordert den Einzelnen auf, »sich oft zum Beten nieder[zu] werfen« (RB 4,56). Die Geschichte der Liturgie des gemeinsamen Gebets, des sogenannten Stundengebets, lässt sich erfassen und ist auch verschiedentlich geschrieben worden. Das innere Geschehen, in dem der Beter den Dialog mit seinem Gott sucht, entzieht sich hingegen weitgehend der Mitteilung und folgerichtig auch der historischen Erforschung. Darüber hinaus rechnet der spätantike Mönchsautor Johannes Cassian damit, dass nicht nur jeder Beter anders betet, sondern auch jedes Gebet anders ausfällt. Das liege nicht nur daran, dass mit unterschiedlichen Anliegen gebetet werde, sondern auch an den äußeren Umständen wie der Seelenlage des Betenden. Dennoch unterscheidet Cassian zwischen einem Bittgebet um die Vergebung eigener Sünden (*obsecratio*), einem im Gebet Gott vorgetragenen Gelübde oder Versprechen (*oratio*), einem Bittgebet im Eintreten für andere (*postulatio*) sowie den Dankgebeten an Gott (*gratiarum actiones*). Als Höchstform, in der Gebet und Meditation ineinander fallen, nennt Cassian schließlich die unmittelbare Anschauung Gottes (*contemplatio Dei*).[1] Inwiefern mittelalterliche Mönche diese Gebetstypen realisiert haben, lässt sich kaum überprüfen.

Zweck und Ziel des Betens

Immerhin lässt sich fassen, wie über den Zweck und das Ziel des Betens nachgedacht worden ist. Darüber hinaus tritt im Verlauf des Frühmittelalters das stellvertretende Gebet für Lebende und Verstorbene zunehmend in den Vordergrund. Es überlagerte in seiner Bedeutung die anderen Gebetsformen, wie sich an den ausufernden liturgischen Pflichten ablesen lässt, die mittelalterliche Klöster zur Ableistung des stellvertretenden Gebets erfüllten. Im Sinne eines Dienstleisters übernahmen Klöster in arbeitsteiliger Weise die Funktion, Gebetsleistungen zu erbringen, die in den Augen der Zeitgenossen für das Wohlergehen der Menschen notwendig waren. Des Weiteren wurden Klöster auch zu Zentren der Heiligenverehrung und sicherten damit der Gesellschaft zu, diese mächtigen Fürsprecher im Jenseits gewogen zu stimmen, damit sie sich bei Gott für ihre Verehrer verwendeten. Diese Gebetsdienstleistungen für die Gesellschaft gingen weit über das Ziel hinaus, das die Benediktsregel den Mönchen vorgegeben hatte: ein kontemplatives Leben zu führen, um für sich selbst das Himmelreich zu gewinnen. Zugleich begründeten aber stellvertretendes Gebet und Heiligenverehrung den Reichtum von Klöstern, deren materielle Grundlagen vor allem auf Stiftungen beruhten, mit denen Gebetsleistungen erkauft wurden. Auch die materiellen Überreste mittelalterlicher Klosterkultur zeugen von der zentralen Bedeutung des Gebets sowohl für die Mönche selbst als auch für ihre Mitmenschen. Zum einen dienten liturgische Bücher und geistliches Schrifttum dem kollektiven Gebet und der individuellen Erbauung und Belehrung. Zum anderen schufen Klöster mit ihren Kirchen und deren Ausstattung mit Fresken und Altären, mit Statuen, Schatzkunst und Paramenten (liturgischen Gewändern) den Rahmen für die Aufführung liturgischer Gesamtkunstwerke. Auch diese multimedialen Ensembles waren nicht nur für Nonnen und Mönche erfahrbar, sondern in abgestufter Form auch für die anderen Gläubigen, die eine Klosterkirche aufsuchten. Somit besitzt die Geschichte des Betens eine Schlüsselstellung für das Verständnis dessen, was benediktinisches Mönchtum im Mittelalter ausmachte und was heute noch von der Welt mittelalterlicher Klöster in den Kirchen selbst oder in Bibliotheken und Museen besichtigt werden kann.

Gebetskultur

Schon zwischen der Abfassung der Benediktsregel und der Karolingerzeit hat sich die Gebetskultur innerhalb des Mönchtums fundamental gewandelt. Neben dem Stundengebet der Mönche hatten Messfeiern eine zentrale Bedeutung erlangt, vor allem sogenannte Privatmessen, mit denen ein Priestermönch stellvertretend für andere Mönche, Kleriker oder Laien einer bestimmten Messintention nachkam. Die wachsende Zahl an Messen, die die nun gleichfalls in höherer Zahl zu Priestern geweihten Konventsmitglieder lasen, resultierte aus dem stellvertretenden Gebet, das sich zwischen der Spätantike und dem 9. Jahrhundert entfaltet hatte. Darüber hinaus hatte der Heiligen- und Reliquienkult stark an Bedeutung gewonnen, sodass der Kirchenraum zu einem multifunktionalen Gebäude geworden war. Die vielfältige Nutzung einer Klosterkirche während des frühen 9. Jahrhunderts veranschaulicht in idealer Weise der St. Galler Klosterplan. Vor den Stufen, die vom Kirchenschiff zum sich östlich anschließenden Altarraum führen, verzeichnet der Plan das Chorgestühl für das Psalmengebet, also für die benediktinische Stundenliturgie. Über die gesamte Klosterkirche verteilt befinden sich neben dem Hauptaltar, der der heiligen Maria und dem heiligen Gallus geweiht ist, zahlreiche weitere Altäre mit verschiedensten Patrozinien: Neben dem Kreuzaltar finden sich Altäre der Apostel Petrus, Paulus, Jakobus und Philippus, der Märtyrer Stephan, Laurentius und Mauritius, der Mönchsheiligen Martin und Columban sowie der Unschuldigen Kinder, die der Erzählung des Lukas-Evangeliums gemäß nach der Geburt Jesu in Betlehem ermordet worden sind. All diese Altäre standen für die Feier von Messen zur Verfügung, mit denen Priestermönche die Gebetspflichten erfüllten, die ihnen übertragen worden waren. Die Altarpatrozinien verweisen auch bereits auf den entfalteten Heiligenkult des Frühmittelalters. Der Hauptaltar wurde über dem Grab des heiligen Gallus errichtet, des Hauptpatrons der Abtei. Seine Reliquien standen im Zentrum der Verehrung der Mönche von

St. Gallen, wo sich aber auch andere Reliquien befanden, etwa vom Gründer des eigentlichen Klosters, Otmar. Die Verortung des Heiligenkults und des stellvertretenden Gebets im Kirchenraum manifestiert, wie grundsätzlich sich die Gebetskultur eines frühmittelalterlichen Großklosters von dem Modell der Benediktsregel entfernt hatte.

3.1 Gebet und Religiosität der Benediktiner

3.1.1 Die Stundenliturgie der Klöster

Das monastische Stundengebet, das gemeinschaftliche Rezitieren von Psalmen und anderen geistlichen Texten, hat unterschiedliche Impulse aufgenommen. Im Synagogengottesdienst des antiken Judentums gab es die Gewohnheit, morgens und abends gemeinsam zu beten. Im Neuen Testament finden sich verschiedenen Passagen, in denen Jesus selbst als Betender erscheint, in denen er selbst oder andere zum Gebet aufrufen und in denen Gebetstexte wie das »Vater Unser« festgehalten werden. Sowohl innerhalb des Klerus als auch des Mönchtums entstand im frühen Christentum neben der Eucharistiefeier, die in der modernen Mess- bzw. Abendmahlsfeier fortlebt, die Praxis, vor allem Psalmen zur Grundlage regelmäßiger, über den Tag verteilter Gottesdienste zu machen. Im Mönchtum spielte sowohl bei Einsiedlern als auch bei Klostermönchen neben dem gemeinschaftlichen Psallieren auch das individuelle Psalmengebet von Beginn an eine zentrale Rolle. Dabei verfolgten die Beter das Ziel, die vorgegebenen Texte so mitzusprechen – in der Regel vermutlich in der Form eines murmelnden, halblauten Sprechens (*ruminatio*) –, dass sie den Psalmtext als eigenes Wort erlebten. Die Vorgaben der Benediktsregel, sich sieben Mal am Tag und einmal des Nachts im Oratorium zum gemeinschaftlichen Gebet zu versammeln, resultieren folglich aus einer jahrhundertealten Entwicklungsgeschichte. Nachdem die Forschung lange über die Vorbilder für die benediktinische Organisation des Stundengebets diskutiert hat, besteht mittlerweile breite Übereinstimmung, dass die Benediktsregel Modelle aus der Stundenliturgie der großen stadtrömischen Basiliken aufgegriffen hat.

Das Rückgrat des Stundengebets bilden auch nach der Benediktsregel die 150 Psalmen, das Gebetsbuch des Judentums aus dem Alten Testament. Sie werden so auf die verschiedenen Gebetszeiten verteilt, dass innerhalb einer Woche der gesamte Psalter, also alle 150 Psalmen, wenigstens einmal gebetet worden sind, einige sogar mehrfach. Dabei kombiniert die Benediktsregel zwei Prinzipien, wie die Psalmen aufeinander folgen. Zum einen weist sie den Gebetszeiten am Anfang und Ende des Tages Texte zu, die auf Lichtmetaphorik zurückgreifen, um damit die natürlichen Lichtverhältnisse für Anspielungen auf Motive wie Jesus als »Licht der Welt« zu nutzen. Zum anderen orientiert sich die Anordnung der Psalmen an der Reihenfolge des biblischen Buchs, sodass die monastische Praxis eines kontinuierlichen Gebets des Psalters in zeitlicher Streckung fortgesetzt wird. Neben Psalmen erwähnt die Benediktsregel biblische Lesungen, Antiphonen, Responsorien und Hymnen, mit denen das Psalmengebet bereichert und gerahmt wird. Insgesamt summieren sich die einzelnen Gebetszeiten zu einem mehrstündigen Gebet, mit dem im Kloster die Forderung der Benediktsregel umgesetzt wird, dass »dem Gottesdienst [...] nichts vorgezogen werden« soll (RB 43,3). Das benediktinische Stundengebet wurde im Verlauf des Mittelalters auch für andere religiose Lebensformen prägend bis hin zum Breviergebet der Priester, das sich während der zweiten Hälfte des Mittelalters zunehmend verbreitete.

Liturgische Praxis: Gesang

Das frühe Mittelalter erlebte in vielen Bereichen eine Vervielfältigung der liturgischen Praxis sowie zunehmende Versuche, durch das Aufschreiben von Gebetsformeln zu einer Standardisierung dieser liturgischen Praxis zu finden. Zugleich sorgte aber die stürmische Entwicklung neuer religiöser Bedürfnisse – neue Formen der Buße, des stellvertretenden Gebets sowie der Heiligenverehrung – für eine rasche Erweiterung des liturgischen Repertoires. Seine Anpassung an vielfältige lokale Gegebenheiten verursachte eine unüberschaubare Diversifikation.

Weil diese Entwicklungen sich in einer sehr fragmentarischen Überlieferung niedergeschlagen haben, erscheint es unmöglich, sie in der Form klar voneinander abhängiger Traditionen zu erfassen. Eine zentrale Tendenz besteht jedenfalls darin, dass innerhalb der Klöster die tägliche Messfeier der Gemeinschaft sowie von einzelnen Priestermönchen gefeierte Messen, die sogenannten Privatmessen, zunehmend an Bedeutung gewinnen. Beides spielt in der Benediktsregel noch keine Rolle. Die Unübersichtlichkeit der Entwicklungen gilt auch für die musikalische Gestaltung der Liturgie. Die musikalische Ausgestaltung des kollektiven Gebets wird in der mittelalterlichen Tradition vor allem zwei Kirchenvätern zugeschrieben: Der Mailänder Bischof Ambrosius habe aus der griechischen Tradition rhythmische, strophisch organisierte sogenannte Hymnen übernommen – eine Gattung, in deren Gefolge noch das moderne Kirchenlied steht. Papst Gregor I. sei für die Entwicklung des einstimmigen Chorals verantwortlich, mit dem unter anderem Psalmen gesungen worden sind und der so das mittelalterliche benediktinische Stundengebet geprägt hat. Für die Dichtung und Komposition kirchenliedähnlicher Hymnen durch Ambrosius gibt es mit seinem jüngeren Zeitgenossen, dem heiligen Augustinus, einen prominenten Zeugen. Die Zuweisung des sogenannten »Gregorianischen Gesangs« zum frühmittelalterlichen Papst und Biographen Benedikts von Nursia ist hingegen ins Reich der Legenden zu verweisen. Sie fügt sich allzu gut in das Bemühen der Karolingerzeit, vereinheitlichende Reformen unter Bezug auf vermeintliche römische Traditionen in Angriff zu nehmen. In der Tat scheint die Entstehung der »Gregorianik« vielmehr das Resultat eines mehrhundertjährigen Austauschprozesses vor allem zwischen Mittelitalien und dem Frankenreich zu sein, der letztlich nicht zu einer Vereinheitlichung der musikalischen Gestaltung der Liturgie geführt hat. Johannes Diaconus, der römische Verfasser einer Gregorsvita aus dem späten 9. Jahrhundert, führt die musikalischen Differenzen auf die Unfähigkeit der Franken zurück, die Subtilitäten römischer Melodien nachzuvollziehen. Der St. Galler Mönch Notker Balbulus (»der Stammler«), selbst Verfasser hochwertiger liturgischer Texte, berichtet in seiner Lebensbeschreibung Karls des Großen hingegen, die Römer hätten aus

Neid auf die Franken bewusst verschiedene misstönende Varianten liturgischer Gesänge verbreitet. Beide Autoren belegen damit zum einen die unüberhörbaren Unterschiede zwischen den Vertonungen der Liturgie, die unter anderem in den benediktinischen Klöstern erklangen. Zum anderen belegen sie das Fehlen einer standardisierten Notenschrift, die es ermöglicht hätte, Tonhöhen, Melodieverläufe oder Rhythmen zuverlässig zu verschriften. Erst seit dem 9. Jahrhundert sind Belege für die Aufzeichnung von so genannten Neumen erhalten, also von Zeichen, die den ungefähren Verlauf einer Tonfolge skizzieren. Vermutlich sind sie von den Handbewegungen abgeleitet, mit denen ein Kantor den psallierenden Klerikern oder Mönchen anzeigte, wo die Melodie anstieg oder fiel bzw. welche Passagen langsamer oder schneller zu rezitieren waren. Jedenfalls ermöglichen sie nicht, die absolute Tonhöhe oder präzise definierte Intervalle nachzuvollziehen – was in modernen Notationssystemen durch Notenlinien und -schlüssel angegeben wird. Ebenso fehlten Taktstriche oder diakritische Zeichen zur Markierung von Rhythmen. Der Benediktiner Guido von Arezzo († nach 1030), zeitweise Mönch in Pomposa, entwickelte erst im 11. Jahrhundert eine mit vier Linien operierende Notenschrift, die es ermöglichte, auch unbekannte Melodien vom Blatt abzusingen. Die daraus resultierende Vielfalt in der musikalischen Ausgestaltung der Liturgie wie auch der liturgischen Texte erläutert bereits der auf der Bodenseeinsel Reichenau beheimatete Benediktiner Walahfrid Strabo († 849) unter Rückgriff auf die ihm zur Verfügung stehenden Informationen zur Geschichte der Kirchenmusik: Sie habe eine lange und vielfältige Entstehungsgeschichte, und es sei legitim, neue Texte hinzuzufügen, wenn sie nicht gegen die christliche Lehre verstießen. Auch solle man innerhalb der Klöster die ausführlicheren Gebetszeiten der Benediktsregel befolgen, anstatt sich aus Faulheit auf die römischen Gewohnheiten zu beziehen.

Vor diesem Hintergrund erklären sich auch die Bemühungen Karls des Großen oder der Aachener Reformsynoden um eine Vereinheitlichung unter anderem des benediktinischen Stundengebets. Grundsätzlich lassen sich seit der Karolingerzeit zwei Muster unterscheiden: der römische und der benediktinische *cursus*. Sie divergieren nur unwesentlich, insbesondere hinsichtlich der Responsorien (Antwortgesänge) während des nächtlichen Gebets und der Verteilung der Psalmen.

Liturgische Praxis: Stundenliturgie

In der Stundenliturgie bediente man sich folgender Bausteine: Psalmen, die entweder von einem Einzelnen oder einer kleinen Gruppe allein oder in abwechselnder Weise rezitiert wurden. Dabei konnten die Psalmen entweder von dem/n Vorbeter/n vorgetragen und von kurzen Antworten der gesamten Gruppe unterbrochen werden, oder aber die Betenden wurden in zwei Gruppen aufgeteilt, die im Wechsel rezitierten. Gerahmt wurden die Psalmen von Antiphonen, kurzen Versen, die entweder aus dem Psalm selbst entnommen wurden oder als Neuschöpfungen in Gebrauch kamen. Hinzu traten neben den bereits angesprochenen Hymnen auch Lesungen aus der Bibel, aus der Kirchenväterliteratur oder aus Heiligenviten, auf deren Vortrag kurze Antwortgesänge, sogenannte Responsorien reagierten. Zusammen mit dem »Vater Unser« und weiteren Gebets- oder Segensformeln ergibt sich ein breites Textrepertoire, das jederzeit neu kombiniert und vor allem beliebig erweitert werden konnte. Schon zur Karolingerzeit hatte sich der Umfang der Gebetsleistung deutlich gegenüber dem Maß erweitert, das die Benediktsregel vorsah. In den folgenden Jahrhunderten setzte sich diese Tendenz fort. Zur Zeit Abt Odos († 942) betete man in Cluny zum Beispiel täglich 138 Psalmen, am Ende des 11. Jahrhunderts sollen es über 200 Psalmen geworden sein. Hinzu konnten Texte kommen, die spezifischen Kultbedürfnissen des eigenen Klosters entsprachen, etwa der Verehrung des eigenen Klosterpatrons, sowie eigene Andachten zur Verehrung der Gottesmutter Maria, des Heiligen Kreuzes oder Toten- und Allerheiligenoffizien. Auch die musikalische Ausgestaltung des Stundengebets konnte seinen zeitlichen Umfang erhöhen, wenn aufwändige Verzierungen, sogenannte Melismen, eine einzelne Silbe des Gebetstexts auf eine größere Zahl an Noten verteilten. Die Ausdehnung der Liturgie auf Kosten anderer Bestandteile des monastischen Alltags wurde folgerichtig auch zur Zielscheibe der Kritik, etwa der Zisterzienser, sowie zum Missstand, gegen den Reformer aus den Reihen der Benediktiner selbst vorgingen. So verständigten sich die Äbte der benediktinischen Klöster in der Kirchenprovinz von Reims während ihres ersten Treffens im Jahr 1131 auf eine moderate Verringerung der wöchentlich zu betenden Psalmen. Ähnliches vereinbarten die Äbte der englischen Provinz Canterbury in den 1270er Jahren. In den spätmittelalterlichen Reformkreisen um Subiaco, S. Giustina in Padua, St. Matthias in Trier oder Bursfelde spielt neben der Einschränkung des gemeinschaftlichen Stundengebets vor allem die Betonung des individuellen Betens, mit dem der einzelne Mönch in seiner Zelle, die zu dieser Zeit den gemeinsamen Schlafsaal der Mönche verdrängte, sein geistliches Leben pflegen sollte, eine wichtige Rolle.

Musikkultur

Welche Bedeutung die sich entwickelnde mittelalterliche Musikkultur für die Klöster gewonnen hat, lässt sich derzeit nur schwer einschätzen. Im Zentrum des Stundengebets stand der einstimmige Choralgesang. Wenn über die »Aufführungspraxis« in Klöstern berichtet wird, dann wegen außergewöhnlicher Umstände. So moniert Tenxwind († nach 1152), die streng asketische Vorsteherin eines Kanonissenstifts in Andernach, dass die Nonnen im Kloster Hildegards von Bingen das Chorgebet an Festtagen geschmückt, mit weißen Gewändern und Schleiern und offenen Haaren sängen. Abt Suger von Saint-Denis stellt in seinem Bericht über die Weihe des Hauptchors seiner neuen Abteikirche in Anwesenheit König Ludwigs VII. von Frankreich, seiner Frau Eleonore von Aquitanien sowie vor allem zahlreicher Bischöfe fest:

> »Sie alle vollzogen die Weihe der Altäre selbst sowie die feierliche Zelebration der Messen – oben [im Chor, Ch. D.] wie unten [in der Krypta, Ch. D.] – so feierlich, in ihrer Verschiedenheit so einmütig, in ihrer Verbundenheit so heiter, daß aufgrund des Zusammenklangs und des Zusammenhalts ihrer Harmonie der wohllautende Gesang eher für eine Musik der Engel als der Menschen hätte gehalten werden können«.[2]

Diese Passage spielt noch nicht auf die Praxis mehrstimmiger Kirchenmusik an, die im 12. Jahrhundert an der Pariser Kathedrale Notre-Dame eine erste Blüte erleben sollte. Inwiefern auch Benediktiner daran oder an der sich entfaltenden weltlichen Mehrstimmigkeit Anteil nahmen, ist nicht präzise zu fassen. Innerhalb der Kirche gab es jedenfalls massive Kritik daran, dass neue Musikgattungen wie die Motette und neue Satztechniken Eingang in die Liturgie fanden bzw. sich die Praxis des Choralgesangs wandelte. So untersagte ein Dekret des Konzils von Vienne (1311/12) das zu rasche oder unreine Vortragen im Stundengebet. Das Dekret *Docta sanctorum patrum* Papst Johannes' XXII. (1316–1334) kritisiert 1324/25 explizit die Veränderung der überkommenen Gesänge: »Aber einige Schüler einer neuen Schule sinnen […] auf neue Noten; sie wollen lieber die ihren erfinden als die alten singen«.[3] Die päpstliche Polemik richtet sich sowohl gegen das Einfügen von Halbtonschritten in den Melodieverlauf als auch gegen die Übernahme mehrstimmiger Gesänge in die Liturgie. Somit lässt sich bereits für das Spätmittelalter eine Pluralisierung der Musikkultur festhalten, in der der einstimmige, gemessen vorgetragene Choral als *Cantus planus* den Charakter einer altehrwürdigen, aber nicht sonderlich raffinierten und möglicherweise sogar langweiligen Übung bekam.

3.1.2 Stellvertretendes Gebet und Totenmemoria

Für das benediktinische Mönchtum des Mittelalters gewann vor allem das stellvertretende Beten für Lebende und Verstorbene eine überragende Bedeutung. Der Mönchsautor Johannes Cassian erwähnte es zwar schon im frühen 5. Jahrhundert als *postulatio*, der Aufschwung der Interzession (des führbittenden Gebets) resultierte aber aus einem gewandelten Verständnis von Sünde und Buße im Frühmittelalter. Die antike Kirche kannte die Vorstellung der Sünde als einer menschlichen Handlung oder Seelenregung, die gegen den Willen Gottes gerichtet war. Wo dies theoretisch reflektiert wurde wie in Augustinus' *Confessiones*, stand vor allem die Intention des Einzelnen im Zentrum des Sündenkonzepts. Buße fand als öffentliche Kirchenbuße vor den Augen der Gemeinde statt, wenn jemand wegen schwerer Verfehlungen für eine längere Zeit vom Gottesdienst ausgeschlossen worden war und in einem mehrstufigen

Wiederaufnahmeprozesses (Rekonziliation) mit der Gemeinde versöhnt wurde, bis er wieder zu allen gemeinschaftlichen Vollzügen zugelassen wurde. Diese Buße für schwere Verfehlungen konnte in der Regel nur einmal geleistet werden – im Wiederholungsfall drohte der endgültige Ausschluss aus der Gemeinde.

Sünden- und Bußverständnis

Im Frühmittelalter, insbesondere im frühen irischen Mönchtum, entwickelte sich hingegen ein gänzlich neues Sündenverständnis, das mit dem iro-fränkischen Mönchtum ab dem 7. Jahrhundert auf dem Kontinent Verbreitung fand und auch das benediktinische Mönchtum prägen sollte. Jede Verfehlung gegen Normen des Verhaltens wurde als Sünde gewertet – ebenso jede sexuelle Aktivität jenseits des Beischlafs Verheirateter, ein Verstoß gegen die ausgefeilten Fastengebote, selbst eine kleine liturgische Unachtsamkeit. Aufgabe des Priesters oder Abtes war es, das Bekenntnis derartiger »kleiner Sünden« entgegenzunehmen und eine angemessene Buße aufzuerlegen, damit der Sünder bei Gott Verzeihung erlangt. Diese Praxis hat sich vor allem in Bußbüchern niedergeschlagen, die seit dem Frühmittelalter umfangreiche Kataloge von möglichen Sünden und angemessenen Bußleistungen beinhalten. Entscheidend ist zum einen eine Kasuistik, die zahllose alltägliche Sachverhalte als Sünde klassifiziert und die Schwere des Vergehens taxiert. Zum anderen steht hier weniger die Intention des Sünders als vielmehr das aus dem Tatbestand resultierende Maß der Sünde im Mittelpunkt. Daher können unwillkürliche Vorgänge wie Menstruation oder unkontrollierter nächtlicher Samenerguss als Sünde klassifiziert und mit einer Buße belegt werden. Damit werden Sünde und Buße zu vorethischen Kategorien von kultischer Qualität, die vor allem dann an Tragweite gewinnen, wenn es um den Kontakt zu heiligen Orten, Objekten oder Handlungen geht – also etwa um das Betreten der Kirche, die Teilnahme an der Liturgie oder den Kontakt mit den Reliquien eines Heiligen.

Bußleistung

Als Bußleistung sahen die Bußbücher zunächst das Fasten vor, dessen Strenge und Dauer von der Schwere der Sünde abhing. Wie eine »Währung« für die Sündenbilanz des Einzelnen konnte das Fasten dann aber auch konvertiert werden. Um dieses System »Gezählte[r] Frömmigkeit«[4] im frühen Mittelalter zu veranschaulichen, seien einige Beispiele referiert. In einem frühen irischen Bußbuch, dem sogenannten *Paenitentiale Cummeani*, wird übertriebenes Essen wie folgt differenziert:

> »Wer an der Überfüllung seines Magens und am Schmerz des Überessens leidet, büßt einen Tag. Wenn er bis zu dem Punkt leidet, daß er sogar erbrechen muß, ohne daß er krank ist, büßt er sieben Tage. Wenn er dabei überdies die Hostie erbricht, büßt er 40 Tage.«[5]

Für den Fall, dass Wein aus dem Messkelch verschüttet wird, unterscheidet sich die Buße je nachdem, ob er auf den Altar oder auf den Fußboden tropft und ob das Missgeschick während der Messfeier geschieht oder bei anderer Gelegenheit. In gleicher Weise war der gesamte Alltag der Mönche umstellt von Ge- und Verboten unter Androhung präzise tarifierter Strafen.

Wenn ein Sünder nicht fasten konnte, räumten ihm Bußbücher die Möglichkeit ein, alternative Bußleistungen zu erbringen: langes Stehen und Beten unter Schlafentzug, das Verweilen im Grab eines Heiligen unter beständigem Gebet, eine Kombination aus Fasten, außerordentlichem Gebet und Stockschlägen. Bischof Halitgar von Cambrai († 830/31) hat unter Rückgriff auf ältere Vorlagen eine regelrechte Verrechnungstabelle erarbeitet, die verschiedene Ersatzleistungen umrechnet.

> »[Ein Tag Fasten kann umgewandelt werden in:]
>
> - 50 Psalmen bei gebeugten Knien und Speisung eines Armen;
> - 70 Psalmen in aufrechter Haltung sowie Speisung eines Armen für den, der sich nicht mit gebeugten Knien halten kann;
> - 100 Kniebeugen und 10mal Bitte um Verzeihung;
> - 3 Denare Almosen;
> - Speisung von drei Armen.
>
> Eine Woche Fasten [entspricht:]
>
> - 300 Psalmen bei gebeugten Knien;
> - 3 Psalter[n] [= 450 Psalmen, Ch. D.] ohne gebeugte Knie.

[Alternativ kann ein Jahr Fasten umgewandelt werden in:] 22 Solidi Almosen an die Armen und sechs Tage Fasten bei Wasser und Brot; überdies schätzt der Büßer während der drei Quadragesimen [= Fastenzeiten, Ch. D.] den Preis für seine Nahrung und gibt die Hälfte davon als Almosen an die Armen.«[6]

Stellvertretendes Beten

Das Feiern von Messen, das Beten von Psalmen oder auch die Speisung von Armen werden in derartigen Quellen als Äquivalente genannt, die die übliche Strafe des Fastens ersetzen können. Für das benediktinische Mönchtum war nun entscheidend, dass diese Bußleistungen nicht zwangsläufig vom Sünder selbst zu erbringen waren. Vielmehr konnte er andere damit beauftragen, in seinem Namen Bußleistungen zu erbringen, die dann ihm als Auftraggeber zugutekamen. Hier eröffnete sich für Mönche – deren Gebet vermeintlich wirkungsvoller war als das von Laien oder Weltklerikern – ein weites Betätigungsfeld: stellvertretendes Gebet im Auftrag Dritter, die nicht selbst beten konnten oder wollten, aber über die Mittel verfügten, Klöster für Gebetsleistungen zu entlohnen.

Das stellvertretende Gebet beschränkte sich aber nicht auf Bußleistungen. Vielmehr entwickelte das Frühmittelalter ein breites Spektrum von Anliegen, für die von religiösen Spezialisten gebetet werden konnte. Insbesondere die Messfeier konnte als sogenannte Votivmesse gebetet werden, einer oft als Privatmesse zelebrierten Liturgie, mit der Gott ein spezifisches Anliegen vorgetragen werden sollte.

Arnold Angenendt hat einige der Anliegen zusammengestellt, die der früheste Textzeuge des sogenannten Gelasianischen Sakramentars benennt:

»für Reisende, zur Erlangung von Liebe und Eintracht, gegen Beunruhigung und Tumult, gegen Sterblichkeit und Viehseuchen, für Regen oder Sonnenwetter, bei Sturm und Gewitter, am Geburtstag und mehr noch für den Sterbetag, bei Unfruchtbarkeit einer Frau oder bei Ablegung des Keuschheitsgelübdes einer Witwe, für den Frieden und in Kriegszeiten, für die Könige, gegen schlechte Richter, gegen Aufsässige, für die Bekehrung der Ungläubigen, für die Genesung der Kranken und so fort«.[7]

Somit hatte das Frühmittelalter eine Systematik liturgischer Dienstleistungen entwickelt, die den Klöstern eine zentrale Funktion für die Gesellschaft zuwies: Sofern sie ihren asketischen Idealen treu blieben, konnten sie in besonders effizienter Weise vor Gott treten und sein Heil herabrufen – eine Form funktionaler Differenzierung, wie sie um die Jahrtausendwende das Idealbild einer Dreiteilung der Gesellschaft in Beter, Krieger und Arbeiter entwarf.

Totengebet

Seine Hauptaufgabe fand das benediktinische Mönchtum im Gebet für die Verstorbenen. Dessen Wirksamkeit hatte bereits Gregor der Große in seinen Dialogen erörtert und mit mehreren Beispielen veranschaulicht. Vor allem dem Messopfer billigt er die Macht zu, das Schicksal der Verstorbenen zu lindern, die nach ihrem Tod zunächst noch für einige Sünden Buße tun müssen, bevor sie ins Paradies und so in die Gegenwart Gottes gelangen könnten. Um nach dem Tod noch Sünden büßen zu können, wofür das Mittelalter mit dem Fegefeuer einen eigenen Ort entwickeln sollte, kennt Gregor noch verschiedene Möglichkeiten – unter anderem eine Rückkehr des Verstorbenen an seine ehemalige irdische Wirkungsstätte. So kann ein Priester den früheren Eigentümer eines Bades erlösen, indem er für ihn die Messe feiert und ihn so davon befreit, nach seinem Tod weiterhin dort Dienst leisten zu müssen. Von einem Mönch aus seinem eigenen Kloster, der wegen unerlaubten Privatbesitzes ohne Beistand der Mitbrüder gestorben und dessen Leichnam schändlich verscharrt worden sei, berichtet Gregor, er sei nach 30 Tagen von seinen postmortalen Qualen befreit worden: Gregor habe aus Sorge um das jenseitige Geschick des Verstorbenen einen Mitbruder angewiesen, täglich ein Messopfer für ihn darzubringen, und tatsächlich sei der Tote nach einem Monat seinem Bruder erschienen und habe vom Erfolg dieser Gebete berichtet.

Die Vorstellung, Gebete könnten das Geschick Verstorbener im Jenseits beeinflussen, gewann seit dem Frühmittelalter überragende Bedeutung. In Attigny vereinbarten die 44 Teilnehmer einer Synode – 22 Bischöfe, fünf Abtbischöfe, 17 Äbte – ver-

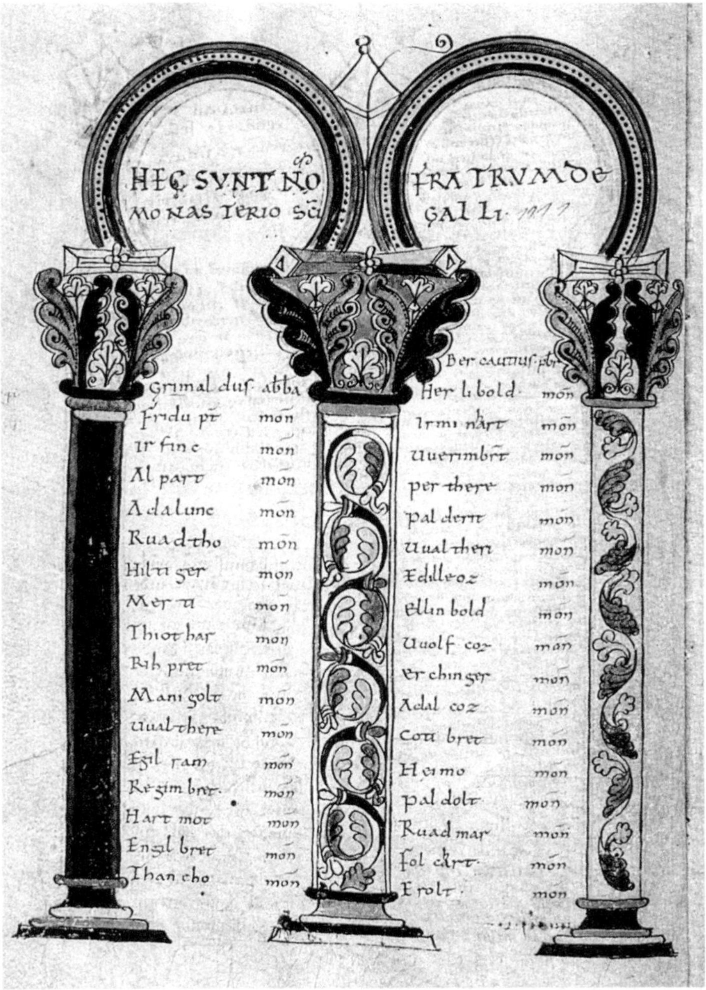

Abb. 4: Eintrag der Mönche von St. Gallen in das Verbrüderungsbuch der Abtei Pfäfers (9. Jh.).

mutlich im Jahr 762, sich gegenseitig durch Gebete beizustehen: Jeder solle dann, wenn einer der Anwesenden sterbe, für ihn 100 Psalter und 100 Messen singen lassen sowie persönlich 30 Messen zelebrieren. In diesem Gebetsbund erscheinen nur die Prälaten selbst gleichsam als »Vertragspartner«, auch wenn die Vereinbarung impliziert, dass Mitglieder der geistlichen Gemeinschaften, denen sie vorstehen, das Gros der Gebetsaufgaben zu erfüllen haben. Deutlicher noch werden die Untergebenen der Kirchenfürsten in einem Gebetsbund angesprochen, der 770 anlässlich einer Synode im bayerischen Dingolfing verabredet wurde. In Abhängigkeit von den Vereinbarungen von Attigny verständigten sich die in Dingolfing versammelten sechs Bischöfe und 13 Äbte untereinander auf die gleichen Leistungen. Sie fügten aber hinzu, dass für verstorbene Priester und Mönche aus ihren Häusern gleichfalls 30 Messen und Psalter darzubringen seien.

Diese Zeugnisse stehen keineswegs am Anfang der Gebetshilfe mittelalterlicher Mönche. Der Angelsachse Bonifatius, Gründer und Patron der Abtei Fulda, hatte zum Beispiel zahlreiche Klöster und Stifte von Montecassino bis York um Gebetshilfe gebeten. Im Fränkischen Großreich Karls des Großen entwickelten sich weitreichende und dichte Netzwerke miteinander verbrüderter geistlicher Gemeinschaften, die von einer intensiven Verbindung zwischen den verschiedenen Regionen des neuen Gebildes zeugen. Wegen seiner besonders reichhaltigen Gedenküberlieferung ist das Bodenseekloster auf der Reichenau ein besonders intensiv erforschtes Beispiel für die Praxis der Verbrüderung frühmittelalterlicher Klöster. Die Reichenauer Namenslisten nennen über 40 000 Lebende und Verstorbene, für deren Wohlergehen die Mönche beteten. Konkret wurden Namenslisten zunächst in kleineren Diptychen, dann in Codices zusammengestellt und während der Messfeier auf den Altar gelegt, damit während der Liturgie Gott gebeten werden konnte, die Namen dieser Personen in sein Buch des Lebens einzutragen. Daher werden diese Codices als *Libri vitae* bezeichnet. Auf der Reichenau wählte man noch einen sichereren Weg, die Gegenwart der Namen während der Messfeier zu gewährleisten: Während einer Restauration der ehemaligen Stiftskirche St. Peter und Paul in Niederzell fand man 1976 eine Altarplatte, auf die während des 10. und 11. Jahrhunderts über 300 Namen geschrieben worden waren. Schon während des Umbaus der Stiftskirche im frühen 12. Jahrhundert scheint die Altarplatte umgedreht worden zu sein, sodass die Namen zwar nicht mehr lesbar waren, aber dennoch während des Messopfers der Verstorbenen gedacht werden konnte.

Gebetsverbrüderung

Die »Bücher des Lebens« oder Verbrüderungsbücher entstanden durch den Austausch von Namenslisten zwischen den geistlichen Gemeinschaften, die einen Gebetsbund vereinbart hatten. Das 826 zuerst angelegte Reichenauer Verbrüderungsbuch erfasste zum Beispiel zu diesem Zeitpunkt 50 Gemeinschaften – unter anderem Saint-Germain-des-Prés, Saint-Denis und Jumièges im Pariser Becken bzw. am Unterlauf der Seine, die lothringischen Abteien Saint-Trond und Prüm, zahlreiche Klöster rechts und links des Rheins wie Pfäfers, St. Gallen und Lorsch sowie die Abteien im Chiemsee, in Salzburg, Metten und Niederaltaich. Um den Namensbestand auf dem Laufenden zu halten, mussten die miteinander verbrüderten Klöster regelmäßig neue Listen austauschen, auf denen gegebenenfalls der Tod verstorbener sowie die Namen neu eingetretener Konventsmitglieder verzeichnet waren. Diese Notizen sollten in den *Liber vitae* eingearbeitet, konnten aber auch direkt in den Codex eingebunden werden. Somit zeugen die Verbrüderungsbücher mit ihren umfangreichen, zum Teil recht unübersichtlichen Namenseinträgen verschiedener Hände von einer lebendigen Praxis, den wechselseitigen Gebetsbeistand über Generationen hinweg sicherzustellen.

Neben Priestern und Mönchen, die sich gegenseitig in Gebeten unterstützten, fanden auch Laien in die Gebetsverbrüderung Aufnahme. Sie leisteten in der Regel eine materielle Gegenleistung für das Gebet der Mönche. An herausragender Stelle standen dabei selbstverständlich die Stifter der Klöster mit ihren Familien, die ja erst die materielle Grundlage für das Entstehen einer geistlichen Gemeinschaft gelegt hatten. Aber auch zahlreiche weitere Wohltäter konnten in die *Libri vitae* Eingang finden, so die Herrscherfamilien mit ihrer unmittelbaren Umgebung. Weil deren Namen meist in geschlossenen Blöcken in die Verbrüderungsbücher eingetragen wurden, ist es gelegentlich möglich, einen konkreten Zeitpunkt und Anlass für Stiftungen zu benennen. So konnte unter anderem, wovon noch die Rede sein wird, Klöstern selbstverständlich abverlangt werden, den Herrscher nicht nur durch materielle Abgaben und tatkräftige Hilfe zu unterstützen, sondern auch durch Gebete. Und die meisten Klostergründungen und -privilegierungen dienten ausdrücklich dem Zweck, den Gebetsbeistand der Mönche und Nonnen für Lebende und Verstorbene zu gewährleisten.

Besonders anschaulich lässt sich die Praxis des Totengedenkens anhand des Verbrüderungsvertrags zwischen den Abteien auf der Reichenau und im benachbarten St. Gallen nachzeichnen. Der Vertrag beinhaltet sehr detaillierte Vorgaben, wie für die Verstorbenen zu beten sei:

> »Die Übereinkunft zwischen den St. Galler und den Reichenauer Mönchen [...] wurde im Jahr 800 unter den Äbten Werdo [784–812] und Waldo [786–806] abgeschlossen. Im Vertragstext ist festgelegt, daß beim Eintreffen der Nachricht vom Tode eines Mitbruders von allen ein gemeinsames Meßopfer zu feiern sei. Die Priestermönche müssen darüber hinaus noch am selben Tage drei [Privat-]Messen lesen und die übrigen Mönche einen Psalter sowie die Vigil für ihn singen. Weiterhin sollen am siebten Tage nach dem Tod des Mitbruders 30 Psalmen gesungen und am 30. Tage von allen Priestermönchen je eine Messe gefeiert und von den übrigen Mönchen 50 Psalmen gesungen werden. Am Ende jedes Monats findet regelmäßig die Vigil für die jeweils verstorbenen Mitbrüder statt, bei der des Namens des jüngst Verstorbenen [...] gedacht wird; und alle Brüder feiern ein gemeinsames Meßopfer, speziell für diesen und generell für alle. Danach feiert wiederum jeder Priestermönch eine Messe, und die übrigen Brüder singen wiederum 50 Psalmen. Außerdem findet einmal jährlich am 14. November eine gemeinsame Gedenkfeier für alle während des vergangenen Jahres Verstorbenen statt [...]. An diesem Tage müssen die Priester drei Messen lesen und die übrigen Brüder einen Psalter singen; außerdem findet eine Vigilfeier und ein gemeinsames Meßopfer aller Brüder statt.«[8]

Das ältere St. Galler Verbrüderungsbuch zeigt in mustergültiger Weise, wie diese Aufzeichnungen angelegt und aktualisiert worden sind. Unter der Überschrift *Nom[ina] sororum de mon [asterio] S[an]c[t]i Stephani* finden sich – gerahmt von zwei rundbögigen Arkaden – die Namen der Nonnen des Straßburger St. Stephan-Klosters. Die Liste der dort Dienst tuenden Kleriker, der Äbtissin sowie der Schwestern ist mehrfach von verschiedenen Händen mit verschiedener Tinte ergänzt worden und macht so die Praxis anschaulich, die bei der Erstanlage des Buchs ausgetauschten Namensbestände auf dem aktuellen Stand zu halten. Auch das Netzwerk des Gallusklosters erreichte einen ähnlichen Radius wie die Gebetsverbrüderungen der Reichenau: von Mainz und Lorsch im Norden bis zu den italienischen Abteien Bobbio und Nonantola im Süden.

Regionalisierung des Gebetsgedenkens

Der Zerfall des karolingischen Großreichs in der Mitte des 9. Jahrhunderts brachte auch eine gewisse Regionalisierung des Gebetsgedenkens mit sich – etwa in der Beschränkung auf das ostfränkisch-deutsche Reich im Falle der Reichenau. Dennoch investierten auch spätere Generationen intensiv in das Gebet der Mönche. Zugleich erfolgte eine Umstellung der Gebetspraxis und damit auch der Aufzeichnungstechnik. Der eben zitierte Vertrag zwischen den Abteien auf der Reichenau und St. Gallen kennt nur eine begrenzte Frist des individuellen Gedenkens an den einzelnen Verstorbenen. Im Hochmittelalter ist hingegen das Bemühen zu fassen, auf unbegrenzte Zeit sicherzustellen, dass an die Verstorbenen erinnert wird, deren Todestag sich jährt. Zu diesem Zweck wurden Nekrologien (Totenverzeichnisse) angelegt, die in der Folge des Jahreskalenders die Verstorbenen verzeichnen. Erneut ein Beispiel aus den reichen Beständen von St. Gallen: Das älteste Kapiteloffiziumsbuch, das während der morgendlichen Versammlung der Mönche Verwendung fand, beinhaltet neben der Benediktsregel und einem Kalender der Märtyrergedenktage (Martyrologium) u. a. auch einen Nekrolog. Auf Seite 346 vermerkt er zum Beispiel zum 12. November die Todestage des St. Galler Mönchs Notker († 975), Herzog Burkhards III. von Schwaben († 973) sowie des Abts Gebene von Pfäfers († nach 1000).[9] Somit wurde, so lange dieser Nekrolog in Gebrauch war, jedes Jahr am 12. November eines Mitbruders, eines Wohltäters der Abtei sowie des Abts eines verbrüderten Klosters gedacht – ein Gedächtnis, das eine intensive Gemeinschaft zwischen Lebenden und Toten stiftete. Diese Gemeinschaft beschränkte sich nicht auf Kleriker und Mönche, sondern umfasste auch Laien, vor allem aus den gesellschaftlichen Eliten. Weil Söhne aus diesen

Schichten zugleich große Teile der Konvente stellte, verbanden sich die religiöse und soziale Gemeinschaftsstiftung durch das stellvertretende Beten und die Totenmemoria der Mönche in höchst intensiver Weise.

Seinen Höhepunkt erreichte dieses individuelle Totengedenken in der Abtei Cluny und den ihr unterstehenden Häusern. Die Mönche dieses Klosterverbands haben es geschafft, die Informationen über verstorbene Mitbrüder und schwestern so effizient untereinander auszutauschen, dass Nekrologien aus einzelnen Häusern einen gemeinsamen Bestand von rund 95 % aller genannten Namen von Religiosen beinhalten. In Macigny-sur-Loire, dem ersten cluniacensischen Frauenkloster, hat zum Beispiel die Nonne Elsendis 1093 einen neuen Nekrolog angelegt, der etwa 5000 Einträge beinhaltete. Bis zur Mitte des 12. Jahrhunderts sollte sich der Namensbestand in etwa verdoppeln. Die traditionsreiche Abtei von Saint-Martial in Limoges differenzierte zwar die Namen zwischen Angehörigen des eigenen Klosters, die vor dem Anschluss an Cluny gestorben waren, und denjenigen, die der *ecclesia Cluniacensis* angehörten. Dennoch gliederte sie sich in das Informations- und Gebetsnetzwerk der burgundischen Reformabtei ein. Die weltlichen Wohltäter der einzelnen Abteien und Priorate wurden allerdings im Normalfall lediglich vor Ort ins Gebet eingeschlossen, aber nicht im gesamten Klosterverband.

Cluny ging noch einen Schritt weiter. Um wirklich alle Christen zu erfassen, führte Abt Odilo den 2. November als Gedenktag für die Seelen aller Verstorbenen in den eigenen liturgischen Kalender ein. Für das Hochmittelalter ist die Übernahme des Fests Allerseelen in Lüttich und Mailand belegt, im 14. Jahrhundert schließlich auch für Rom.

Materielle Leistungen

Mit den sehr umfangreichen Gebetsverpflichtungen gingen zugleich auch materielle Leistungen einher, die am Todestag eines Verstorbenen zu leisten waren, namentlich die Speisung eines Armen. Weil die Menge der erinnerten Toten mit jeder Generation anwuchs, musste gerade im personenstarken Klosterverband von Cluny dieses System irgendwann an seine Grenzen stoßen. Daher verfügte Abt Petrus Venerabilis die Beschränkung der täglichen Almosen auf 50 Portionen, also etwa einem Sechstel bis Achtel der täglich für die Verpflegung der 300 bis 400 im Kloster lebenden Mönche notwendigen Rationen. Damit konnte Cluny im Laufe eines Jahres 18 250 Almosen zum Gedenken an Verstorbene ausgeben. Die wirtschaftlichen Auswirkungen dieser Praxis sind umstritten, da der Gesamthaushalt des Klosters nicht rekonstruiert werden kann. Immerhin sind aber aus Cluny während des 12. Jahrhunderts Klagen über ökonomische Schwierigkeiten und über unzureichendes Essen zu vernehmen. Deswegen ist es folgerichtig, wenn seit dem Hochmittelalter nicht mehr aller Toter gedacht wird, sondern nur noch derjenigen, die mit eigenen Stiftungen ihr Gedenken auch materiell abgesichert hatten.

Mit dem Hochmittelalter endete die Blütephase der Gebetsverbrüderung wie des stellvertretenden Gebets im hier vorgestellten Sinne. Dennoch blieb die Praxis der Totenmemoria in Gebrauch, fand aber in städtischen Zünften und Bruderschaften, in Universitäten oder auch in den Kirchen der Bettelorden neue Institutionen. Wenn es dennoch im Spätmittelalter zur Gründung neuer benediktinischer Klöster kam, spielte das Totengedenken auch weiterhin eine zentrale Rolle, so etwa bei der Stiftung des Klosters Ettal durch Kaiser Ludwig den Bayern im Jahr 1330 oder der Umwandlung des Kollegiatsstifts Andechs in eine Benediktinerabtei im Jahr 1455. Die weiter unten noch anzusprechende Bau- und Ausstattungsaktivitäten in spätmittelalterlichen Benediktinerklöstern wären ohne ein Fortwirken des Stiftungs- und Memorialwesens nicht denkbar gewesen. Dennoch floss ein Großteil der Ressourcen seit dem Spätmittelalter zu anderen Institutionen, auch wenn erfolgreiche Klosterreformen auch einen erneuten Aufschwung des Gebetsgedenkens nach sich ziehen konnten.

3.7.2 Benediktinische Heiligenverehrung

Neben dem stellvertretenden Gebet und der Totenmemoria war die Heiligen- und Reliquienverehrung ein dritter zentraler Bestandteil benediktinischer Religiosität des Mittelalters, der sich jenseits der Benediktsregel entwickelte. Zahlreiche Mönche und Nonnen wurden als Heilige verehrt. Sie traten damit die Nachfolge der antiken Märtyrer an, deren gewaltsamer Tod als herausragendes Zeugnis für die christliche Religion verehrt wurde. Nach dem Ende der Christenverfolgungen wurden diesem gewaltsamen Sterben herausragende asketische Leistungen an die Seite gestellt und als unblutiges Martyrium verstanden, vollzogen in der alltäglichen Abtötung leiblicher Bedürfnisse. Die Lebensbeschreibungen dieser Männer und Frauen Gottes (*viri/feminae Dei*), die sogenannten Heiligenviten, berichten in vielfältigen Variationen von den herausragenden Leistungen der Asketinnen und Asketen: Verzicht auf Nahrungs- und Genussmittel, Schlafentzug, sexuelle Inaktivität, Verzicht auf basale Körperhygiene und Erdulden der daraus resultierenden Unannehmlichkeiten sowie eine Verringerung zwischenmenschlicher Kommunikation. In diesen Akten spiegele sich, so der zugrundeliegende Gedanke, der Wille und die Fähigkeit zur Transzendenz irdischer Lebensbedingungen, um dadurch einen privilegierten Zugang zu Gott zu gewinnen. Folgerichtig wissen die Heiligenviten zugleich auch von den Wundertaten ihrer Protagonisten zu erzählen, in denen sie die Wunder Jesu nachgeahmt hätten. Dieses Modell sieht in der Heiligkeit einzelner Männer und Frauen nicht so sehr ein ethisches Ideal, dem die Christen nacheifern sollten. Vielmehr dienten sie wegen ihrer bewundernswerten Sonderrolle als Vermittler zwischen den Menschen und Gott. In ihren Wundern manifestierte sich das heilvolle oder strafende Handeln Gottes an den Menschen.

Heilige als Vermittler bei Gott

Diese privilegierte Vermittlerrolle der Heiligen endete nicht mit ihrem Tod. Vielmehr bedeutete ihr Sterben lediglich, dass ihre Seelen im Jenseits die direkte Anschauung Gottes genossen bzw., um ein anderes mittelalterliches Modell zu zitieren, in die Reihen des göttlichen Hofstaats aufgenommen wurden. Sie führten ab diesem Zeitpunkt gleichsam eine Doppelexistenz, denn neben ihrer Seele behielten auch ihre materiellen Überreste, die Reliquien, Anteil an ihren herausragenden Eigenschaften. Die Körper verstorbener Heiliger wurden nicht zu toter

Materie, sondern blieben lebendig und standen auch weiterhin mit der Seele im Jenseits in Verbindung. Zeugnis davon, dass der Verstorbene direkt ins Paradies eingegangen war, legte zuvörderst die Beschaffenheit seines Körpers ab, wenn er nicht verweste, in paradiesischem Glanz erstrahlte oder duftete – wie in zahlreichen Quellen immer wieder unterstrichen wird. In diesen heiligen Gebeinen stand also den Gläubigen ein Gegenüber zur Verfügung, das ihnen die Kommunikation mit dem Jenseits, letztlich mit Gott ermöglichte. Konkret macht diese Vorstellungen zum Beispiel die Vision des Reichenauer Mönchs Wetti († 824), die dessen Lehrer Haito († 836) bald nach dem Tod seines Schülers niederschrieb. Nachdem Wetti von Dämonen die Strafen vor Augen geführt worden waren, die ihm im Jenseits drohten, habe sein Engel ihn in einer Vision durch die verschiedenen Regionen des Jenseits geführt. Vor Gottes Thron hätten schließlich verschiedene heilige Priester, Märtyrer und Jungfrauen für Wetti bei Gott Fürsprache eingelegt, ihm ein längeres Leben und eine angemessene Buße für seine Sünden zu ermöglichen. Gott habe dies zunächst abgelehnt, aber dann doch aufgrund der Fürsprache der Heiligen Gnade gewährt. Ausdrücklich verweist der Text darauf, die Heiligen hätten sich deswegen für Wetti eingesetzt, weil er sie zu Lebzeiten im Gebet angerufen und verehrt habe.

Heiligengräber in Klöstern

Die Fürsprache verstorbener Heiliger bei Gott sowie die Verbindung zwischen ihrer Seele im Himmel mit dem Körper auf Erden erklärt, warum ein benediktinisches Kloster des Mittelalters ohne Reliquien schlechterdings nicht denkbar ist. Oftmals bewahrten Klöster die Leiber ihrer Gründungsväter oder -mütter auf, so Montecassino den heiligen Benedikt, St. Gallen den heiligen Gallus, St. Michael in Hildesheim den heiligen Bernward oder das Nonnenkloster auf dem Rupertsberg die heilige Hildegard von Bingen. Andere Abteien wurden über den Gräbern spätantiker Heiliger errichtet, so Saint-Denis bei Paris, S. Ambrogio in Mailand oder S. Miniato al Monte auf dem Südufer des Arno über Florenz. Vielfach kam es auch zur Überführung heiliger Leichname, die in aller Regel mit der fehlenden

Verehrung des Verstorbenen am bisherigen Begräbnisort begründet wurde. Im Zuge umfangreicher Reliquientranslationen (Überführung) wurde zum Beispiel der süditalienische Märtyrer Vitus zunächst 755/756 ins Frankenreich, dann 836 in die neu begründete Weserabtei Corvey übertragen – nur eines von zahlreichen Beispielen von Reliquientranslationen in diese gerade erst zum Christentum bekehrte Region. Auch Benedikt von Nursia selbst soll wegen drohender Übergriffe durch die Langobarden während des 7. Jahrhunderts nach Saint-Benoît-sur-Loire in der Nähe von Orléans überführt worden sein – wie zumindest die dortige Überlieferung zu berichten weiß. Mit den heiligen Überresten gewannen diese Klöster zugleich einen Patron, der nicht nur im Jenseits für seine Mönche und Nonnen tätig war. Vielmehr wurde der Klosterpatron zugleich auch zu einem rechtsfähigen Subjekt, er war der eigentliche Adressat von Schenkungen und das Opfer von Angriffen auf den Klosterbesitz – den er den Quellen nach gelegentlich auch handgreiflich durch Strafwunder zu verteidigen wusste.

Heiligengrab und Reliquien

Das Heiligengrab fand zunächst meist unterhalb des Hauptaltars seinen Ort in der Form einer Krypta oder Confessio, die es ermöglichte, den Heiligen an seinem Grab zu vereehren. Daneben ist bereits seit dem Frühmittelalter eine Aufstellung in erhöhter Position hinter dem Hauptaltar der Klosterkirche bezeugt. Wenn der heilige Körper in einen Schrein oder ein anderes mobiles Reliquiar gebettet wurde, stand er aber nicht nur im Hochchor der Klosterkirche der Verehrung zur Verfügung, sondern konnte in der Kirche und außerhalb der Kirchenmauern umhergetragen werden.

Einen Eindruck vom Umgang mit hochmittelalterlichen Reliquiaren, aber auch von ihrer Problematik verschafft der Bericht des Klerikers Bernhard von Angers über seinen Besuch der Abtei Conques, um das dort verehrte Reliquiar der heiligen Fides zu sehen. Es handelt sich um eine mit Gold und Edelsteinen gefasste Statuette, die das Kopfreliquiar einer spätantiken Märtyrerin umschließt. Zunächst sei er, so Bernhard, skeptisch gewesen, weil er in der Verehrung von Statuen eine heidnische

Kultpraxis gesehen habe. Er habe die Abteikirche aber »gerade in dem Moment [betreten, Ch. D.], als man den abgeschlossenen Kultraum der Statue für das Volk öffnete. Sofort war der Raum so voller Menschen und die Menge, die sich auf den Boden warf, so erdrückend, daß wir nicht einmal niederknien konnten.«[10] In seinem Gebet sowie in daran anschließenden Reflexionen bekennt der Berichterstatter dann, dass er zwischen dem Bild und der in ihm verehrten Heiligen zu unterscheiden gelernt habe und das Reliquiar ein wichtiges Hilfsmittel zur Erinnerung an die Märtyrerin darstelle. Auch weiß er sowohl von Heilungswundern wie auch reichhaltigen Stiftungen zu berichten, die der heiligen Fides wegen ihrer Wundertätigkeit gemacht würden. Er selbst beschloss, die Wunder der heiligen Fides zu sammeln und aufzuschreiben.

Eine Vervielfältigung verfügbarer Reliquien ergab sich aus der Möglichkeit, entweder Partikel des heiligen Leichnams wie Haare oder Fingernägel zu entfernen oder Berührungsreliquien herzustellen. Nicht nur Gegenstände, die die Heiligen zu Lebzeiten berührt hatten, wurden als Reliquien verehrt, sondern auch Stoffstreifen oder Pergamentblätter, die mit dem verehrten Körper in Berührung gekommen waren. Erst diese Vervielfältigung ermöglichte es, Abteikirchen mit einem umfassenden Bestand an Reliquien auszustatten. Die Kapitelle der Abteikirche von St. Michael in Hildesheim weisen heute noch Inschriften mit der Bezeichnung der Reliquien auf, die Bischof Bernward von Hildesheim seiner Klostergründung zur Verfügung stellte: Jede der zwölf Säulen, die die Bögen zwischen Mittelschiff und Seitenschiffen trugen, beinhaltete den Inschriften nach je drei Reliquien. Darüber hinaus weiß die Vita Bernwards von insgesamt 66 Reliquien zu berichten, die die Bischöfe in der Krypta deponierten, als sie sie gemeinsam mit dem Stifter weihten.

Bernward von Hildesheim steht zugleich für einen grundlegenden Wandel im Umgang mit Überresten der Heiligen. Während eines Aufenthalts in Rom, so berichtet die Vita, habe er in S. Paolo fuori le Mura (Sankt Paul vor den Mauern) das Grab des Apostelschülers Timotheus geöffnet, einen Arm abgetrennt und nach Hildesheim mitgenommen. Dieser Bericht bezeugt ein Verblassen des Tabus, Teile der Leichname zu entnehmen. Seit der Jahrtausendwende wurde die Teilung von Reliquien zunehmend zur gängigen Praxis, sodass ein Kloster zusätzlich zum Leichnam des Hauptpatrons über die Partikel zahlreicher weiterer Heiliger verfügte – angefangen von Schädel- und Armreliquiaren bis zu Kleinstpartikeln wie einzelnen Gliedern eines Fingers. Im 15. Jahrhundert, um nur ein Beispiel zu nennen, verzeichneten die Mönche der Abtei St. Matthias/St. Eucharius vor den Toren Triers die Reliquien aus ihren Beständen, die während einer Heiltumsschau gezeigt wurden. Die Liste verzeichnet unter anderem Teile des Kreuzes Christi, der Dornenkrone und der Heiligen Lanze, eines Schweißtuchs, das den Leichnam Christi im Grab bedeckte, von Gewändern, die er während der Passion getragen hat, von Gewändern und Locken der Gottesmutter Maria, Armreliquien der Apostel Matthias und Philippus, des Märtyrers Georg sowie eines der Unschuldigen Kinder aus Bethlehem – mit zugehöriger Hand –, Kopfreliquiare der heiligen Eucharius, Celsus, Modestus, Severa, Blasius, vom heiligen Petrus Teile seines Gewands und einen Schuhriemen, von Johannes dem Täufer Teile seines Bußergewands aus Kamelhaar, einen Gürtel des Königs und Märtyrers Oswald, zwei Zähne der heiligen Barbara sowie ein Gewand, mit dem die heilige Hildegard über viele Jahre hinweg begraben gelegen hat, sowie die Krone, die sie während des Empfangs der Kommunion zu tragen pflegte. Damit sind nur die Reliquien aufgezählt, die in diesem Verzeichnis genauer beschrieben werden. In der Mehrzahl führt die Liste nur die Namen der Apostel, Evangelisten, Märtyrerinnen und Märtyrer, Bekenner, Bischöfe, Mönche und heiligen Jungfrauen auf, von denen das Kloster eine Reliquie besaß, ohne das Objekt präziser zu benennen. Sicherlich zählte die Trierer Abtei nicht zu den kleineren Häusern des 15. Jahrhunderts, aber die Fülle und Vielfalt der Reliquien machte sie nicht zu einem Sonderfall. So verfügten die Mönche von Kornelimünster über Lendenschurz-, Schweiß- und Grabtuch Jesu. Selbst der Schrein des Propheten Simeon, den die kleine westfälische Abtei Liesborn bis zur Reformationszeit besaß, beinhaltete insgesamt 31 Reliquien von Heiligen, zu denen unter anderem Benedikt von Nursia und seine Schwester Scholastica zählten. Spitzenstück des Reliquienschatzes war der Arm, in dem der greise Simeon nach Lk 2,25–35 den Jesusknaben bei seiner Darstellung im Tempel gehalten haben soll. Derartige Reliquiensammlungen sind kein Ausdruck einer benediktinischen Sonderfrömmigkeit, sondern entsprechen in ihrem Umfang und ihrer Zusammensetzung den Heiltumsschätzen anderer religiöser Institutionen wie Kathedralen oder Stiftskirchen.

Reliquienkritik

Bei aller Religiosität, die sich in diesen Quellen wie auch der in ihnen bezeugten Frömmigkeitspraxis manifestiert, kannte auch das Mittelalter bereits die kritische Auseinandersetzung mit Missbräuchen im Reliquienwesen. Schon die Existenz zweier Klöster, die über denselben heiligen Leichnam zu verfügen behaupteten, forderte zur kritischen Überprüfung der Überlieferung heraus: Lag der Körper des heiligen Benedikt in Montecassino oder in Saint-Benoît-sur-Loire/Fleury begraben? Darüber hinaus bezeugen Wunderberichte die Konkurrenz zwischen verschiedenen Wallfahrtszielen darum, welche/r Heilige besonders wirkmächtig die Nöte der Menschen zu lindern vermochte. Ein besonders eindrucksvolles Produkt mittelalterlicher Reliquienkritik stellt ein Traktat über die Überreste der Heiligen dar, den Abt Guibert von Nogent († um 1125) verfasste. Im Zentrum seiner Ausführungen, mit denen er die Grundlagen für eine systematische Unterscheidung zwischen angemessenem und falschem Reliquiengebrauch schaffen wollte, steht die Kritik an der Benediktinerabtei Saint-Médard von Soissons. Dort werde, so kritisiert Guibert, fälschlicherweise ein Milchzahn Jesu verehrt, obwohl eine derartige Reliquie ebenso wenig authentisch sein könne wie eine Nabelschnur oder eine bei der Beschneidung abgetrennte Vorhaut des Erlösers. Die Mönche aus Saint-Médard hielten trotz dieser Einwände an der Behauptung fest, wirklich einen Milchzahn Jesu Christi zu verehren.

Monastische Religiosität

Mit der Verehrung von Heiligen und Reliquien, dem stellvertretenden Beten und der Totenmemoria partizipierten die Benediktiner an Entwicklungen mittelalterlicher Religiosität und reagierten damit zugleich auf Erwartungen, die ihre Umwelt an sie herantrug. Daneben finden sich aber auch während des Mittelalters Zeugnisse von einem Gebetsverständnis, das besser dem Konzept eines monastischen Lebens nach der Benediktsregel entsprach. So zitiert Smaragd von Saint-Mihiel in seinem Kommentar zur Benediktsregel im frühen 9. Jahrhundert ausführlich aus den Sentenzen Isidors von Sevilla, Gebet und Lektüre seien ideale Ergänzungen: Während in der Lektüre geistlicher Texte Gott mit den Menschen spreche, diene das Gebet dem Gespräch des Menschen mit Gott – beides beuge unter anderem der Sünde vor. Der in denselben Jahrzehnten entstandene Bericht von der Vision des Reichenauer Mönchs Wetti veranschaulicht, wie das im klösterlichen Alltag vonstattengehen konnte: Nach der Vision von den schrecklichen Strafen, die ihm drohten, sei Wetti wieder zu Bewusstsein gekommen und habe gemeinsam mit den beiden Mitbrüdern, die bei ihm gewesen seien, die sieben Bußpsalmen gebetet sowie weitere Psalmen, die ihnen in Erinnerung gekommen seien. Anschließend habe Wetti um die Lektüre von Auszügen aus den Dialogen Gregors des Großen gebeten. Der Engel lobte ihn nach dem Bericht später für diese vorbildliche Reaktion auf die Schreckensbilder. Wie individuelles Gebet in den klösterlichen Alltag eingebunden sein konnte, schildert Rupert von Deutz anlässlich einer Vision: Er habe in einer Kapelle abgesondert gebetet und ein Kruzifix umfasst, als ihn die Vision ereilt habe. Der Gebrauch von Bildwerken und die Suche nach persönlichem, oft emotionalem Erleben prägte die Frömmigkeit seit dem Hochmittelalter zunehmend, sodass das spirituelle Leben stärker von individuellen Meditationen als von der gemeinschaftlichen Stundenliturgie geprägt gewesen sein konnte. Hinter den Klagen über Missstände im spätmittelalterlichen Klosterwesen, die Mönche blieben dem Chorgebet fern, kann sich daher etwas anderes als eine Vernachlässigung des Gebets verbergen: eine gewandelte religiöse Sensibilität, die der individuellen Meditation mehr abgewinnen konnte als der gemeinschaftlichen Psalmenrezitation. In diesem Sinne maß Ludovico Barbo, der Begründer der Reformkongregation von S. Giustina, dem individuellen Gebet einen höheren Stellenwert bei als der Stundenliturgie. Deswegen entwickelte er eine dreischrittige Meditationstechnik, die den Beter vom Sprechen bestimmter Gebetstexte über die innere Meditation zur unmittelbaren Kontemplation Gottes führen sollte. Auch andere spätmittelalterliche Reformer bemühten sich um ein ausgewogenes Gleichgewicht zwischen gemeinsamem Stundengebet und privater Frömmigkeitspraxis in geistlichem Studium und persönlicher Meditation, wie etwa die Trierer Gewohnheiten des Johannes Rode erkennen lassen. Somit setzte sich bis ins 15. Jahrhundert eine Traditionslinie fort, die im spirituellen Leben des einzelnen Mönchs ein Kernanliegen des Benediktinertums sah – neben allen Gebetsleistungen und liturgischen Pflichten im Dienste der mittelalterlichen Gesellschaft.

3.2 Kunst im benediktinischen Mönchtum

Weil die Liturgie im Zentrum des gesamten klösterlichen Lebens stand, lassen sich auch die Kunstwerke, die in den Klöstern entstanden sind oder Verwendung fanden, nur von ihrer religiösen Funktion her verstehen. Die Kirchenräume mit ihren Ausstattungen an Wandfresken, Reliefs und Skulpturen, Altären und Altargerätschaften stellten den festlichen Rahmen für das liturgische Gesamtkunstwerk dar. Die Produktion einzelner Artefakte lässt sich daher nur aus ihrer Funktion für die religiöse Praxis heraus verstehen. Dafür seien im Folgenden einige Beispiele aus der Architektur, der Buchmalerei und der Schatzkunst aufgeführt.

Architektur

Die Kirche der Abtei Kornelimünster bei Aachen erhielt im ausgehenden Mittelalter zwei südliche Seitenschiffe, um die Pilger zu fassen, und ein nördliches Seitenschiff diente dem Zweck, die Heiltümer zugänglich zu machen. Die ungewöhnliche Anlage des stark erhöhten Chorraums von S. Miniato al Monte bei Florenz ermöglichte es den Besuchern, beim Eintreten in das Kirchenschiff direkt zur Krypta mit dem Grab des heiligen Minias zu gelangen. Das Widmungsbild des sogenannten »Kostbaren Bernward-Evangeliars« zeigt in paradigmatischer Weise den Vorgang der Stiftung: Bernward legt das kostbare Buch auf den Marienaltar der von ihm gerade neu errichteten Abteikirche von St. Michael in Hildesheim nieder und macht es dadurch der Heiligen zum Geschenk, genauer Christus und seiner Mutter. Dadurch erhofft er sich, ins Paradies Eingang zu finden. Maria wird in den Beischriften des Bildes als neue Eva angesprochen, die die Pforte des Paradieses wieder geöffnet hat, die Eva im Sündenfall zuvor verschlossen hatte. Und Abt Suger von Saint-Denis rechtfertigt die Stiftung kostbarer, aus Gold und Edelsteinen gefertigter Altargeräte damit, dass nur die kostbarsten Materialien würdig seien, den Leib und das Blut Jesu aufzunehmen. Jenseits der ästhetischen Qualitäten eines Kirchenbaus und seiner Ausstattung standen hier religiöse Funktionen im Mittelpunkt. Was aus moderner Perspektive als Kunstwerk erscheinen mag, verdankt seine Entstehung dem Bedarf an religiösen Gebrauchsgegenständen.

Die Architektur der Klöster schuf eine Abfolge von Funktionsräumen, die den Alltag wie die interne Differenzierung der monastischen Gemeinschaft widerspiegelt. Der St. Galler Klosterplan kennt zum Beispiel südlich der Kirche mit ihren verschiedenen Funktionsbereichen für Stundengebet, Messfeiern und Heiligenverehrung einen Klausurbereich, der den Mönchen vorbehalten sein sollte. In der Regel um einen Kreuzgang herum gruppiert, lagen an ihm die zentralen Räume des Klosters: neben der Kirche der Kapitelsaal für die Versammlung und Beratung der Mönche, darüber der gemeinsame Schlafsaal, das sogenannte Dormitorium. Gegenüber der Kirche lag das Refektorium, der Speisesaal des Konvents, und an der dritten Seite weitere Funktionsräume wie die Küche und Lager für Speisevorräte. Der Kreuzgang selbst, in der Regel ein mit Arkaden zum Innenhof geöffneter Gang, konnte für die meditierende Lektüre der Mönche genutzt werden. Seit dem Hochmittelalter wurden die Kreuzgänge zunehmend aufwändiger ausgestaltet. An der dem Kreuzgang gegenüberliegenden nördlichen Seite der Klosterkirche platziert der St. Galler Klosterplan den Bereich, der dem Kontakt mit der Außenwelt vorbehalten ist: Gebäude für die Aufnahme und Versorgung von vornehmen Gästen, die äußere Schule für Schüler, die nicht dem Kloster angehören, und die Residenz des Abts. Auch das Pilger- und Armenhaus ist dieser Kontaktzone des Klosters zuzuordnen. Die Bereiche für die Kranken und Novizen verortet der Plan im Osten der Anlage. Südlich der Klausur schließlich finden die Stallungen sowie die Behausung der für das Kloster tätigen Knechte ihren Platz. Innerhalb der Klostermauern, die nach der Benediktsregel das gesamte Areal umschließen sollten, fanden sich im mittelalterlichen Kloster Bezirke unterschiedlicher Funktionen, die jeweils lediglich bestimmten Personengruppen zugänglich sein sollten. Die Verteilung von Kirche, Kreuzgang und anderen Funktionsbereichen variierte allerdings von Kloster zu Kloster, weil sie auf räumliche Gegebenheiten ebenso Rücksicht nahm wie auf bauliche Traditionen. Dennoch erschließt der Klosterplan von St. Gallen ein Schema, das die Anlage mittelalterlicher benediktinischer Klosteranlagen in Grundzügen erfasst.

Frühe Klosterkirchen der Benediktiner: St. Michael in Hildesheim und Reichenau

Benediktinische Klosterkirchen zählen zu den herausragenden Monumenten mittelalterlicher Sakralarchitektur. Zu ihnen gehören zum Beispiel St. Michael in Hildesheim, die Abteikirche von (Maria) Laach, Groß St. Martin in Köln, S. Ambrogio in Mailand, S. Zeno in Verona, die Abteikirchen von Vézelay und auf dem Mont-Saint-Michel oder auch die Kathedralen (und Abteikirchen) von Canterbury und Durham. Aus den ersten fünf Jahrhunderten benediktinischen Mönchtums im Mittelalter blieben nur wenige Bauten bis in die Gegenwart hinein erhalten. Obwohl die meisten Klöster bis zur Reformation Bestand hatten, fielen die frühen Klosterkirchen in aller Regel dem hochmittelalterlichen Bauboom zum Opfer und können heute nur noch archäologisch erschlossen und rekonstruiert werden. Wo sie erhalten geblieben ist, erweist sich karolingische Architektur oft als strukturell komplex, kostbar ausgestattet und kleinformatig. Das gilt allerdings nicht für die monumentalen Westwerke von Corvey und Werden. Aus der Zeit um die Jahrtausendwende stammen zwei Abteikirchen, die in musterhafter Weise Grundformen hochmittelalterlichen Kirchenbaus vor Augen führen: St. Michael in Hildesheim und die Stiftskirche St. Georg in Oberzell auf der Reichenau. Die Hildesheimer Michaelskirche ist nach schweren Zerstörungen während des Zweiten Weltkriegs als Musterbau der »deutschen« Romanik rekonstruiert worden. Es handelt sich um eine flachgedeckte, dreischiffige Basilika mit Ost- und Westchor und zwei Querhäusern mit einer ausgeschiedenen Vierung. Den Ostchor flankieren zwei kleine Nebenapsiden an den Querhausarmen, der geräumigere Westchor erhebt sich über der großen Hallenkrypta, in der das Stiftergrab Bernwards von Hildesheim seinen Platz fand. Den Außenbau prägen in seiner rekonstruierten Form zwei quadratische Vierungstürme sowie vier an der Süd- und Nordseite an die Querarme angesetzte runde Treppentürme. Sie erschließen die Emporenanlagen, die in die Querhäuser eingebaut waren. Während die Gesamtanlage, wenn auch nur aufgrund moderner Rekonstruktionen, den architektonischen Bestand der spätottonischen Klosterkirche erkennen lässt, fehlt weitgehend die originale feste Ausstattung der Kirche: die Bernwardssäule, eine nach dem Vorbild der römischen Kaisersäulen mit einem schneckenförmigen Reliefband mit Szenen aus dem Leben Jesu gestaltete knapp vier Meter hohe Bronzesäule, steht mittlerweile im Hildesheimer Dom. Die bemalte Holzdecke sowie die mit Stuckornamenten und figuren verzierte nördliche Chorschranke stammen erst aus den Jahren um 1200.

Einen Eindruck vom Bilder- und Farbenreichtum früher Klosterkirchen vermittelt hingegen die Stiftskirche St. Georg auf der Reichenau, deren Bau unter dem Abbatiat von Hatto III. (reg. 888–913) begonnen und um 935 abgeschlossen wurde. In der zweiten Hälfte des 10. Jahrhunderts wurden die Innenwände der Kirche mit einem aufwändigen Bildprogramm geschmückt, von dem sich die Malereien auf den Wänden des Mittelschiffs erhalten haben. Das Programm ist in drei Zonen geteilt: Zwischen den Bögen der Arkaden, die Mittelschiff und Seitenschiffe miteinander verbinden, sind Rundmedaillons mit Büsten Reichenauer Äbte gemalt. Die Wandflächen zwischen den Arkaden und der Fensterzone des Obergadens lässt Raum für acht großflächige Szenen aus dem Leben Jesu, und zwischen den Fenstern finden sich gemalte Standbilder von Propheten und Aposteln. Dieses Bildprogramm greift die Ausstattung spätantiker Kirchen auf, wie sie sich zum Beispiel in den Mosaiken von S. Maria

Maggiore in Rom oder den Ravennater Kirchen erhalten hat. Zusammengenommen ermöglichen die architektonischen Strukturen von St. Michael in Hildesheim und die farbige Ausstattung der Reichenauer St. Georgskirche eine Vorstellung von der Gestalt benediktinischer Klosterkirchen zu Beginn der Romanik.

Kirchenbau im Hochmittelalter

Von der hochmittelalterlichen ökonomischen und kulturellen Dynamik, die sich unter anderem in einem seit der Antike nicht mehr dagewesenen Neu- und Ausbau von Großbauten niederschlug, haben auch die Benediktiner profitiert. Ein Großteil der bis heute sichtbaren mittelalterlichen Abteikirchen entstand zwischen der Mitte des 11. und der Mitte des 13. Jahrhunderts. Der Wille, größer und moderner zu bauen, ist unübersehbar. Ob die Bauten darüber hinaus auch präzisere programmatische Intentionen umsetzten, muss jeweils für den Einzelfall plausibel gemacht werden, kann hingegen in aller Regel nicht sicher nachgewiesen werden, weil entsprechende Quellenbelege fehlen. So hat etwa Matthias Untermann auf archaische Bauformen hochmittelalterlicher Klosterkirchen verwiesen und damit die Hypothese verbunden, dass einzelne Abteien auf diesem Wege in Konfliktsituationen ihre Altehrwürdigkeit inszenierten.[11] Die herausragende Stellung, die die Abtei von Cluny in der Kirche und Welt des Hochmittelalters besaß, spiegelte sich nicht zuletzt in dem Bau der dritten Klosterkirche, mit dem vermutlich im Jahr 1088 begonnen worden ist – bis zum 13. Jahrhundert entstand eine der größten Kirchen der gesamten christlichen Welt.

Kaiser Lothar III. stiftete in Königslutter eine Benediktinerabtei, in der er begraben werden wollte, damit die Mönche dauerhaft für sein Seelenheil beteten. Der Kirchenbau visualisiert die herausragende Stellung des Stifters, indem die Architektur auf den Speyerer Dom Bezug nimmt, die Grablege der Kaiserdynastie der Salier. Die These, es habe eine strengeren asketischen Idealen verpflichtete besondere Reformarchitektur etwa der Hirsauer Reformgruppe gegeben, hat sich hingegen als irrig erwiesen. Wenn überhaupt, folgte die Architektur den gewandelten liturgischen Anforderungen bestimmter Gruppen innerhalb des benediktinischen Mönchtums.

Der Stil benediktischer Klosterarchitektur

Hinsichtlich des Stils sind die Referenzbauten für Abteikirchen der Benediktiner meist nicht im Bereich des benediktinischen Mönchtums zu finden, sondern in der regionalen und zeittypischen Architektur. Die mit weißem und dunkelgrünem Marmor verblendeten Fassaden der Abteikirchen von S. Miniato al Monte über Florenz und der Badia Fiesolana stehen in einer Reihe mit dem Baptisterium der Arnometropole sowie kleinere Kirchenbauten der sogenannten Florentiner »Protorenaissance«. Die verschiedenen Bauelemente der reich geschmückten Abteikirche von Laach lassen sich mit dem Dom zu Speyer, den Stiftskirchen St. Cassius und Florentius in Bonn, St. Servatius in Maastricht, St. Kastor in Koblenz sowie St. Aposteln und St. Georg in Köln vergleichen. Ausschlaggebend für diesen Austausch war nicht nur die räumliche Nähe, sondern auch die personelle Verflechtung zwischen dem regionalen Adel und den Vorstehern dieser geistlichen Gemeinschaften.

Die Geschichte benediktinischer Klosterarchitektur des Mittelalters würde, wenn man sie weiterverfolgte, zu einer allgemeinen Geschichte der sakralen Baukunst des Mittelalters. Von überragender Bedeutung war der Neubau der Abteikirche von Saint-Denis unter Abt Suger (reg. 1122–1151), denn er wurde zum Vorbild für den Stil der Gotik, der sich ab der Mitte des 12. Jahrhunderts von der Île-de-France aus in ganz Europa ausbreiten sollte.

Spätmittelalterlicher Kirchenbauten

Allerdings nimmt die Dichte großer Neu- und Umbauprojekte ab dem 13. Jahrhundert ab. Die Werdener Stiftskirche über dem Grab des Klostergründers und ersten Bischofs von Münster Liudger († 809), deren Emporenbasilika während des 13. Jahrhunderts an der Schwelle zur Gotik errichtet worden ist, gehört zu den letzten Beispielen des hochmittelalterlichen Baubooms. Zur selben Zeit wurde die Kirche des aus dem

Abb. 5: Fassade der Abteikirche San Miniato al Monte, Florenz, im Stil der Florentiner Romanik (11./12. Jh.).

Stadtgebiet Lübecks verlegten Benediktinerklosters Cismar in den Formen der frühen Backsteingotik errichtet. Die heute barockisierte Abteikirche von Niederaltaich bewahrt im Kern die hochgotische Hallenkirche, die um die Schwelle vom 13. zum 14. Jahrhundert entstand. Der Neubau der Abteikirche von Kornelimünster nach 1310 resultiert aus der Zerstörung der Abtei durch Aachener Bürger sowie aus den zur Entschädigung geleisteten Geldzahlungen. Der trotz dieser Beispiele unübersehbare Rückgang benediktinischer Bautätigkeit ist weniger auf eine allgemeine ökonomische oder kulturelle Krise des 14. Jahrhunderts zurückzuführen, die sich zuletzt als Mythos der Forschung erwiesen hat, als vielmehr auf gewandelte Strukturen des Marktes religiöser Angebote. Statt der Benediktiner wurden Angehörige anderer geistlicher Gemeinschaften wie der Bettelorden zu den Adressaten frommer Stiftungen. Wo hingegen der Wunsch, die Fürsorge fürs Seelenheil Benediktinern oder Benediktinerinnen anzuvertrauen, ungebrochen blieb, entstanden auch im 14. Jahrhundert repräsentative Klosteranlagen. Die Neubegründung der Abtei Ettal – eine einmalige Verbindung zwischen einem Benediktinerkonvent und einer adeligen Männer- und Frauenkommunität – durch Ludwig den Bayern im Jahr 1330 wurde bereits erwähnt. Selbstverständlich bauten auch die Olivetaner nach ihrer Gründung im Jahr 1319 ihr Mutterkloster Monte Oliveto Maggiore zum Zentrum der neuen benediktinischen Kongregation aus. Die Abteikirche des südwestenglischen Gloucester erfuhr im 14. Jahrhundert spektakuläre Umbauten, die die Gewölbe in Chor und Kreuzgang zu Meisterwerken der beginnenden englischen Spätgotik machten. Die bei bzw. in Lüneburg gelegenen benediktinischen Frauen- und Männerkonvente von Lüne und St. Michael wurden in den 1370er Jahren verlegt bzw. neu errichtet. Dennoch sah erst das 15. Jahrhundert wieder den Ausbau benediktinischer Klosteranlagen in nennenswertem Umfang. Oft gingen dabei die Reform des spirituellen Lebens sowie der ökonomischen Grundlagen einer Abtei Hand in Hand mit der Erneuerung ihrer Gebäude. Dafür nur wenige Beispiele: Die Klosterkirche von St. Eucharius/St. Matthias vor Trier wurde im ausgehenden Mittelalter mit spätgotischen Gewölben überzogen und erhielt einen neuen Chor und eine erweiterte Krypta. Ähnlich erfolgte auch im oberpfälzischen Reformzentrum Kastl im 15. Jahrhundert eine gotische Einwölbung des romanischen Sakralbaus. Die Abteikirche in Liesborn wurde ab der Mitte des 15. Jahrhunderts mit Ausnahme des Westturms neu errichtet. Der Chorraum der Veroneser Abtei von S. Zeno wurde bereits im ausgehenden 14. Jahrhundert in spätgotischen Formen modernisiert. In Italien bedienten sich Mönche und Architekten bereits im 15. Jahrhundert neuer Architekturprinzipien, sodass etwa der in den Formen der Frührenaissance nach 1419 errichtete Kreuzgang der Florentiner Badia zu den Bauwerken zu zählen ist, die das benediktinische Mönchtum während des Mittelalters errichtete.

In ihrer aktuellen Gestalt zeigen benediktinische Klosterkirchen oftmals die Spuren einer langen Bau- und Umbaugeschichte. Das gilt nicht erst für die Eingriffe der Neuzeit, etwa im Zuge einer Barockisierung, einer historistischen Restauration des 19. Jahrhunderts oder puristischen Rekonstruktionsversuchen des 20. Jahrhunderts. Schon im Mittelalter wurde die Bausubstanz immer wieder verändert, wenn aufgrund von Zerstörungen oder gewandelten religiösen und repräsentativen Bedürfnissen Um- oder Neubauten erfolgten. Der basilikale Kirchenraum der Abtei in Essen-Werden, der Mitte des 13. Jahrhunderts gebaut worden ist, erstreckt sich zum Beispiel zwischen einem Westwerk des 10. Jahrhunderts und einer Außenkrypta, die während des 11. Jahrhunderts angelegt worden ist. Und diese Außenkrypta entstand wiederum durch den Umbau einer älteren Unterkirche aus dem 9. Jahrhundert.

Austattung der Kirchen

Auch die Ausstattung mittelalterlicher benediktinischer Klosterkirchen zeugt in dem Fall, dass sie von Zerstörungen und Plünderungen bewahrt geblieben ist, von der langen Geschichte des Kultorts wie auch des Klosters. Die Basilika von S. Ambrogio geht zum Beispiel auf einen spätantiken Kirchenbau zurück, in dem Ambrosius im 4. Jahrhundert unter anderen Märtyrern die heiligen Gervasius und Protasius bestatten ließ. Bis heute liegen die Gebeine von Ambrosius, Gervasius und Protasius in der Krypta der Kirche in einer gläsernen Grabanlage aufgebahrt. In einer Seitenkapelle aus der Erbauungszeit der Kirche sind Mosaiken des 5. Jahrhunderts erhalten, die neben

Ambrosius die in der Kirche bestatteten Märtyrer darstellen. Aus der Zeit nach der Gründung der Abtei im Jahr 789 stammt die Umkleidung des Hauptaltars mit Reliefs aus Gold und Edelsteinen, die Christus als endzeitlichen Herrscher, die Evangelistensymbole, Figuren von Aposteln und Engeln sowie Darstellungen von Szenen aus dem Leben Jesu zeigen. Oberhalb dieses Hauptwerks karolingischer Goldschmiedekunst, das bis zur Mitte des 9. Jahrhunderts entstanden ist, erhebt sich über dem Hauptaltar ein baldachinartiges Ziborium, das gleichfalls noch vor der Jahrtausendwende gefertigt worden ist. Farbig gefasste Stuckreliefs stellen neben Christus, Petrus, Paulus und Ambrosius unter anderem Benedikt von Nursia dar. Nach der Jahrtausendwende schenkte der byzantinische Kaiser Basilios II. (reg. 976–1025) dem Mailänder Erzbischof Arnulf II. († 1018) eine bronzene Schlange, die auf einer Säule im Schiff von S. Ambrogio angebracht worden ist. Ein Bauschaden führte dazu, dass die Abteikirche im Jahr 1196 eine neue Kanzel erhielt, deren Säulen einen spätantiken Sarkophag umstehen.

Nicht jede mittelalterliche Klosterkirche hat über eine vergleichbar kostbare, alte und vielfältige Ausstattung verfügt. Dennoch bietet sich der Blick auf einige verbliebene Beispiele an, um die Vielfalt an Kunstwerken zu erfassen, die in Benediktinerklöstern vorhanden war, und von denen die ganz überwiegende Mehrzahl nicht mehr existiert. Dazu bieten sich zum Beispiel die wenigen erhaltenen mittelalterlichen Kirchenportale an. Für die Portale der Abteikirchen von St. Maria im Kapitol in Köln und S. Zeno in Verona wurden zum Beispiel Türflügel mit aufwändigen Bildprogrammen angefertigt. Um 1050 schuf man für das Kölner Benediktinerinnenkloster Holztüren, deren 26 Reliefs Szenen aus dem Leben Jesu darstellten, insbesondere aus der Geburts- und Passionsgeschichte. Auf den Flügeln des Hauptportals der Veroneser Benediktinerkirche wurden Bronzereliefs angebracht, die Szenen des Alten und Neuen Testaments mit Darstellungen aus dem Leben des Klosterpatrons verbinden. Der monumentale Kircheneingang wird von Marmorreliefs gerahmt, die gleichfalls vor allem biblische Szenen beinhalten. Im Bogenfeld oberhalb des Portals, dem sogenannten Tympanon, zeigt ein weiteres Relief von 1138, wie der heilige Zenon den Rittern und Fußsoldaten der Stadt seinen Segen erteilt, führt also den Klosterpatron als Patron der Stadt Verona vor Augen. Während diese Szene der Entwicklung der italienischen Stadtkommunen des 12. Jahrhunderts geschuldet ist, zeigen die in derselben Zeit entstandenen Portalreliefs der Abteikirche von Vézelay klassische Szenen der Heilsgeschichte: über dem Hauptportal das Pfingstgeschehen, die Ausgießung des Heiligen Geists an die Apostel, und über den Seitenportalen die Geburtsgeschichte bzw. nachösterliche Erscheinungen mit der Himmelfahrt Christi. Vézelay ist zugleich wie viele andere romanische Klosterkirchen für seine Figurenkapitelle berühmt, deren motivische und thematische Vielfalt kaum zu überblicken ist.

Die farbige Fassung hochmittelalterlicher Reliefs und Skulpturen ist meist nur noch in Spuren nachzuweisen. Neben farbig gefasster Skulptur prägten vor allem Wandmalereien das bunte Erscheinungsbild eines mittelalterlichen Kirchenraums. Großflächig erhalten sind derartige Malereien zum Beispiel in der Doppelkirche des Benediktinerinnenklosters von Schwarzrheindorf. Oberhalb des rechten Rheinufers gegenüber von Bonn hatte der erwählte Kölner Erzbischof Arnold von Wied auf einem Hausgut der Familie im Jahr 1151 eine architektonisch besonders anspruchsvolle Kapelle weihen lassen, an der seine Schwester Hedwig, Äbtissin der Damenstifte Essen und Gerresheim, nach seinem Tod ein benediktinisches Frauenkloster begründete. Trotz starker Übermalungen des 19. Jahrhunderts finden sich in den beiden übereinander gelegenen Kirchenräumen nach wie vor umfangreiche mittelalterliche Fresken. In der Unterkirche zeigen sie die alttestamentarischen Visionen Ezechiels, darunter das Strafgericht über Israel. Diese Szenen werden mit Episoden aus den Evangelien Jesu in Beziehung gesetzt, die sich in typologischer Weise als Erfüllung der alttestamentarischen Geschichte präsentieren. In der Oberkirche, die von den Nonnen genutzt wurde, entsprechen Bilder von Christus inmitten von Heiligen dem Bildprogramm der Unterkirche: Auf das Gericht am Ende der Zeiten folgt die ewige Herrschaft Jesu Christi. Die Chorwände und gewölbe der von Otto von Bamberg 1109 gegründeten Abtei Prüfening bei Regensburg wurden mit einem Bildprogramm versehen, das die Hierarchie der

Engel, Apostel, Propheten, Märtyrer und Jungfrauen zeigt, die dem thronenden Christus mit dem Gebet des *Te Deum* huldigen. Diese Hierarchie ist zugleich als eine Allegorie der Kirche zu verstehen, die in der monumentalen Gestalt einer thronenden Frau zu sehen ist. Mit den Fresken aus Schwarzrheindorf und Prüfening sind nur zwei relativ gut und vollständig erhaltene Beispiele für die Ausmalung von Gewölben und Wänden genannt, die den Innenraum benediktinischer Klosterkirchen mit allegorischen Programmen verzierten. Noch weitaus seltener haben geschmückte Fußböden die Jahrhunderte überdauert, die gleichfalls neben Ornamenten auch allegorische Darstellungen aufwiesen. Die Klosterkirche von Ganagobie in der Provence verfügt im Chorbereich über ebenso aufwändige wie farbenfrohe Bodenmosaiken des 12. Jahrhunderts. Zu Beginn des 13. Jahrhunderts wurde der Boden der Kirche von S. Miniato al Monte mit dunklem und hellem Marmor ornamental ausgelegt, aber auch mit dem Bild des Tierkreiszeichens geschmückt. In den Abteikirchen von Schuttern und Helmstedt konnten die komplexen allegorischen Programme umfangreicher figürlicher Darstellungen auf dem Kirchenboden rekonstruiert werden. In Schuttern wurde am Beispiel des Opfers von Abel sowie des Brudermords durch Kain das Motiv der Erlösung der Menschheit visualisiert. Vom großflächen, mit farbigen Gipslinien inkrustierten Fußboden der Helmstädter Abteikirche St. Ludgeri aus dem dritten Viertel des 12. Jahrhunderts haben sich Fragmente von der Darstellung der sieben Weisen der Antike erhalten, denen kurze Inschriften zugeordnet sind und die von Pflanzen- und Tierdarstellungen umrankt werden.

Reliquiare

Wegen der großen Bedeutung der Heiligenverehrung liegt es auf der Hand, dass neben Skulpturen, Wandgemälden und Mosaiken kostbare Reliquienbehälter zu den wichtigsten Ausstattungsstücken mittelalterlicher Benediktinerklöster zählten. Verfügte ein Kloster über den Leib eines Heiligen, wurde er in einem Schrein bestattet. Dieser Schrein konnte seine Aufstellung in erhöhter Position hinter einem Altar finden. Eine frühneuzeitliche Zeichnung aus dem Kloster Stablo zeigt, wie aufwändig dort Mitte des 12. Jahrhunderts der Aufbewahrungsort für die Reliquien des Klostergründers, des heiligen Bischofs Remaklus, gestaltet worden ist: Der in der Form einer einschiffigen Kirche gestaltete Schrein selbst stand im einer Wandnische, sodass nur eine Giebelseite zu sehen war. Die Ädikula, die diese Nische umrahmt, hebt die Mitte eines aus vergoldetem Silber gefertigten und mit Emaillemedaillons verzierten Retabels hervor. Das etwa drei Meter breite und hohe Werk zeigt auf der rechteckigen Sockelzone rechts und links des Schreins Szenen aus dem Leben des Heiligen. Oberhalb dieser irdischen Bildgeschichte präsentieren die Reliefs innerhalb eines halbrunden Bogens die himmlische Sphäre, in die auch der heilige Remaklus aufgenommen worden ist.

Derartige Heiligenschreine sind seit dem Hochmittelalter in großer Zahl hergestellt worden. Insbesondere die Region zwischen Mosel, Maas und Rhein entwickelte sich zum Zentrum der Herstellung aufwändig verzierter, kostbarer Reliquienbehälter aus Silber, Gold, Edelsteinen und Emaille. Den Höhepunkt erreichte diese Produktion zweifellos im Kölner Dreikönigenschrein, der um 1190 bis 1225 hergestellt wurde. Doch neben Domkirchen verfügten auch Klöster wie die Abteien Michaelsberg in Siegburg und St. Heribert in Köln-Deutz über derartige Schreine. In Deutz bewahrte man die Reliquien des Klosterstifters und -patrons, des Kölner Erzbischofs Heribert (reg. 999–1021), in einem Schrein auf, der in der Mitte des 12. Jahrhunderts neu gefertigt wurde. Auf einem Holzkern wurden vergoldete Kupferplatten angebracht, die mit Bergkristallen, Edelsteinen und Emailles verziert wurden. Der figürliche Schmuck des überreich ornamentierten Heribertschreins besteht aus zwölf Emaillemedaillons auf den Dachflächen, die das Leben des Heiligen schildern, aus zwölf Apostelstatuetten an den Längsseiten, zwischen denen aus Emaille gefertigte Prophetenbilder angebracht sind, sowie zwei Personengruppen auf den Stirnseiten: zwei Engeln in der Anbetung Mariens, auf deren Schoß das Jesuskind sitzt, und Erzbischof Heribert unter dem Bild Christi als Herrscher des Universums. Derartige Schreine wurden nicht nur in den Kirchen aufgestellt, sondern auch in Prozessionen innerhalb wie außerhalb der Kirchen herumgetragen und setzten so den Heiligen in physischer Form präsent.

Beinhalteten diese Großschreine in den meisten Fällen die vollständigen Gebeine eines Heiligen, führte die zunehmende Teilung von Reliquien ab der Jahrtausendwende zur Entwicklung neuer Reliquiare. Während zuvor Dosen oder Kästchen kleinere Reliquien bargen, entstanden nun sogenannte sprechende Reliquiare. Ihre äußere Erscheinung visualisierte oft, um welche Reliquie es sich handelte: ein Kopfreliquiar für den Schädel eines Heiligen oder ein Armreliquiar, das zum Beispiel eine als Reliquie verehrte Elle oder Speiche barg. Auch die Statue der heiligen Fides von Conques kann bereits als sprechendes Reliquiar bezeichnet werden, führt sie doch das Bild der Person vor Augen, deren Überreste in ihr aufbewahrt wurden. Gold und Edelsteine verliehen diesen Bildwerken nicht nur ihr kostbares Aussehen und entrückten die Heiligen von ihrem irdischen Erscheinungsbild, sondern wurden zugleich als Symbole für den paradiesischen Zustand wahrgenommen, in dem sich die Seele der dargestellten Person befand. In diesem Verständnis zeigten die mit Gold und Edelsteinen besetzten Reliquiare also ein realistischeres Abbild der Dargestellten, als es eine Wiedergabe des irdischen Erscheinungsbilds hätte leisten können.

Das Spätmittelalter erlebte noch einmal einige grundsätzliche Veränderungen in der Präsentation von Reliquien wie auch der Ausstattung des Kirchenraums. An die Seite sprechender Reliquiare traten Behälter oder Präsentationsformen, die die meist aus Knochen bestehenden Überreste von Heiligen nicht nur direkt sichtbar machen, sondern sogar in ästhetische Arrangements integrieren. In mitteleuropäischen Frauenklöstern wie dem niedersächsischen Ebstorf entstanden sogenannte Paradiesgärtlein, Stickarbeiten, in denen neben Perlen, Edelmetallen oder Kunstblumen auch Reliquien zu religiösen Szenen oder Gartenbildern verarbeitet wurden. Um 1500 verarbeitete der Iburger Benediktiner Johann von Langen Schädelreliquien, die er selbst auf Reisen durch Europa erworben hatte, zu repräsentativen Reliquiaren. Die Schädeldecken, die sichtbar blieben, fasste er in vergoldete Metallbänder. Sie wurden durchbrochen und mit Edelsteinen besetzt, um den Schädeln das Aussehen eines Gesichts zu verleihen, wie ein erhaltenes Beispiel im Osnabrücker Diözesanmuseum zeigt. Dieses Schädelarrangement steht auf einem würfelförmigen Sockel, in dem weitere, durch kurze Notizen identifizierte Reliquien sichtbar sind.

Abb. 6: Schädelqeliquiare aus der Sammlung des Iburger Mönchs Johann von Langen (um 1500).

Altäre

Der umfangreiche Reliquienschatz spätmittelalterlicher Benediktinerklöster wurde vor allem in zahlreichen kleineren Reliquienbehältern aufbewahrt. Zu ihrer effektvollen Präsentation wurden neue Altarformen entwickelt. Seit dem Spätmittelalter entstanden immer umfangreichere Altarretabel, die auf dem hinteren Teil des Altartisches Aufstellung fanden. Sie konnten je nach Region umfangreiche Figurenprogramme oder Bilderzählungen präsentieren, die auf Gemälden und Reliefs oder in der Form von Statuetten auf die Heilsgeschichte oder die in der Kirche verehrten Heiligen Bezug nahmen. Als Wandelaltäre besaßen diese Retabeln Flügel, die verschlossen wurden, sodass je nach Kirchenjahr und nach der Bedeutung eines Festtags unterschiedliche Seiten des Altars sichtbar waren. Spätmittelalterliche Altarretabel wurden darüber hinaus mit Fächern versehen, die den Reliquienschatz eines Klosters präsentieren konnten. Ein frühes Beispiel dafür ist der Hauptaltar der Klosterkirche von Cismar bei Lübeck. Wenn er geöffnet ist, zeigt er ein umfangreiches Bildprogramm, in dessen Zentrum die Kindheits- und Passionsgeschichte Jesu stehen. Auf den Flügeln schildern farbig gefasste Reliefs Lebensstationen Johannes' des Täufers und Benedikts von Nursia. Hinzu kommen weitere typologische Darstellungen, die auf den Kreuzestod Jesu verweisen. Drei ältere Figuren, die bei der Gestaltung des Altars in den 1330er Jahren oberhalb der eigentlichen Retabel zur Aufstellung kamen, beinhalten kleine Partikel mit Reliquien von Maria und dem heiligen Auctor, der Legende nach ein Trierer Bischof, dessen Überreste in Braunschweig verehrt wurden. Im Zuge der Gründung des Lübecker Vorgängerklosters von Cismar brachten Mönche aus dem Braunschweiger Ägidienkloster, aus denen der Gründungskonvent bestand, Auctorreliquien mit in die Travestadt. Deswegen wurde dieser Heilige nach der Verlegung des Klosters zu einem Patron der neuen Klosterkirche. Viel wichtiger waren aber andere Reliquien, über die die Mönche von Cismar verfügten: eine Heiligblutreliquie, die Heinrich der Löwe († 1195) von einem Besuch in Konstantinopel mitgebracht hatte, sowie ein umfangreicher Reliquienschatz, den Graf Gerhard von Holstein-Schauenburg gemeinsam mit seiner Gattin im Jahr 1296 dem Kloster stiftete. Vor allem die Heilig-Blut-Reliquie wurde zunächst das Ziel intensiver regionaler Wallfahrten, bevor der Lübecker Bischof Albert II. Krummendiek im Jahr 1467 ihre Verehrung untersagte. Insgesamt verfügte Cismar laut einem Verzeichnis des 15. Jahrhunderts über 991 einzelne Reliquien. Der Altarschrein von Cismar ist im 14. Jahrhundert unter anderem zu dem Zweck gefertigt worden, Reliquiare effektvoll zu präsentieren. Denn vor den tiefliegenden Relieffeldern des Mittelschreins sind durch eine umrahmende Architektur zehn Fächer geschaffen worden, auf denen einzelne Reliquiare Aufstellung finden konnten. Besonders effektvoll ist die in der oberen Reihe in der Mitte angebrachte Geißelungsszene. Eine kleine Öffnung in der Rückwand erlaubt es, die Partie des Reliefs nach hinten zu klappen, in der die Gestalt Jesu dargestellt ist. Stattdessen ist an dieser Stelle nach Donald L. Ehresmann möglicherweise das Heilig-Blut-Reliquiar aufgestellt worden, das aus einer silbernen Jesus-Statuette bestand und dadurch zu einem Teil der Bilderzählung von Jesu Leidensgeschichte wurde.[12] Der Altar diente nicht als ständiger Aufbewahrungsort des Cismarer Reliquienschatzes – dafür bot er zu knappe Stellflächen –, sondern wird dem wechselnden Arrangement ausgewählter Stücke an hohen Festtagen gedient haben.

Die große Mehrzahl späterer Altarretabel beschränkt sich allerdings auf Heiligenstatuetten und Darstellungen von biblischen Geschichten und Heiligenviten. Während sie, sofern sie im Mönchs- oder Nonnenchor einer Abteikirche aufgestellt waren, der Betrachtung der Religiosen dienten, deutete die Neuzeit diese religiösen Gebrauchsgegenstände zu Kunstwerken um. Auf dem Kunstmarkt des 19. und 20. Jahrhunderts dominierte das Interesse an Einzelbildern, sodass viele mittelalterliche Altäre zersägt und die Einzelstücke verkauft wurden. Ihre Mehrzahl ist daher heute in fragmentierter Form in den Mittelalterabteilungen von Museen zu betrachten und dadurch weit von ihrer ursprünglichen religiösen Funktion entfernt worden. Aber auch die Wahrnehmung der am ursprünglichen Ort verbliebenen Ausstattung unterliegt einem fundamentalen Wandel, wenn sie als Kunstgegenstand betrachtet wird.

Kunst im Kloster

Neben der Kirche selbst wurden auch andere Räumlichkeiten von Benediktinerklöstern aufwändig gestaltet, allen voran der in der Regel an die Kirche unmittelbar anschließende Kapitelsaal sowie der Kreuzgang. Der Kreuzgang von Königslutter weist zum Beispiel umfangreiche Steinmetzarbeiten auf, die in der Mitte des 12. Jahrhunderts unter Beteiligung norditalienischer Werkleute angefertigt wurden. Den Kreuzgang von Monte Oliveto Maggiore schmückt ein Freskenzyklus aus der Renaissance, in dem die Maler Luca Signorelli († 1523) und Sodoma († 1549) um 1500 das Leben Benedikts von Nursia darstellten. In denselben Zeitraum des endenden Mittelalters fällt der prachtvolle Ausbau der Abtswohnung des Georgenklosters in Stein am Rhein, deren Festsaal von 1515/1516 zu den frühesten Zeugnissen der Renaissancemalerei nördlich der Alpen zählt. Dieses letzte Zeugnis verweist noch einmal darauf, dass der Bau und die Ausstattung mittelalterlicher benediktinischer Klöster nicht allein religiösen Bedürfnissen verpflichtet waren, sondern auch repräsentativen Zwecken dienten. Dennoch stand die Religiosität der Klosterangehörigen wie auch der mittelalterlichen Kultur insgesamt im Zentrum der materiellen Kultur geistlicher Gemeinschaften – in all der Vielschichtigkeit von individueller Spiritualität und gemeinschaftlicher Liturgie, von stellvertretendem Gebet und Totenmemoria bis zu den verschiedenen Spielarten der Heiligen- und Reliquienverehrung.

Abb. 7: Der Schwur des Scipio; Fresko im Festsaal der Abtsresidenz im Georgenkloster in Stein am Rhein (1515/16).

4 Schriftkultur und Gelehrsamkeit im Kloster

»Weisheit in der Lehre« (RB 64,2).

Jede Darstellung benediktinischer Schriftkultur und Gelehrsamkeit im Mittelalter muss davon ausgehen, dass die Benediktsregel eine hoch spezialisierte Lebensform entwirft, in der Menschen ihren Geist und Körper in asketischer Weise trainieren. Deswegen stehen die Tätigkeiten des Schreibens und Lesens ebenso wie die Auswahl der Inhalte unter der Prämisse des monastischen Lebensentwurfs. Im Rahmen einer spätantiken Bildungskultur, in der das Kloster nur eine von vielen Institutionen darstellte, in denen geschrieben und gelesen wurde, war die monastische Schriftkultur lediglich eine Sonderform. Die Benediktsregel wie auch die Lebensbeschreibung Benedikts von Nursia in den *Dialogen* Gregors des Großen gehen davon aus, dass man jenseits der Klostermauern eine schulische Ausbildung genießt und im Kloster vor allem lernt, den Fokus der eigenen Gedanken auf eine meditative Aneignung der Bibel und dazu dienlicher monastischer Literatur zu richten. Deswegen wird in der Benediktsregel ausdrücklich darauf verzichtet, einen breiten Bildungskanon zu entfalten, der einer intellektuellen Schulung der Mönche gedient hätte. Ein Blick auf den ebenfalls dem 6. Jahrhundert angehörenden süditalienischen Klostergründer und Schriftsteller Cassiodor († nach 580) macht das Profil der Benediktsregel noch deutlicher: Cassiodor entwirft ein umfangreiches Bildungsprogramm, das die Wissensbestände der antiken Welt – Chronologie, Grammatik, Rhetorik, sogar Gartenbau und Medizin – für ein kontemplatives christliches Leben fruchtbar macht. Die Benediktsregel beschränkt den anempfohlenen Lektürekanon der Mönche hingegen auf die Bibel, auf Mönchsautoren wie Basilius von Caesarea und Johannes Cassian sowie auf das Lesen und Hören von Mönchsviten.

Durch die kulturellen Transformationsprozesse im Übergang von der Antike zum Frühmittelalter wurden Klöster zu den wichtigsten Institutionen der Überlieferung, Rezeption und Produktion von Schriftwerken, weil andere Institutionen wegbrachen, die in der Antike dieselben Funktionen erfüllt hatten. Dieser Prozess, an dem das benediktinische Mönchtum maßgeblich beteiligt war, führte zu einer deutlich gewandelten Schriftkultur, die religiöse Schriften und Inhalte stark in den Vordergrund rückte. Trotz des unzweifelhaften Rückgangs der Literalität in der frühmittelalterlichen Gesellschaft behielten Bücher eine zentrale Bedeutung: Das Christentum blieb eine Buchreligion und benötigte allein schon für die alltäglichen liturgischen Vollzüge einen Grundbestand an Handschriften. Ein korrektes Verständnis der von Gott geoffenbarten Wahrheiten sowie eine korrekte Liturgie können in ihrer Wichtigkeit kaum überschätzt werden, schließlich ging es bei beidem um das ewige Heil und die ewige Verdammnis. Bei der Bewertung der frühmittelalterlichen Schriftkultur muss diese Gewichtsverlagerung aufs Jenseits berücksichtigt werden, will man sich vor anachronistischen Klagen über den Verlust von Bildung und literarischer Kultur schützen. Denn wo es um das Schicksal im Jenseits ging, waren das Frühmittelalter und insbesondere das benediktinische Mönchtum innovativ, es entwickelte und verbreitete neue Textgattungen, Inhalte und Aufschreibetechniken. Das gilt zum Beispiel für liturgische Handschriften, Bußbücher, Verbrüderungsbücher und auch Nekrologien.

Wandel der Schriftkultur

Der nicht zuletzt vom Mönchtum geprägte Wandel der Schrifkultur zwischen der ausgehenden Antike und dem Frühmittelalter führte zu einem wechselseitigen Anpassungsprozess. Auf der einen Seite prägte die monastische Schriftkultur bis zu einem gewissen Maße die frühmittelalterliche Schriftkultur – auch wenn andere geistliche Gemeinschaften gleichfalls zu berücksichtigen sind. Auf der anderen Seite wandelte sich unter dem Druck der gesellschaftlichen Anforderungen der Umgang mit Geschriebenem innerhalb der Klöster. Benediktinerklöster der Karolingerzeit konnten neben der Ausbildung des eigenen

Nachwuchses auch als Bildungsinstitutionen für Klerikernachwuchs eingesetzt werden – die sogenannte äußere Schule bot dafür den institutionellen Rahmen. Auch wurden von Benediktinern Bücher geschrieben und benutzt, deren Inhalte weit jenseits des engen monastischen Lektürehorizonts lagen, den die *Regula Benedicti* umreißt.

Buchproduktion und Buchbesitz

Die zentrale Stellung, die geistliche Gemeinschaften wie Benediktinerklöster für die Schriftkultur seit dem Frühmittelalter besaßen, hatte auch eine ökonomische Dimension – Bücher waren trotz ihrer religiös bedingten Alltäglichkeit ein Luxusprodukt. Das betrifft zum einen ihren materiellen Wert. Selbst wenn sie nicht mit Gold oder kostbaren Tinten und Farben geschrieben und verziert waren, war schon der Beschreibstoff teuer. Bücher wurden nämlich auf die gebeizte, von Fell-, Fleisch- und Fettresten befreite Haut von Schafen, Ziegen oder Kälbern geschrieben. Für eine monumentale Bibelhandschrift wie den Codex Amiatinus – ein aus Nordengland stammendes, seit der Karolingerzeit in der Benediktinerabtei S. Salvatore am Monte Amiata bezeugtes Manuskript – mussten wenigstens gut 500 Ziegen ihr Leben lassen. Daneben kostete es viel Zeit, einen umfangreichen Codex sorgfältig zu erstellen. Speziell dazu ausgebildete Schreiber produzierten den Text Buchstabe für Buchstabe, der zusätzlich illuminiert werden konnte. So benötigte der Mönch Goderannus, Angehöriger der Abtei St. Peter in Lobbes, vier Jahre, um gemeinsam mit einem Mitarbeiter für die Mönche von Stablo eine Prunkbibel herzustellen. In einer Gesellschaft, die relativ geringe Überschüsse produzierte, ermöglichte erst ein nicht unerhebliches ökonomisches Potenzial, spezialisierte Schreiber langfristig auszubilden und von anderen Tätigkeiten freizustellen, um aufwändige Handschriften zu produzieren, die nicht direkt ökonomischen Gewinn einbrachten.

Neben der ökonomischen Dimension besaß das Schreiben aber auch eine religiöse Dimension. Der Zusammenhang von Buchproduktion und Heilswirklichkeit ist bereits im Zusammenhang mit dem Stiftungswesen angesprochen worden. Nicht nur der Auftraggeber und der Vorsteher der geistlichen Gemeinschaft, in der ein Buch hergestellt wurde, erhofften sich Beistand von den Heiligen, denen das Buch anschließend geschenkt wurde, sondern auch diejenigen, die an der Produktion beteiligt waren. Darüber hinaus hat Uta Kleine nachdrücklich auf die Bedeutung des Schreibens als Handarbeit hingewiesen, zu der ja Mönche verpflichtet waren.[1] In kurzen Vermerken der Schreiber mittelalterlicher Handschriften, sogenannten Kolophonen, finden sich verschiedentlich Hinweise darauf, wie mühselig die Tätigkeit des Schreibens war. Sie konnte aber zugleich als besonders »handlungsorientierte« Form der meditierenden Aneignung heiliger Texte verstanden werden. Darüber hinaus weisen die Schreiber gerne auf die Gehorsamspflicht gegenüber denjenigen hin, die sie beauftragt haben, und ordnen ihre Arbeit so in die monastische Spiritualität der Unterordnung des eigenen Willens ein.

St. Gallen im Frühmittelalter

Die herausragende Überlieferung der Abtei St. Gallen ermöglicht es, den Bestand einer frühmittelalterlichen Klosterbibliothek zu erfassen. Eine Liste der den Mönchen zur Verfügung stehenden Bücher aus den Jahren um 850–880 nennt ca. 420 Codices. Diese Zahl entspricht den Größenordnungen, die für andere Großabteien derselben Zeit überliefert sind. Ein Bücherverzeichnis von der Reichenau aus den Jahren 812/22 listet 415 Bände im Besitz des Klosters auf. Auch die für die Abteien Lorsch, Saint-Riquier, Murbach und Fulda überlieferten Zahlen bewegen sich zwischen 300 und 500 Einträgen. Allerdings sind diese – nach modernen Maßstäben sehr niedrigen – Zahlen nicht auf weniger prosperierende Klöster zu übertragen, wie nicht zuletzt die Bibliotheksgeschichte des Bodenseeklosters selbst vermuten lässt. Aus dem 8. Jahrhundert lassen sich lediglich gut 40 Handschriften St. Gallen zuweisen, und der erste Aufschwung der Abtei unter der Regierung ihres Abtes Gozpert (816–837) führte unter anderem zu einem Zuwachs von vielleicht 100 Codices. Erst unter den stark an Büchern interessierten Äbten Grimald (841–872) und Hartmut (872–883) vervielfachte sich der Bücherbestand eines Klosters, das wegen seines Reichtums wie seiner kulturellen Bedeutung deutlich aus dem Durchschnitt frühmittelalterlicher Benediktinerklöster herausstach. Denn zu den gut 400 Büchern im Besitz des Konvents kamen weitere Bestände hinzu, über die die Äbte persönlich verfügten. Zusammenstellungen der Bücher im »Privatbesitz« der Äbte Grimald und Hartmut verzeichnen nämlich Titel, die sich nicht in der Bibliotheksliste des Konvents finden und von denen ein größerer Anteil auch nicht mehr in der St. Galler Bibliothek überliefert ist. Vermutlich sind sie nach dem Tod der Äbte nicht in die Bibliothek des Klosters überführt, sondern an anderem Ort aufgestellt worden.

Das inhaltliche Profil der Büchersammlung wie auch die Bedeutung der verschiedenen Themengruppen lässt sich an der Reihenfolge der genannten Titel ablesen: »Bibelhandschriften, Kirchenväter, Mönchsregeln, Heiligenlegenden, Gesetze, Predigtsammlungen, Metrik, Artes liberales im weitesten Sinn«.[2] Im Zentrum stand also die Lektüre der Bibel und der zentralen Texte ihrer Auslegung, dann folgte monastische und hagiographische Basisliteratur, und erst im Anschluss fanden Werke mit eher praktischer Verwendung Erwähnung. Auch diese Reihenfolge und Gewichtung verschiedener Themengruppe ist kein Spezifikum der St. Galler Überlieferung, sondern bezeugt ein allgemeines Charakteristikum frühmittelalterlicher benediktinischer Buchkultur. Sie spiegelt zum Beispiel die gegenüber der Welt der Benediktsregel gewachsene Bedeutung der Heiligenverehrung wie auch den Bedarf an kirchenrechtlichen Aufzeichnungen und zugleich das zunehmende Interesse an nicht unmittelbar religiösen Wissensbeständen. Keine Erwähnung finden hingegen liturgische Handschriften. Sie werden nicht in der Bibliothek, sondern an anderer Stelle in oder bei der Kirche aufbewahrt worden sein.

Einen Großteil ihrer neuen Bücher des 9. Jahrhunderts haben die Mönche von St. Gallen selbst hergestellt. Zum einen verfügte das Kloster über ein herausragendes Skriptorium, das die karolingische Minuskel – eine vereinheitlichte Buchschrift, die die Lesbarkeit von Texten innerhalb des Großreichs Karls des Großen und Ludwigs des Frommen sicherstellte – weiterentwickelte. Die sehr einheitlich gestalteten, sorgfältig geschriebenen Buchseiten verzichten auf aufwändige Buchmalerei, ihre

Schreiber bemühten sich offenbar vor allem um ein schönes, regelmäßiges Schriftbild. Zum anderen bemühte man sich in St. Gallen um möglichst korrekte Texte. Seit der Antike lagen zum Beispiel die biblischen Texte in mehreren lateinischen Übersetzungen vor, die parallel zirkulierten. Die Uneinheitlichkeit des Textbestands wurde durch bewusste Eingriffe und vor allem unbewusste Kopierfehler weiter vergrößert. Um dem Missstand zu steuern, über nur sehr unzuverlässige Bücher mit Gottes Wort zu verfügen, bemühten sich Intellektuelle der Karolingerzeit wie Abt Maurdramnus von Corbie († 781), Alkuin, zuletzt Abt von Saint-Martin in Tours († 804), sowie Theodulf, Bischof von Orléans und Abt von Fleury († 821), um eine Korrektur und Vereinheitlichung der Bibelmanuskripte. Insbesondere die Touroner Bibel Alkuins schuf ein Vorbild, das breite Verbreitung und Aufnahme fand. Für St. Gallen lässt sich in der Karolingerzeit nachweisen, dass neben den reformierten Texten Alkuins und Theodulfs verschiedenste weitere Vorlagen rezipiert wurden, um auf ihrer Grundlage zu einem eigenen verbesserten Bibeltext zu gelangen. Dieser Prozess fand seinen Abschluss unter dem Abbatiat Hartmuts. Die beiden ihm zuzuweisenden Bibelhandschriften etablieren einen Textbestand, der in den folgenden Jahren bis ins 11. Jahrhundert sorgfältig abgeschrieben wurde. Allerdings betrieben die St. Galler Mönche weitere philologische Studien, indem sie auch griechische Fassungen der Heiligen Schrift abschrieben und überarbeiteten. Für die Leistungsfähigkeit frühmittelalterlicher Textkritik ist das sogenannte *Psalterium quadrupartitum* exemplarisch: Vier Kolumnen bieten nebeneinander den griechischen Wortlaut der Psalmen sowie drei unterschiedliche lateinische Übersetzungen. Diese Beispiele bezeugen ein kritisches Bewusstsein von der Fehlerhaftigkeit der eigenen Manuskripte. Dennoch verfolgten die Benediktiner in St. Gallen bei ihren textkritischen Bemühungen ein anderes Ziel als die moderne Editionsphilologie. Das Widmungsgedicht des vierspaltigen Psalters führt nämlich aus, dass jede der vier Fassungen für das Verständnis der Psalmen einen eigenen Wert besitze. Somit steht auch dieses Unternehmen in der Linie einer monastischen Lektüretradition, die um eine meditierende Aneignung heiliger Worte rang. Demselben Zweck dienten auch Kommentare, die den Wortlaut der

Bibel mit erläuternden Randbemerkungen, sogenannten Glossen, versahen. Die Qualität der St. Galler Codices fand bereits bei den Zeitgenossen hohe Anerkennung, weswegen das dortige Skriptorium zunehmend für auswärtige Auftraggeber tätig wurde.

Reichenau

Während St. Gallen vor allem für seine textlich und graphisch außergewöhnlich sorgfältige Buchproduktion berühmt ist, hat die benachbarte Reichenau auf dem Feld der Buchmalerei herausragende Leistungen hervorgebracht. Das Inselkloster steht damit neben Abteien wie Corvey, Fulda oder Echternach, denen aufwändig geschmückte Bücher zugeschrieben werden können. Während zur Zeit der Karolinger bei Hofe zahlreiche illuminierte Manuskripte entstanden, übernahmen ab dem 10. Jahrhundert Klöster und Stifte diese Aufgabe. Ziel der Darstellungen war meist nicht eine durchgängige Bebilderung der Texte, sondern die Hervorhebung zentraler Seiten: Stifter- und Schreiberbilder erinnern an diejenigen, die für die Schenkung des Buchs gesorgt haben und deswegen im stellvertretenden Gebet Berücksichtigung erwarten dürfen. Autorendarstellungen können Texte legitimieren, da sie die Autorität ihrer Verfasser in Szene setzen – etwa wenn der Heilige Geist in Form einer Taube einen Verfasser inspiriert. Der Beginn eines Werks innerhalb des Codex wird durch ornamentale oder szenische Darstellungen markiert, die die Anfangsbuchstaben des Texts verzieren. Daneben gibt es programmatische Bilder, die zentrale Themen der christlichen Doktrin illustrieren. In der Regel wird dabei jedoch keine fortlaufende Bilderzählung angestrebt, die eher eine Ausnahme darstellt. Die Handschriften von der Reichenau – die beiden Evangeliare für Otto III., das Perikopenbuch Heinrichs II. oder auch der Egbert-Codex – stellen sowohl hinsichtlich der Pracht ihrer Miniaturen als auch deren Qualität Höhepunkte mittelalterlicher Buchmalerei dar. Die Mönche der Reichenau produzierten für die salischen Kaiser sowie die Spitzen der kirchlichen Hierarchie Prunkobjekte, die zugleich als fromme Stiftungen religiösen Zwecken verpflichtet waren. Bei diesen Büchern handelte es sich daher nicht nur um Textspeicher, sondern zugleich um höchst repräsentative Wertgegenstände. Die Ausstattung der Bucheinbände mit Edelmetallen, Elfenbeintafeln, Perlen, Bergkristallen und Edelsteinen machte die Bände zugleich zu Zeugnissen mittelalterlicher Schatzkunst.

Hochmittelalterliche Buchkultur

Das gesamte Hochmittelalter hindurch blieben benediktinische Klöster Zentren der Buchherstellung und der Buchmalerei. Die Vielfalt der Texte, der Anlässe ihrer Entstehung wie der beabsichtigten oder tatsächlich nachweisbaren Gebrauchssituationen macht einen systematischen Überblick unmöglich. Als herausragende Beispiele lassen sich etwa die in den spanischen Abteien San Millán de la Cogolla und Santo Domingo de Silos entstandenen illuminierten Manuskripte des Apokalypsenkommentars des Beatus von Liébana, ein unter Abt Desiderius († 1087) in Montecassino gestaltetes Lektionar mit Szenen aus dem Leben Benedikts von Nursia oder auch die Winchester zugeschriebenen Manuskripte aus dem Umfeld der monastischen Reformen Æthelwolds benennen. Die Benediktinerinnen des Klosters Rupertsberg schufen mit dem heute in Wiesbaden aufbewahrten Riesencodex und dem seit 1945 verschollenen illuminierten Scivias-Codex zwei Monumente zur Erinnerung an ihre Gründungsäbtissin. Aus derselben Zeit stammt ein gleichfalls seit dem Zweiten Weltkrieg verschollenes Evangeliar, das die Benediktinerinnen des Klosters Lippoldsberg möglicherweise selbst hergestellt haben. Sein Aufbau erscheint paradigmatisch für die Buchmalerei hochmittelalterlicher Klöster. Zunächst erschließen zwölf Kanontafeln in tabellarischer Form die sich entsprechenden Kapitel der vier Evangelien. Derartige Kanontafeln, deren Kolumnen in der Regel zwischen von Arkaden überfangenen gemalten Ziersäulen gestellt wurden, gehören zum ältesten Buchschmuck von Evangeliaren. Vor jedem Evangelium stehen ein ganzseitiges Evangelistenbild sowie die besonders geschmückte erste Seite des beginnenden Texts. Hinzu kommen Darstellungen christlicher Hochfeste, die den einzelnen Evangelien vorangestellt werden: die Geburt Christi, die Anbetung der Hirten, Christi Himmelfahrt und Pfingsten vor dem Matthäusevangelium, die Taufe Christi vor dem Markusevangelium, das an dieser Stelle eher unübliche Widmungsbild des Codex, die Verkündigungsszene vor dem Lukasevangelium sowie das Weltgericht und die Anbetung des Lammes vor dem Johannesevangelium. Ausgelassen wurde bei diesem Bildprogramm allerdings die Passions- und Auferstehungsgeschichte.

Spätmittelalterliche Buchbestände

Seit dem 13. Jahrhundert änderte sich die Herstellung von Büchern grundlegend, weil zunehmend professionelle Schreiber und Illustratoren in den Vordergrund traten. Die um 1230 in Mainz hergestellte Bilderhandschrift von Hildegards *Liber divinorum operum* wurde vermutlich von einem professionellen Buchmaler gestaltet, ehe sie möglicherweise im Zuge der Bemühungen um eine Heiligsprechung der Autorin nach Rom übersandt wurde. Vor allem in Universitätsstädten wie Paris, Oxford und Bologna etablierte sich eine hoch spezialisierte Buchproduktion, hinter der benediktinische Klöster zurückstanden. Viele Standardtexte aus Theologie und Recht konnten käuflich erworben und mussten nicht mehr im eigenen Haus hergestellt werden.

Den Umfang monastischer Bibliotheken des späteren Mittelalters lassen Bibliothekskataloge erkennen. Bereits 1219 ließ Abt Werner († 1221) die Bestände des westfälischen Klosters Liesborn registrieren. Zwei getrennten Listen erfassten die theologischen und nichttheologischen Titel. Die allein erhaltene Aufzählung der theologischen Handschriften verzeichnet knapp 120 Werke in 130 Bänden. Ein um 1250 in Benediktbeuern zusammengestelltes Verzeichnis nennt 267 Titel. Im steirischen Admont – gelegen »am bildungstopographischen Rand Europas«[3] – bestand die Bibliothek im Jahr 1380 aus ca. 540 Bänden. Das literarische Wirken des dortigen Abts Engelbert († 1331) dokumentiert das breite thematische Spektrum der Bücher, die ihm zur Verfügung standen: Werke griechischer und lateinischer Autoren der vorchristlichen Antike wie Aristoteles und Cicero samt der Aristoteleskommentare des Averroës, medizinische Werke des Hippokrates und des Avicenna, selbstverständlich Schriften griechischer und lateinischer Kirchenväter,

Abb. 8: Hildegard von Bingen als Verfasserin ihres *Liber divinorum operum*

Geschichtsschreiber der Spätantike und des Mittelalters, Werke zum römischen und kanonischen Recht und zur Musiktheorie. Das bayerische Wessobrunn verfügte unter Abt Kaspar Götz († 1525) über 851 Bücher. Weitaus größer waren die Bestände von St. Matthias/St. Eucharius vor den Toren Triers. Ein sicher unvollständiger Katalog, der vermutlich um 1530 entstand, verzeichnet neben 639 Manuskripten allein 1038 gedruckte Bücher. Diese Zahl verweist auf den Ausbau der Klosterbibliothek seit den Reformen durch Abt Johannes Rode. Im rheinischen Brauweiler erwarb man, folgt man einer Auflistung aus der Zeit der Auflösung des Klosters im Zuge Napoleonischen Kriege, gut 180 gedruckte Titel.

Weil mit den Reformen des 15. Jahrhunderts die Handarbeit der Mönche eine Aufwertung erfuhr, ist es schlüssig, dass sie sich auch wieder vermehrt als Schreiber betätigten. Daneben hielt auch der Buchdruck Einzug in benediktinische Klöster. So wurde die erste Druckerpresse in Italien in Subiaco betrieben, und zwar von zwei aus Deutschland stammenden Laien namens Arnold Pannartz und Konrad Sweynheym, die dort im Jahr 1465 eine Werkausgabe des Lactanz veröffentlichten. Im bayerischen Wessobrunn wurde im Jahr 1502 eine Klosterdruckerei eingerichtet.

Benediktinische Gelehrsamkeit

Schon die Zusammenstellung der Bibliotheken benediktinischer Gemeinschaften verweist darauf, dass sich die Mönche und Nonnen des Mittelalters nicht auf den schmalen Kanon geistlicher Werke beschränkten, deren Lektüre die Benediktsregel empfahl. Die Breite und Vielfalt benediktinischer Gelehrsamkeit lässt sich auch an den Schriften ablesen, die innerhalb der Klostermauern neu verfasst wurden: Heiligenviten, historiographische und exegetische Werke, theologische Traktate, Visionsliteratur oder auch naturwissenschaftliche Abhandlungen, um nur einige Beispiele zu benennen.

Innerhalb der historiographischen Literatur stellen Heiligenviten die größte Gruppe dar. Immer wieder wurden Biographien verfasst, die primär den Nachweis erbringen sollten, eine im Kloster verehrte heilige Person sei in herausragender Weise dem Vorbild Jesu gefolgt, habe zu Lebzeiten und nach ihrem Tod Wunder vollbracht und sei deswegen zweifellos zu denjenigen zu zählen, die bereits jetzt die unmittelbare Anschauung Gottes genössen. Daneben beinhalten Heiligenviten oft Bezüge auf aktuelle Konflikt- oder Interessenlagen, die mehr oder weniger direkt angesprochen werden. Daher bieten hagiographische Quellen, zu denen neben den Viten auch Mirakelsammlungen sowie Berichte über die Erhebung und Überführung von Reliquien zählen, nicht nur Einblicke in die mittelalterliche Religiosität, sondern auch in ganz handfeste aktuelle Interessensgegensätze innerhalb von Benediktinerklöstern oder in ihrem Umfeld.

Das gilt erst recht für das übrige Spektrum benediktinischer Geschichtsschreibung. Sie beleuchtet wie im Fall der St. Galler Geschichtswerke Ratperts und Ekkehards IV. oder auch der Lippoldsberger Chronik vor allem die Geschicke des eigenen Hauses. Der Rekurs auf die Gründungsgeschichte wie auf zentrale Krisen oder Reformphasen wurde eingesetzt, um zum Beispiel die eigene Identität festzuschreiben oder sich gegen rivalisierende Ansprüche zu behaupten. So verfasste ein Mönch der Trierer Abtei St. Matthias einen ausführlichen, von wörtlich zitierten Dokumenten durchsetzten Bericht der Konflikte zwischen seinem Abt Theoderich von Warsberg († 1287) und dem erwählten Erzbischof Heinrich von Finstingen († 1286), um die Rechtmäßigkeit des Widerstands gegen das Trierer Kirchenoberhaupt zu belegen. In den 1450er Jahren verfasste der Olivetaner Antonius von Barga einen Rückblick auf die Geschichte der eigenen Kongregation vor allem, um an die Ideale zu erinnern, die die Gründer dieser benediktinischen Reformgruppe inspiriert hatten.

Wegen der überaus engen Verschränkung des benediktinischen Klosterwesens mit den geistlichen und weltlichen Eliten der mittelalterlichen Gesellschaft reicht der Horizont monastischer Geschichtsschreibung oft auch weit über die Mauern des eigenen Klosters hinaus. Der Hersfelder Mönch und spätere Abt von Hasungen Lampert († nach 1081) verfasste zum Beispiel mit seinen Annalen ein Geschichtswerk, das als Weltchronik beginnt und mit einer breiten Schilderung aktueller Konflikte in Kloster und Welt endet. Seine Berühmtheit verdankt es vor allem dem von starker Polemik gekennzeichneten Bericht über die Auseinandersetzungen König Heinrichs IV. mit Papst Gregor VII., der Lampert zu einem – wenn auch umstrittenen – Hauptzeugen für das Treffen beider Kontrahenten in Canossa macht. Daneben weiß der Hersfelder Mönch aber zum Beispiel auch von Auseinandersetzungen zwischen dem Erzbischof von Köln und Kölner Kaufleuten zu berichten, nahm also in verschiedenster Hinsicht lebhaft am Weltgeschehen seiner Zeit teil. Abt Suger von Saint-Denis, selbst für einige Zeit Reichsverweser in Stellvertretung des französischen Königs Ludwig VII., schuf mit seiner Biographie des Vaters, Ludwigs VI., den Ausgangspunkt für eine Serie von Königsbiographien, die in den folgenden Generationen im selben Kloster entstanden. Die Sammlung dieser Königsbiographien wurde schließlich zum Nukleus der *Grandes Chroniques de France*, dem mehrfach neu überarbeiteten Hauptwerk hofnaher bzw. höfischer Historiographie im spätmittelalterlichen Frankreich. Vergleichbar sind in ihrer Entstehung die *Taten der Grafen von Barcelona*, einem zwischen 1180 und 1184 in der katalanischen Abtei Ripoll entstandenen genealogischen Geschichtswerk, das in späteren Generationen mit Passagen zu den aragonesischen Königen angereichert wurde.

Gelehrte Netzwerke der Karolingerzeit

Benediktinische Gelehrsamkeit umfasste ein breites Spektrum theologischer, philosophischer, philologischer und anderer Wissensgebiete. In der Zeit der Karolinger ist im benediktinischen Mönchtum nicht nur, wie bereits dargestellt, das Bemühen zu fassen, sich die Tradition monastischer Literatur zu erschließen, um die eigene Lebensform tiefer zu verstehen. Vielmehr nahmen zahlreiche Mönche zugleich auch an der Intensivierung des intellektuellen Lebens im 8. und 9. Jahrhundert teil. Karl der Große selbst ließ zum Beispiel Abt Baugulf von Fulda (reg. 779–802, † 815) ein Schreiben zukommen, in dem er zu einer verbesserten Schulung der Mönche aufgefordert wurde. Dem Herrscher erscheine es nützlich, dass Kleriker und Mönche nicht nur regelkonform ein religiös vorbildliches Leben führten, sondern auch je nach eigenem Vermögen intellektuell ausgebildet werden sollten. Gerade aus Klöstern seien zuletzt zahlreiche sehr fehlerhafte Schreiben bei Hofe eingetroffen. Die fehlende Sprachkompetenz erscheine aber als Gefahr für ein rechtes Schriftverständnis. Daher solle Abt Baugulf für eine Verbesserung des geistigen Lebens in seinem Kloster Sorge tragen. Die abschließende Aufforderung, dieses Schreiben auch anderen Klöstern und sogar Bischöfen bekannt zu machen, zeigt, dass die »Bildungsoffensive« des Karolingers nicht exklusiv auf das benediktinische Mönchtum zielte. Karl der Große und seine Umgebung sowie seine Nachfahren und deren Berater haben nicht allein zur Intensivierung der Gelehrsamkeit ihrer Zeit beigetragen. Vielmehr etablierte sich der Hof des Herrschers als Stätte eigener literarischer Aktivitäten und diente vor allem als Kontaktbörse, die Intellektuelle aus den verschiedenen Regionen des fränkischen Großreichs miteinander bekannt machte und damit den Austausch von Büchern, Schülern und Ideen überhaupt erst ermöglichte. Dabei spielte es eine untergeordnete Rolle, ob die Protagonisten dieser Gelehrtenkultur dem benediktinischen Mönchtum angehörten oder einer anderen religiosen Lebensweise verpflichtet waren. Selbst ein Laie wie Einhard war in diese gelehrten Netzwerke eingeflochten.

Hrabanus Maurus

Ein herausragender Exponent dieses Milieus war Hrabanus Maurus. In jungen Jahren war er um 790 als Oblate Abt Baugulf von Fulda anvertraut worden. Baugulf schickte ihn an den Hof Karls des Großen sowie zu Alkuin († 804), als dessen Schüler sich Hrabanus Zeit seines Lebens darstellen sollte. Zugleich verdankte Hrabanus seinem Lehrer den Beinamen Maurus, den dieser ihm nach dem Vorbild des Lieblingsschülers Benedikts von Nursia verlieh. Hrabanus Maurus übernahm nach seiner endgültigen Rückkehr um das Jahr 804 in Fulda die Funktion eines Lehrers. Dort verfasste er zunächst ein Werk zur Ehre des heiligen Kreuzes, eine Abfolge von 28 Figurengedichten, denen er Prosaerläuterungen folgen ließ. Unter Abt Eigil (reg. 818–822) folgte eine Unterweisungsschrift, in der Hrabanus zentrale Wissensbestände für Priester zusammenstellte. Dieses Werk entstand zwar auf der Grundlage von Fragen, die ihm Fuldaer Mitbrüder gestellt hatten, und auf Anstoß des Abtes, Hrabanus widmete es aber dem für Fulda zuständigen Mainzer Erzbischof. Sein weiteres Œuvre, das in großen Teilen nach der Ernennung Hrabans zum Abt von Fulda im Jahr 822 entstand, zeigt die Breite seiner Interessen: Eine Folge von

Kommentaren zum Alten und Neuen Testament, Werke zu Zeitrechnung und Grammatik sowie zur kirchlichen Praxis, aber auch eine polemische Schrift über die Legitimität der Praxis, Minderjährige als Oblaten Klöstern zu übergeben. Dabei handelte es sich um ein Gelegenheitswerk: Über die Oblation war es zum Streit zwischen Abt Hrabanus Maurus und einem Fuldaer Mönch namens Gottschalk gekommen, der seine Angehörigkeit zum Kloster anfocht. Die Widmungsbriefe, die der Fuldaer Abt und spätere Erzbischof von Mainz seinen Werken beigab, zeigen seine Vernetzung mit den Spitzen des Reichs wie des fränkischen Klerus: Neben Angehörigen der Herrscherfamilie stand Hrabanus Maurus mit zahlreichen Bischöfen und Äbten in Kontakt, auch weil er sich vor allem wegen seiner Bibelkommentare eines exzellenten Rufs als Gelehrter erfreute. Dieses Ansehen nutzte er gegen Ende seines Lebens, um den abtrünnigen Mönch Gottschalk wegen seines Lebenswandels sowie strittiger Lehren über die göttliche Vorherbestimmung verurteilen zu lassen.

Lupus von Ferrières

Durchaus vergleichbar ist die Karriere des Lupus von Ferrières, eines Schülers Hrabans. Lupus wurde aus seinem Heimatkloster nach Fulda entsandt, um dort ausgebildet zu werden. Er nutzte diese Zeit zugleich, um mit namhaften Gelehrten wie Einhard in Kontakt zu treten. Nachdem er sich durch einige eigene Werke wie auch die Anfertigung einer juristischen Textsammlung einen Namen gemacht hatte, wurde er im Zuge der Konflikte um das Königtum im Jahr 840 zum Abt seines Heimatklosters Ferrières ernannt. Trotz der daraus resultierenden politischen und administrativen Pflichten widmete sich Lupus auch weiterhin dem, wofür er vor allem bekannt geworden ist: dem Sammeln, Verbessern und Kopieren antiker Texte. Lupus aktivierte seine europaweiten Verbindungen, um Handschriften aus Rom oder York zu erbitten, und erwies sich zugleich als vorsichtiger Bücherbesitzer, der sehr genau über die Risiken eines intensiven »Fernleihverkehrs« nachdachte. Die von Lupus überarbeiteten Handschriften trugen dazu bei, dass Manuskripte der Karolingerzeit eine zentrale Bedeutung für die

Überlieferung nichtchristlicher lateinischer Literatur der Antike gewannen. Diese Gelehrtenwelt, für die Hrabanus Maurus und Lupus von Ferrières nur zwei Beispiele sind, blieb nicht auf Benediktinerklöster beschränkt. Sie bewirkte aber einen grundsätzlichen Wandel der klösterlichen Schriftkultur, die sich weit über den engen Rahmen hinaus entwickelte, den die Benediktsregel gesteckt hatte.

Hochmittelalterliche Gelehrsamkeit

Bis ins Hochmittelalter hinein blieb das benediktinische Mönchtum ein wichtiger Träger der Gelehrtenkultur. Noch am Beginn der Entfaltung der Scholastik, die ab dem 13. Jahrhundert in der Universität eine dauerhafte institutionelle Heimat finden sollte, trugen Benediktiner zur stürmischen Umprägung mittelalterlichen Wissens bei. Allerdings sollte ihre Rolle nicht in der Rückschau als Entwicklung einer weniger intellektuell als charismatisch geprägten Monastik verstanden werden, der die von anderen Kreisen getragene Scholastik entgegengestanden hätte. Vielmehr zählten Benediktiner wie Lanfranc und Anselm von Bec – die beide zu Erzbischöfen von Canterbury ernannt wurden und damit Vorsteher eines benediktinischen Kathedralkapitels waren –, aber auch Abaelard, Rupert von Deutz und Hildegard von Bingen in je eigener Weise zu denjenigen, die nicht nur die Inhalte theologischen Denkens weiterentwickelt, sondern auch an der neuen sozialen und kulturellen Verortung des Wissens im Hochmittelalter mitgewirkt haben. Die Verbindungen zwischen Angehörigen benediktinischer Klöster und den besonders lebhaften Kathedralschulen blieben zunächst so eng, dass es zu heftigen Auseinandersetzungen kam, die auch in der persönlichen Begegnung ausgetragen wurden. Rupert von Deutz, damals noch Mönch der Lütticher Abtei St. Laurentius, reiste zum Beispiel nach Frankreich, um mit Anselm von Laon und dessen Schülern seine strittigen Thesen zu diskutieren. Und Abaelard schildert sich in seiner autobiographischen *Historia calamitatum* (»Geschichte meines Unglücks«) als Abt, der sich nach seinen intellektuellen Auseinandersetzungen aktuell vor allem bei der Organisation einer monastischen Männer- und Frauengemeinschaft aufreibt. Die

Übergänge zwischen der Welt des benediktinischen Mönchtums und der der dynamisch sich entwickelnden Schulen blieben also bis zur Mitte des 12. Jahrhunderts fließend.

Rupert von Deutz

Rupert von Deutz gehört mit seiner Ausdeutung der Liturgie, dem Traktat über die Dreifaltigkeit und den Kommentaren zu einzelnen biblischen Büchern zu den produktivsten Autoren des Hochmittelalters. In polemischer Auseinandersetzung mit den französischen Kathedralschulen entwickelte er eine eigenständige Methode theologischer Wahrheitsfindung, die auf einer intimen Kenntnis der Bibel beruhte. Im Gegensatz zu anderen zeitgenössischen Autoren orientierte er sich in seinen Werken weniger an den Ausführungen spätantiker Kirchenväter wie Augustinus, sondern entwickelte seine Gedanken aus dem eigenen Nachdenken über die Bücher des Alten und Neuen Testaments. Diese Interpretations- und Argumentationstechnik lässt sich durchaus aus der Tradition monastischer Bibelmeditation herleiten und brachte Werke hervor, die gleichfalls für eine geduldige fortlaufende Lektüre gedacht waren. In seiner größeren Selbstständigkeit gegenüber den überkommenen Autoritäten der Kirchenväter und schulischen Lehrautoritäten wie Anselm von Laon entwickelte Rupert von Deutz Positionen, die sich deutlich von denen seiner Zeitgenossen unterschieden. Gegen die Angriffe, denen er deswegen ausgesetzt war, verteidigte er sich mit dem Hinweis auf göttliche Inspirationen, die ihn dazu autorisierten, seine Lehren niederzuschreiben und zu verbreiten. Bei diesen Auseinandersetzungen ging es unter anderem um die zentrale Frage, ob Mönche überhaupt zur Bibelinterpretation autorisiert waren – was Rupert unter Verweis auf Visionen, die ihm zuteil geworden waren, vehement bejahte. Die Unterstützung des Siegburger Abts und späteren Bischofs von Regensburg Kuno sowie des Kölner Erzbischofs Friedrich I. von Schwarzenburg sicherte ihm die Möglichkeit, von Lüttich aus zunächst in die Abtei Siegburg zu wechseln, um schließlich Abt von St. Heribert in Deutz zu werden. Zur Verbreitung seiner Werke trug nicht nur die Unterstützung durch Bischof Kuno und Erzbischof Friedrich bei, sondern auch die Kontakte zu verschiedenen Benediktinerābten, Angehörigen anderer religiöser Gemeinschaften und Bischöfen. Auch die kritische Auseinandersetzung der Prämonstratenser und (Erz-)Bischöfe Norbert von Xanten und Anselm von Havelberg zeugen von der weiten Verbreitung des Œuvres Ruperts von Deutz.

Hildegard von Bingen

Auch Hildegard von Bingen berief sich auf göttliche Bevollmächtigungen, um ihre Autorschaft zu rechtfertigen. Sie nutze ihre Visionen darüber hinaus, um sich Freiräume für eine selbst gestaltete Lebensform zu verschaffen. Als Mädchen wurde sie einer Gemeinschaft von Reklusinnen übergeben, die bei der Abtei von Disibodenberg angesiedelt und dem dortigen Abt unterstellt war. Nachdem sie die Nachfolge ihrer Lehrerin Jutta von Sponheim übernommen hatte, erzwang sie unter Verweis auf den sicheren Willen Gottes, dass sie mit ihren Mitschwestern in ein selbstständiges Kloster auf dem Rupertsberg bei Bingen umsiedeln durfte. Ihre Prominenz, die sie ihren Briefen und prophetischen Schriften verdankte, ermöglichte es ihr, mehrere Predigtreisen durch West- und Süddeutschland zu unternehmen. Die Stilisierung der Erinnerung an sie, die in ihrem Kloster bereits zu Lebzeiten einsetzte, konnte ihr sogar eine Bestätigung durch Papst Eugen IV. und Bernhard von Clairvaux zuschreiben, ohne dass es tatsächlich zu einer solchen Autorisierung bzw. Anerkennung ihres Wirkens gekommen sein muss. Hildegard selbst berief sich in ihren Werken auf Lichtvisionen und eine göttliche Stimme, der sie ihre Einsichten und Bevollmächtigungen verdankte. Dadurch präsentiert sich ihr Werk letztlich als Verkündigung der Erkenntnisse, die ihr von Gott eingegeben worden sind – nicht als das Resultat eigenen Wissens oder Nachdenkens. Durch diese rhetorische Figur konnte Hildegard als Frau und Nonne der Öffentlichkeit Werke vorlegen, für deren Abfassung sie in den Augen ihrer Zeitgenossen eigentlich nicht autorisiert war. Ihre eigene Ausbildung und ihre Kenntnis umfangreichen Schrifttums trat hinter dieser literarischen Stilisierung der Prophetin Gottes zurück. In Zusammenarbeit mit Männern wie dem Disibodenberger Mönch Volmar schuf sie ein umfangreiches Werk, das ebenso theologische wie naturwissenschaftliche Fragen behandelte. Ihr *Liber Scivias* (»Wisse den Weg«) verbindet zum Beispiel kosmologische, heilsgeschichtliche und trinitätstheologische Aussagen in der Form, dass symbolisch stark verdichtete Bilder beschrieben und ausgedeutet werden. Neben weiteren Werken, die um kosmologische oder auch tugendallegorische Fragen kreisen, verfasste sie Schriften, die das naturwissenschaftlich-medizinische Wissen ihrer Zeit verarbeiten. Daneben sind auch geistliche Lieder aus ihrer Feder überliefert.

Benediktinische Wissensbestände im Übergang vom Hoch- zum Spätmittelalter

Das Wirken Ruperts von Deutz oder Hildegards von Bingen belegt die lebendige intellektuelle Kultur benediktinischer Klöster während des 12. Jahrhunderts. Zugleich ist in ihren Schriften aber auch bereits eine gewisse Distanz zu den Formen der Argumentation und Wissensproduktion zu erkennen, aus denen sich in den Jahrzehnten um 1200 die Universitäten entwickelten. Und in der Tat beteiligte sich das benediktinische Mönchtum über längere Zeit kaum an der Entfaltung des europäischen Universitätswesens und geriet daher seit dem 13. Jahrhundert intellektuell ins Hintertreffen. Daher zählte es zu den Reformmaßnahmen des Spätmittelalters, von den Abteien zu fordern, einer bestimmten Zahl der Konventsmitglieder ein Studium zu ermöglichen, was zum Beispiel die Bulle *Summi magistri dignatio* Papst Benedikts XII. vorschrieb. Allerdings gab es auch Ausnahmen wie den 1331 verstorbenen Abt Engelbert von St. Peter in Salzburg und Admont, der nach einem Studium in Padua vor allem durch intensives Bücherstudium dazu befähigt war, ein breites gelehrtes Œuvre zu verfassen, in dem er sich um die Vermittlung des aktuellen Aristotelismus mit christlichen Traditionsbeständen bemühte.

Daneben pflegten Benediktiner Wissensbestände jenseits universitärer Gelehrsamkeit. Ein eindrucksvoller Zeuge ist Matthew Paris, seit 1217 Mönch in St. Albans, der ein umfangreiches historiographisches und hagiographisches Œuvre hinterlassen hat. Neben Texten nutzte er auch Karten und andere Skizzen, um seine Manuskripte zu umfangreichen Wissenskompendien zu machen. Zugleich referiert er antijüdische Stereotype wie die Geschichte vom vermeintlichen Ritualmord am Knaben Hugo von Lincoln oder die Legende über Ahasver, den ewig wandernden Juden – Episoden, die fest in den Wissenskulturen des lateinischen Spätmittelalters verankert waren. Ein weiteres Zeugnis für Wissensproduktion und -präsentation jenseits der gelehrten Zentren bildet die Weltkarte des sächsischen Benediktinerinnenklosters Ebstorf, die vermutlich im 13. Jahrhundert auf 30 zusammengenähten Pergamentblättern erstellt wurde. In Übernahme des konventionellen T-O-Schemas mittelalterlicher Weltkarten zeigt sie eine runde Erdscheibe in geosteter Darstellung, deren obere Hälfte Asien einnimmt, sodass Jerusalem als Mittelpunkt der Erde erscheint. Neben geographischen Bezeichnungen, die neben Braunschweig, Lüneburg und Köln auch das Kloster Ebstorf selbst hervorheben, verzeichnet die Karte zum Beispiel auch Orte aus der Bibel, der antiken Literatur oder auch der mittelalterlichen Alexandersage. Die Darstellung verbindet die Szene von Christi Auferstehung mit den Mauern des endzeitlichen Jerusalem nach der Schilderung der Offenbarung des Johannes. Die gesamte Erde wird zugleich als Gottes Schöpfung visualisiert, indem das Haupt, die beiden Hände und die Füße Christi die Haupthimmelsrichtungen anzeigen.

Die spätmittelalterlichen Reformbewegungen innerhalb des benediktinischen Mönchtums lebten von einer engeren Verbindung mit den Universitäten. Sie wurden von Protagonisten geprägt, die in Prag, Wien oder Heidelberg studiert hatten. Folgerichtig entwickelten sich während des 15. Jahrhunderts auch Benediktinerabteien wieder zu intellektuellen Zentren. Auch wenn es keinen spezifischen Klosterhumanismus gegeben hat, konnten einzelne Benediktiner durchaus an humanistischer Gelehrsamkeit und gelehrter Kommunikation Anteil erlangen. Allerdings standen diese intellektuellen Interessen gelegentlich in einem Spannungsverhältnis zu den Forderungen nach einer intensivierten Spiritualität und einer strengeren Regelobservanz, die die benediktinischen Reformbemühungen des ausgehenden Mittelalters vor allem prägten. Symptomatisch dafür ist das Leben und Wirken des Abtes Johannes Trithemius. Er baute im Kloster Sponheim, dem er bereits kurz nach seinem

Eintritt im Jahr 1482 als Abt vorstand, eine umfangreiche Bibliothek auf, korrespondierte mit zahlreichen Größen des Humanismus und wurde selbst zu einem fruchtbaren Autor. Diese Aktivitäten trugen jedoch dazu bei, dass er wegen fehlender Sorge um seinen Konvent Sponheim verlassen musste, um sein Leben stattdessen als Abt von St. Jakob in Würzburg zu verbringen, eines gerade erst wieder neu besiedelten ehemaligen Schottenklosters, für das er erneut eine umfangreiche Büchersammlung zusammentrug.

Klösterliche Schriftkultur und Gelehrsamkeit

Überblickt man die klösterliche Schriftkultur und Gelehrsamkeit, fällt sofort auf, wie weit sich das benediktinische Mönchtum bereits seit der Karolingerzeit von den Vorgaben der Benediktsregel entfernt hatte. Die Mönche und Nonnen beschränkten sich keineswegs auf die *ruminatio*, die murmelnde Aneignung und Meditation eines schmalen christlich-monastischen Lektürekanons. Vielmehr nahmen sie durch die Abschrift und Aufbewahrung eines breiten Spektrums gelehrten Schrifttums wie auch durch die Produktion eigener Werke Anteil an der Entfaltung mittelalterlicher Wissenskulturen, die weit über die Spezifika monastischer Schriftkultur hinausweist. Lediglich im 13. und 14. Jahrhundert war diese Einbindung in die mittelalterliche Wissenskultur etwas eingeschränkt, als das benediktinische Mönchtum weniger als die neuen Orden wie Zisterzienser und vor allem die Bettelorden an den Innovationen von Scholastik und universitärer Gelehrsamkeit partizipierten. Daneben beteiligten sich Benediktiner aber auch an der Sammlung und Weiterverbreitung von praktischem Wissen. Ein eindrucksvolles Zeugnis stellt die etwa 2 x 2 Meter messende Weltkarte dar, die der venezianische Kamaldulenser Fra Mauro in der Mitte des 15. Jahrhunderts anfertigte. In ihr verbinden sich die Traditionen arabischer Weltkarten und mediterraner Portolankarten mit dem Wissen von Reiseberichten und Seefahrern des 15. Jahrhunderts. Die Südung der Karte wie auch die Farbgebung folgen Vorbildern wie den Werken, die Al-Idrisi im 12. Jahrhundert für König Roger II. von Sizilien angefertigt hat. Das Wissen um die Küsten Afrikas, innerasiatische Regionen oder den indischen Subkontinent konnte Fra Mauro hingegen nur von zeitgenössischen Reisenden übernehmen. Offenbar tauschte er sich zu diesem Zweck auch mit Seeleuten aus, die in Venedig angelegt hatten. Das Resultat belegt, wie präzise und detailliert das europäische Wissen um die Welt war, bevor die Europäer Amerika für sich entdeckten, und wie umfangreich ein Mönch an diesem Wissen teilhaben konnte. Auch hier greift benediktinische Gelehrsamkeit erneut weit über den engen Rahmen hinaus, den die Benediktsregel einst abgesteckt hatte, indem sich Mönche maßgeblich an der Ausweitung der Wissensbestände des lateinisch geprägten Europas beteiligten.

Abb. 9: Weltkarte des venezianischen Kamaldulensers Fra Mauro (Mitte des 15. Jh.).

5 Das Kloster zwischen König, Kirche und Stadt

»Sich dem Treiben der Welt entziehen« (RB 4,20).

Das Kloster sollte den Asketinnen und Asketen einen Raum zur Verfügung stellen, um von der Welt unangefochten ihren Weg zur Selbstvervollkommnung zu suchen. Der Idealentwurf der Benediktsregel befasst sich daher beinahe ausschließlich mit dem klösterlichen Binnenraum – Kontakte nach außen werden durch Abt und Pförtner kanalisiert und auf das nötigste Mindestmaß reduziert. Nur anlässlich besonderer Krisen im Kloster werden der Bischof, andere Äbte oder die Christen in der Nachbarschaft kurz erwähnt. In der Praxis waren benediktinische Klöster hingegen auf vielfältige Weise eng mit der sie umgebenden Welt verbunden. Die Welt konnten dabei für sie selbstverständlich politische Akteure wie Kaiser, Könige oder Fürsten wie auch das gesellschaftliche Umfeld der Klöster sein. Für die Mönche zählte aber auch der Weltklerus unter den Diözesanbischöfen mit ihrer Verantwortung für die Seelsorge und die Sakramentenspendung zur Welt, zu der sie ihr Verhältnis definieren mussten. Hinzu trat seit den Kirchenreformen des 11. Jahrhunderts die Papstkirche, die sich jenseits bischöflicher Kollegialität als eigene Struktur etablierte. Wie die Grenze zur Welt – zu diesen verschiedenen Bezugsgrößen, mit denen Klöster immer eng verflochten waren – gezogen wurde, musste immer neu ausgehandelt werden. Mayke de Jong hat diesen ständigen Bedarf, die Grenzen zwischen Kloster und Welt neu zu ziehen, als Kern des kontinuierlichen Bemühens um Reform im mittelalterlichen Klosterwesen bezeichnet.[1]

Die Welt im Kloster

Dabei lassen sich spätestens in der Karolingerzeit Praktiken beobachten, die die Distanz zwischen Kloster und Welt scheinbar klar markieren: Schon aus dem alten Mönchtum stammen die konsequente sexuelle Enthaltsamkeit, die Gewohnheit strengen Fastens sowie der besondere Mönchshabit, durch die Mönche sich von anderen Menschen unterschieden. Weil die Klostermauer durchlässig geworden war, etablierte sich bis zur Karolingerzeit die Klausur als der Bereich des Klosters, der den Mönchen vorbehalten bleiben sollte. Bereits der St. Galler Klosterplan aus dem frühen 9. Jahrhundert lässt die Funktionsräume erkennen, die für diesen inneren Bereich des Mönchskonvents bald zum Standard werden sollten: ein von einem Kreuzgang eingefasstes Geviert, an dem der Schlafsaal (Dormitorium), der Speisesaal (Refektorium) und die Küche liegen. Dort, wo der Klosterplan unterhalb des im Obergeschoss gelegenen Schlafsaals eine Wärmestube einzeichnet, sollte später der Kapitelsaal verortet sein – nach der Kirche der am aufwändigsten geschmückte Raum des Klosters, in dem sich die Mönche zur Beratung, zur Regelung interner Angelegenheiten und zur Verlesung des Regeltexts trafen. Die konkrete Anordnung der einzelnen Funktionsräume geschah allerdings in der Frühzeit des benediktinischen Mönchtums unter Rücksichtnahme auf die lokalen räumlichen Verhältnisse – das Refektorium von Montecassino lag zum Beispiel nicht am der Kirche gegenüberliegenden Flügel des Kreuzgangs, sondern war vom westlichen Flügel aus zu betreten und erstreckte sich entlang der Südwand des Kirchengebäudes.[2]

Askese, Klausur und Körpermarkierungen wie Habit und Tonsur bewahrten die Mönche aber nicht davor, sich mit der Welt auseinanderzusetzen. Dies belegen etwa die Erzählungen des St. Galler Geschichtsschreibers Ekkehard über Besucher in der Klausur seines Heimatklosters, die nicht dem Mönchsstand angehörten. Der ehemalige Klosterschüler und spätere Bischof von Konstanz und Abt von St. Gallen Salomo hat nach dem Bericht des Chronisten bereits vor seiner Mönchwerdung regelmäßig ohne Begleitung die Klausur betreten, ohne das Gewand eines Mönchs zu tragen. Zugleich habe er aber als mit den

Mönchen verbrüderter Prälat reiche Stiftungen getätigt, zu denen unter anderem ein Gastmahl an jedem Monatsersten gehört habe. Sei er zugegen gewesen, habe er den Brüdern als Diener aufgewartet. Darüber hinaus habe er einzelnen Mönchen besondere Geschenke gemacht. Nach Ekkehards Bericht habe das zentrale Problem für die Mönche darin bestanden, dass Salomo in der Kleidung eines Laien die Klausur betreten habe, sodass man schließlich die Vereinbarung getroffen habe, er solle sich an einer bestimmten Stelle den Mönchshabit überstreifen, obwohl er noch nicht dem Kloster angehört habe. Später habe er am Altar des heiligen Gallus die Profess abgelegt und schließlich auch die Leitung der Abtei übertnommen.

Anlässlich des Besuchs und der Verbrüderung König Konrads I. an Weihnachten 911 schildert Ekkehard noch ausführlicher, wie weltlich es in der Klausur zugehen konnte. Er habe junge Knaben während des gemeinsamen Mahls im Refektorium vorlesen lassen und ihnen zur Belohnung Goldstücke in den Mund gelegt. Nach der Aufnahme in die St. Galler Verbrüderung habe er nicht nur die Altäre der Kirche reich beschenkt, sondern auch den Mönchen ein üppiges Mahl ausgerichtet: »Niemand sprach, dies oder das sei eigentlich verwehrt, obzwar man's früher nie gesehen und nie gehört. Nie atmeten sie dort in der Klosterluft von Wild und Fleisch den gewürzten Duft. Gaukler tanzten und sprangen; Musikanten spielten und sangen.«[3] Durchaus positiv kann es der Autor des 11. Jahrhunderts werten, wenn seine verstorbenen Mitbrüder die Strenge der Klausur nicht beachteten, sondern sie zum Ort herrscherlicher Repräsentation wie höfischer Heiterkeit werden ließen. Diese Berichte reagieren vermutlich auf Bemühungen Abt Norperts (1034–1072), im Zuge einer Reform des klösterlichen Lebens in St. Gallen auch strengere Klausurvorschriften durchzusetzen, und spiegeln darin das Ringen um die Definition des klösterlichen Raums, der den Mönchen vorbehalten sein sollte. Möglicherweise – so Mayke de Jong – propagierte Ekkehard, der Mönch solle die Grenze zur Welt verinnerlichen, statt sich ausschließlich auf den physischen Eigenraum der Klausur zu verlassen.[4]

Klosterkonflikte

Nicht nur die räumliche Isolation der Mönche in der Klausur blieb unvollkommen. Wie Steffen Patzolds Analysen hochmittelalterlicher Klosterkonflikte aufgezeigt hat, blieben viele Mönche auch nach dem Eintritt ins Kloster den gesellschaftlichen Gruppen verpflichtet, denen sie zuvor angehört hatten, bzw. konnten sich auf außerklösterliche Netzwerke stützen.[5] Das gilt zum Beispiel für einen Konflikt zwischen Abt Widerad von Fulda (reg. 1060–1075) und einigen jüngeren Mönchen seines Konvents. Der Abt verdankte das Amt vermutlich vor allem der Protektion seines mit ihm verwandten Vorgängers Siegfried, ab 1060 Erzbischof von Mainz, sowie der Gunst der Kaiserin Agnes, die als Witwe Heinrichs III. entscheidenden Einfluss auf die vormundschaftliche Regierung des Reichs nahm, ehe sie 1062 durch die Entführung ihres Sohnes bei Kaiserswerth aus ihrer Schlüsselposition verdrängt wurde. Dieses Ereignis sowie die spektakuläre Demütigung Widerads während einer Rangstreitigkeit mit dem Hildesheimer Bischof Hezilo in Goslar ermutigten die oppositionellen Mönche, gegen ihren Abt vorzugehen. Sie leisteten offenen Widerstand und zogen schließlich, als sich eine Einigung als unmöglich erwies, vor den König, um ihm ihre Klagen vorzubringen – allerdings vergeblich. Im Verlauf dieser Auseinandersetzung konnte sich Abt Widerad nicht nur auf Kaiserin Agnes und Erzbischof Siegfried von Mainz verlassen, sondern vor allem auch auf seine Verwandten und Freunde, auf die ihm verpflichteten berittenen Kämpfer sowie auf ihn loyal unterstützende ältere Konventsmitglieder. Somit erwiesen sich in diesem wie auch in anderen Klosterkonflikten soziale Beziehungen zwischen Konventsangehörigen und der außerklösterlichen Umgebung als entscheidende Faktoren, die zugleich den Zusammenhalt der Mönchsgemeinschaft gefährdeten.

Die Offenheit der Klausur für Besuch von außen und die Interaktion zwischen Mönchen und außerklösterlichen Netzwerken zeigen die enge Verbindung zwischen Kloster und Welt. Diese Verbindung hatte ungeachtet der Tatsache Bestand, dass bereits im Frankenreich des 8. Jahrhunderts der Verweis auf die Benediktsregel für ein monastisches Programm stand, in dem sich Mönche klar von Klerikern unterschieden, die Klöster aus den Diözesanstrukturen befreit wurden und der innere Bereich des Klosters seinen Bewohnern vorbehalten bleiben sollte. Dieses Programm propagierte eine deutlichere Scheidung von Kloster und Welt. Die Bemühungen, die Grenzen des klösterlichen Binnenbereichs räumlich und sozial zu definieren, spiegeln, wie eng Klöster mit dem Weltklerus wie auch mit politischen Kräften verflochten waren.

5.1 Klöster in Kirchenreichen des früheren Mittelalters

Bis zum Hochmittelalter ist es wenig sinnvoll, kirchliche und weltliche Akteure zu unterscheiden. Zu eng waren Herrscher in die religiösen Belange ihrer Reiche eingebunden, ja fühlten sich von Gott dazu beauftragt, für eine rechte Gottesverehrung wie ein gottgefälliges Leben von Religiosen und Laien Sorge zu tragen. Und selbstverständlich unterstützten Religiose, allen voran Bischöfe, die Herrscher in dieser Sorge für die Seelen und für das rechte Verhältnis zu Gott. Daher kooperierten auch Könige und Klöster aufs engste miteinander. Von den Maßnahmen Karls des Großen und Ludwigs des Frommen war bereits die Rede – sie ermahnten die Mönche in ihren Reichen, sich an der Benediktsregel zu orientieren, und ließen darüber beraten, wie ein regelgemäßes Leben konkret zu gestalten sei. In ähnlicher Weise kooperierten auch die Mönche und Bischöfe Dunstan, Æthelwold und Oswald mit dem angelsächsischen König Edgar bei dem Bemühen, in der zweiten Hälfte des 10. Jahrhunderts das englische Mönchtum zu reformieren. Auch als Stifter konnten Herrscher oder andere weltliche oder geistliche Große maßgeblichen Einfluss auf »ihre« Klöster nehmen, damit das vorbildliche asketische Leben der Mönche oder Nonnen die Wirksamkeit ihres Gebets gewährleistete.

Königliches Handeln

Die Bedeutung, die zum Beispiel Karl der Große seiner Fürsorge für die Klöster beimaß, lässt sich daran ablesen, wie intensiv er sich in den letzten Lebensjahren um sie bemühte. Angesichts krisenhafter Ereignisse in seinem Reich und angesichts seines bevorstehenden Todes ließ er 811 in sehr grundsätzlicher Weise fragen, in welchem Maße sich Religiose zu sehr in weltliche Geschäfte und Laien zu sehr in geistliche Geschäfte einmischten und dadurch das gottgefällige Zusammenwirken von Laien, Klerikern und Mönchen in Gefahr geriete. Dabei setzte er allerdings als selbstverständlich voraus, dass sich alle Genannten gemeinsam am Heeresdienst beteiligten. Außerdem solle man erforschen, nach welcher Regel Mönche gelebt hätten, bevor die Benediktsregel in Gallien bekannt geworden sei – schließlich habe Martin von Tours lange vor Benedikt von Nursia als Mönch gelebt.

Im Frühjahr 813 versammelten sich dann an fünf Zentralorten große Synoden, an denen neben Bischöfen und Äbten auch zahlreiche Große teilnahmen, um im Auftrag des Kaisers über die Zustände in seinem Reich zu verhandeln.[6] Den versammelten Äbten wurde die Benediktsregel vorgelesen und eingeschärft, gemeinsam mit dem Konvent ihr gemäß zu leben. Klosterinsassen sollten sich nicht ungebührlich in Gerichtsverhandlungen oder überhaupt weltliche Geschäfte einmischen. Mönche dürften nur, wenn es notwendig und vom Abt genehmigt worden sei, das Kloster verlassen und auswärts essen oder trinken. Vor allem sollten sie nicht an Gelagen teilnehmen. Damit Mönche wie auch Kleriker ihrem Vorsatz, die Welt zu verlassen, treu blieben, sollten sie sich nicht in weltliche Streitigkeiten einmischen, auf ungerechtem Wege ökonomischen Gewinn anstreben, nicht maßlos trinken und essen, keine Waffen tragen und nicht auf die Jagd gehen. Auch die Nonnen sollten der Benediktsregel folgen. Um die Trennung von Kloster und Welt zu ermöglichen, sollten die kaiserlichen Gesandten gemeinsam mit den Bischöfen überprüfen, ob die Klöster gemäß der Benediktsregel so errichtet worden seien, dass alles Notwendige innerhalb der Klostermauern erledigt werden könne und ob sie eine abgeschlossene Klausur besäßen.

Wenn die Herrscher sich in dieser Form für das Klosterleben verantwortlich zeigten, verwundert es nicht, dass sich im Gegenzug Mönche in ihren Belangen auch an Kaiser und Könige wandten. Das gilt zunächst für die zahllosen Privilegien, in denen Herrscher einzelnen Klöstern ihren Besitz und ihre Rechte bestätigten, ihnen neue Ansprüche verbrieften, die Mönche oder Nonnen aber zugleich zu einem angemessenen asketischen Leben aufriefen, damit sie wirksam für das Seelenheil anderer beten könnten. In der Regel waren derartige Privilegien nicht das Resultat einer systematischen königlichen Klosterpolitik, sondern eine Reaktion auf die Bitte eines Klosters um die Bestätigung der eigenen Rechte.

Interventionen in klosterinterne Auseinandersetzungen

Weitaus tiefer griffen aber Könige und Kaiser in das innere Leben eines Klosters ein, wenn Mönche sie dazu aufforderten, interne Konflikte zu lösen. Bereits zitiert wurde die vergebliche Reise einiger Fuldaer Mönche zu Heinrich IV., von dem sie sich Beistand gegen ihren Abt Widerad erhofften. Ausführlicher noch berichten die Quellen über Auseinandersetzungen zwischen Abt Ratger von Fulda und seinen Mönchen. Vor dem Hintergrund einer sehr ehrgeizigen Baupolitik wie auch mehrerer Seuchen, die den Konvent stark dezimierten, reiste im Jahr 812 eine Delegation Fuldaer Mönche gemeinsam mit ihrem Abt zu Karl dem Großen. Sie beklagten, dass Ratger ihre liturgischen Pflichten wie auch die klösterliche Personal- und Finanzpolitik ganz dem Ziel unterordne, den monumentalen Kirchenbau über dem Grab des heiligen Bonifatius zu vollenden, den sein Vorgänger Baugulf in Angriff genommen hatte. Nachdem bereits Erzbischof Richulf von Mainz im Jahre 809 Fulda aufgesucht hatte, stellte der Rekurs auf Karl den Großen 812 wohl die letzte Möglichkeit dar, den Konvent zu befrieden. Der alternde Kaiser schickte erneut den Mainzer Erzbischof gemeinsam mit weiteren Gesandten nach Fulda, denen es zunächst gelang, die Lage zu beruhigen. Eine erneute Abordnung Fuldaer Mönche, die eine überarbeitete Fassung der Klageschrift von 812 vorlegte, erreichte dann, dass Ludwig der Fromme Abt Ratger 817 absetzte.

Visitationen

Wie eng die Geschicke in einem wichtigen Kloster mit dem kaiserlichen Hof verknüpft sein konnten, schildern die Klostergeschichten Ekkehards von St. Gallen am Beispiel einer Visitation seiner Abtei auf Veranlassung von Otto dem Großen und seinem Sohn Otto II. Aus Verärgerung über und Neid auf St. Gallen habe der Reichenauer Abt Ruodman die Mönche der Nachbarabtei bei den beiden Kaisern denunziert. Sie lebten generell nicht der Benediktsregel gemäß, insbesondere äßen sie Fleisch und verfügten über individuellen Besitz. Seine guten Verbindungen zur Umgebung der Herrscher hätten dazu geführt, dass Ruodmans Vorwürfe Gehör gefunden hätten, obwohl der gleichfalls bei Hofe anwesende St. Galler Mönch Ekkehard dagegen protestiert habe. Die Ottonen hätten eine hochrangige Visitationskommission unter der Leitung Erzbischof Heinrichs von Trier beauftragt, nach St. Gallen zu reisen, um die dortigen Verhältnisse zu überprüfen. Neben dem Erzbischof von Trier gehörten ihr so hochrangige Prälaten wie die Bischöfe von Würzburg, Metz und Speyer sowie die Äbte von Ellwangen, Weißenburg und Lorsch an. Insgesamt soll es sich um eine Delegation von acht Bischöfen und acht Äbten gehandelt haben. Der St. Galler Chronist unterlässt es nicht, den Visitatoren ausführliche Lobreden auf die vorbildlichen Zustände in seinem Kloster in den Mund zu legen, die neben dem monastischen Lebenswandel insbesondere die Gelehrsamkeit preisen. Selbst dort, wo die Mönche gegen die Normen verstoßen hätten, sei das lediglich auf die Armut des Klosters zurückzuführen. Gemeinsam mit dem Konvent hätten daher die Visitatoren moderate Reformvorschläge erarbeitet. Die Bewertung der Visitationsergebnisse und die Entscheidung über das weitere Vorgehen verlegt der Bericht aber wieder an den Kaiserhof: Die beiden Herrscher hätten sich trotz des sehr günstigen Berichts dazu entschieden, mit Sandrad von St. Maximin bei Trier einen weiteren Mönch zur Reform nach St. Gallen zu schicken. Dieser erneute Reformversuch ist jedoch nach der polemischen Darstellung der St. Galler Klostergeschichten an der persönlichen Unfähigkeit des kaiserlichen Bevollmächtigten gescheitert. Somit veranschaulichen diese Episoden nicht nur die herrscherliche Verantwortung für die Klöster, sondern auch die engen Grenzen, die den Eingriffen mittelalterlicher Kaiser und Könige in das klösterliche Leben gezogen waren.

Mönche am Hof

Trotz ihrer Verpflichtung, ihr Leben im Kloster zu verbringen, waren, wie dieser Bericht erkennen lässt, Mönche selbstverständliche Mitglieder der königlichen Entourage. Das galt auch schon während der Karolingerzeit, als Mönche wie Adalhard und Benedikt von Aniane zu den Mitarbeitern Karls des Großen oder Ludwigs des Frommen gehörten. Dabei handelte es sich zum Teil zugleich um Verwandte der Kaiser. Abt Adalhard von Corbie war ein Cousin Karls des Großen, der seinem Vetter in verschiedenen Angelegenheiten diente. Nach der Thronfolge Ludwigs des Frommen im Jahr 814 wurde er vom neuen Alleinherrscher aus seiner Abtei vertrieben und ins Kloster Noirmoutier verbannt. Erst 821 konnte er sein Amt wiederaufnehmen und wurde in seinen letzten Lebensjahren wieder zu einer wichtigen Figur im Umfeld des Kaisers. In Adalhard verband sich die Verwandtschaft zum Herrscherhaus mit der Leitung eines wichtigen Klosters sowie persönlichem Ansehen – somit verschiedene Faktoren, die für die Tätigkeit von Mönchen in der Umgebung früh- und hochmittelalterlicher Herrscher wie den Karolingern und Ottonen entscheidend sein konnten. Die Wirkung dieser monastischen Berater blieb dabei nicht auf monastische Angelegenheiten beschränkt. Adalhard wurde von Karl dem Großen als Gesandter zum Papst geschickt, unterstützte ab 810 den jungen Karolinger Bernhard in seinem italischen Teilreich und fungierte nach der Rückkehr aus der Verbannung im Jahr 821 unter anderem als Vermittler zwischen Ludwig dem Frommen und dem Erzbischof von Lyon. Diese Kooperation zwischen Herrschern und Mönchen sollte sich in den kommenden Jahrhunderten fortsetzen, wie sich etwa an der Rolle ablesen lässt, die der Reichenauer Abt Ruodman und der St. Galler Mönch Ekkehard am Hof der beiden Ottonen gespielt haben.

Externe Verfügung über Klostereigentum

Mit dem Motiv einer religiösen Verantwortung der Herrscher für das wirksame Gebet in den Klöstern ihrer Reiche verband sich die Funktion geistlicher Gemeinschaften als wichtige Zentren der Ökonomie wie der Macht. Deswegen kümmerten sich schon die Merowinger und ihre Hausmeier, die Vorfahren Karls des Großen, nicht nur um das geistliche Leben, sondern auch um die Kontrolle von wirtschaftlichen und politischen Ressourcen der Klöster. Ins Reich der Legenden ist die ältere These zu verweisen, Karl Martell habe im Dienste seiner Auseinandersetzungen mit den Arabern den Besitz von Kirchen und Klöstern säkularisiert, um mit ihm die Kämpfer auszustatten, die den Krieg gegen die Araber geführt hätten. Tatsächlich gehörten kirchliche Institutionen mit ihren Besitzkomplexen zur Herrschaftsgrundlage adeliger Konkurrenten des Großvaters Karls des Großen, der im Zuge seiner zahlreichen Kriegszüge den Besitz der unterlegenen Feinde an seine Krieger verteilte – wie zahllose Herrscher vor und nach ihm. Die große herrschaftliche und ökonomische Potenz von Klöstern hatte in jedem Fall zur Folge, dass schon die Karolinger die Position des Abtes in zahlreichen Klöstern mit Verwandten oder loyalen Gefolgsleuten besetzten. Das gilt zum Beispiel für das eng mit den Vorfahren Karls des Großen verbundene Kloster Echternach. Dessen Gründer Willibrord bekam vom Hausmeier Pippin dem Mittleren, dem Vater Karl Martells, ein Schutzprivileg für sein Kloster ausgestellt, dessen Gültigkeit aber an die Forderung gekoppelt war, Willibrords Nachfolger hätten sich Pippin und seinen Nachfahren gegenüber stets loyal zu verhalten. Noch deutlicher wird dieser Mechanismus in der breiten Durchsetzung von Laienäbten an der Spitze frühmittelalterlicher benediktinischer Klöster. Karls des Großen Vertrauter und Biograph Einhard etwa war zwar in Fulda ausgebildet worden, trat aber nie einem Kloster bei. Als Dank für seine Dienste für die Karolinger wurde er zum Abt mehrerer Abteien ernannt, darunter St. Peter und St. Bavo in Gent, Saint-Wandrille in der Normandie und St. Peter in Fritzlar. Neben mächtigen Laien stellten Bischöfe eine zweite große Gruppe derjenigen, die als Klosterfremde das Abtsamt übertragen bekamen.

Die Herrschaft dieser Laienäbte bzw. klosterfremden Äbte konnte verheerende Folgen für das geistliche und materielle Leben der Klöster haben. Wenn es diesen Äbten aber nicht nur um eine Ausbeutung der materiellen Ressourcen der geistlichen Gemeinschaften ging, traten einige von ihnen ebenso als nachdrückliche Förderer des religiösen Lebens in Erscheinung, wie Franz Josef Felten nachdrücklich herausgearbeitet hat.

Materielle Leistungen der Klöster

Während das Laienabbatiat im 10. Jahrhundert zunächst seine Bedeutung verlor – es sollte in den hochrangigen Klerikern, die vor allem im Mittelmeerraum seit dem 13. Jahrhundert als Kommendataräbte fungierten, seinen Nachfolger finden –, begründeten die Karolinger mit der systematischen Einbindung der Klöster in die politische Praxis ihres Kirchenreichs eine Tradition, die bis in die Zeit der Staufer fortwirkte. Vermutlich im Jahr 819 ließ Ludwig der Fromme eine Liste erstellen, die die Verpflichtungen festhält, die ihm insgesamt 48 Klöster im Falle einer Militärkampagne schuldig waren.[7] Diese Liste schlüsselt auf, dass alle Klöster dem Herrscher zu unterstützendem Gebet verpflichtet waren. Zwölf Klöster hätten darüber hinaus – nicht näher spezifizierte – Abgaben zu leisten. Zwölf weitere Abteien, zum Beispiel Lorsch und Tegernsee, hätten sogar eigene militärische Kontingente zu stellen. Anlass für diese Auflistung waren offenbar Klagen, die Klöster würden vom Kaiser über Gebühr in Anspruch genommen. Allerdings kann die Auflistung nicht vollständig sein, denn wichtige Abteien wie Saint-Denis, Saint-Martin in Tours, St. Gallen oder die Reichenau werden nicht genannt.

Die oft bruchstückhafte Überlieferung des Frühmittelalters erlaubt anhand einer weiteren Quelle, den Reichsdienst von Klöstern zu erfassen. Während seines Aufenthalts in Italien ab dem Jahr 980 forderte Kaiser Otto II. vermutlich im Zuge der Vorbereitung seines Kriegszugs nach Süditalien verschiedene geistliche und weltliche Große aus dem nordalpinen Reich dazu auf, ihm zusätzliche Militärkontingente zuzuführen. Der *Indiculus loricatorum* beinhaltet eine Auflistung von 20 weltlichen Großen, 19 Bischöfen und zwölf Äbten, die jeweils eine bestimmte Anzahl an Panzerreitern nach Italien zu entsenden hätten. Die Liste fordert von weltlichen Machthabern insgesamt 626 Berittene, von bischöflicher Seite 1072 Berittene, während die Abteien 422 Kämpfer abzustellen hätten. Genannt werden die Abteien Murbach, Weißenburg, Lorsch, Hersfeld, Fulda, Stablo und Kornelimünster, Prüm, die Reichenau, St. Gallen, Ellwangen und Kempten. Dabei fällt auf, dass die Äbte von Murbach, Lorsch, Prüm, Reichenau, St. Gallen, Ellwangen und Kempten sogar aufgefordert werden, selbst an der Spitze ihrer Kampfgruppe nach Italien zu ziehen. Diese Liste kann nicht als Grundlage für eine Berechnung des Anteils dienen, den klösterliche Kontingente am gesamten Heeresaufgebot der Ottonen besessen haben, denn sie erfasst lediglich die während eines Italienzugs zusätzlich angeforderten Truppen. Der Vergleich mit anderen Belegen hat vielmehr gezeigt, dass es sich bei den gut 400 von Klöstern gestellten Panzerreitern vermutlich um die Maximalzahl klösterlicher Aufgebote handelt, während zum Beispiel die weltlichen Großen schon zu Beginn des Zugs über die Alpen einen Großteil ihrer Truppen mobilisiert haben dürften. Dennoch belegt der *Indiculus loricatorum* nicht nur das erhebliche militärische Potenzial der großen Klöster, sondern auch ihre Indienstnahme durch den Herrscher.

Unter den materiellen Leistungen, die Ludwig der Fromme pauschal als *Dona* zusammenfasst, sind zum einen Abgaben wie Nahrungsmittel oder auch Ehrengeschenke zu verstehen, zum anderen aber auch die Aufnahme und Verpflegung des königlichen Hofs während seiner Umzüge durch das Reich bzw. während seiner Kriegszüge. Wie sich diese verschiedenen Dienstleistungen und Abgaben zueinander verhalten haben, wann sie eingeführt worden sind, welche Bedeutung sie für den Bestand königlicher Herrschaft besaßen und welche Auswirkungen sie auf das klösterliche Wirtschaften hatten, ist nicht pauschal zu beantworten. Ein Zusammenhang besteht sicher darin, dass Klöster unter anderem mit Gütern und Rechten aus dem Verfügungsbereich der Kaiser und Könige ausgestattet wurden, wofür sie zu regelmäßigen Gegenleistungen verpflichtet waren. Generell wird man nicht mit einem in sich schlüssigen System zu rechnen haben, sondern mit Gepflogenheiten, die sich an der spezifischen Lage wie dem je besonderen Status des Einzelklosters orientieren. So ist zum Beispiel einem spätkarolingischen Güterverzeichnis, dem Weißenburger Urbar, abzulesen, dass dieses Kloster vor allem zu Transporten im Dienste des Königs herangezogen wurde, zu Land wie zu Wasser. Für Prüm spielten hingegen neben der Lieferung von Nahrungsmitteln insbesondere die Ausrüstung militärischer Kontingente für den Reichsdienst eine entscheidende Rolle, wie das ebenfalls in der späten Karolingerzeit 893 entstandene Prümer Urbar erkennen lässt. Für die Abtei Werden setzt die Urbar-Überlieferung erst im 11. Jahrhundert ein; sie erlaubt die Berechnung, dass Werden unter anderem an Tieren acht Kühe, 68 Schweine, 15 Ferkel, acht Pfauen sowie 196 Hühner liefern musste, darüber hinaus Käse, Eier, Getreide, Bier und Gefäße.

Mönche und Mission

Eine weitere Aufgabe, zu der Klöster in intensivem Maße herangezogen wurden, war die Unterstützung christlicher Missionsunternehmungen. Dabei handelte es sich in der Regel um ebenso politisch wie religiös angelegte Kampagnen, die neben der Taufe und der Etablierung christlicher Institutionen zugleich auch die Einordnung der neuen Glaubensbrüder und -schwestern in christlich dominierte politische Strukturen bezweckten. Schon zur Zeit der Merowinger, aber auch bis ins Hochmittelalter hinein dienten Benediktinerklöster in verschiedenen Funktionen zur Unterstützung der Ausbreitung des Christentums. Sie stellten Personal, Wissen und materielle Güter zur Verfügung. Das gilt für die Verbindung zwischen der Abtei Echternach, dem Bistum Utrecht und den Missionsbemühungen bei den Friesen ebenso wie für die Verbindungen zwischen der Abtei Werden und dem neu gegründeten sächsischen Bistum in Münster oder der selbst erst im Gefolge der Eroberung und Christianisierung Sachsens begründeten Abtei Corvey und dem Erzbistum Hamburg/Bremen. Am Lebensweg des ersten Erzbischofs von Hamburg/Bremen, des heiligen Ansgar, lässt sich die Kooperation von Kloster, Kirche und König geradezu mustergültig verfolgen. Ansgar war bereits als Knabe dem Kloster Corbie in der Picardie übergeben worden. Nachdem er dort ausgebildet worden war, wechselte er in das kurz zuvor im Jahr 823 gegründete Tochterkloster Corvey an der Weser, um dort als Lehrer zu wirken. Drei Jahre später stellte er sich aber Kaiser Ludwig dem Frommen zur Verfügung, um als geistlicher Begleiter des dänischen Königs Harald Klak zu wirken, der sich hatte taufen lassen und zugleich als Satellitenkönig des Frankenherrschers für eine Einordnung Dänemarks in das Bündnisgefüge der fränkischen Schutzmacht sorgen sollte. In den folgenden Jahren bereiste Ansgar als Missionar den Ostseeraum, zu dessen Missionszentrum das neu gegründete Erzbistum Hamburg werden sollte. Nach der Zerstörung Hamburgs 845 wurde das Erzbistum nach Bremen verlegt, weil Ansgar dadurch den vakanten Bischofsstuhl übernehmen konnte. Die Lebensbeschreibung Ansgars, die sein Schüler und Nachfolger, der ebenfalls aus Corvey stammende Rimbert, verfasste, steht nicht nur für die kontinuierlichen Verbindungen zwischen dem Weserkloster und dem Erzbistum. Vielmehr belegt sie zugleich auch, wie umstritten der Weg vom Mönch zum Missionar und Erzbischof war. Ansgar selbst scheint daran gezweifelt zu haben, ein gottgefälliges Leben geführt zu haben. Zugleich reagiert die *Vita Anskarii* auf entsprechende Diskussionen, denn sie lässt ihren Helden bereits vor dem Verlassen von Corvey darüber klagen, dass ihm die Mitbrüder seine Entscheidung vorwerfen, das Versprechen eines kontemplativen klösterlichen Lebens zu verraten. Und dem späteren Erzbischof attestiert Rimbert, er habe durch regelmäßige Askese und regelmäßiges Gebet seine bischöflichen Pflichten so gut es ging mit dem Leben eines Mönchs verbunden.

Klöster als eigenständige Herrschaftsträger

Klöster fungierten im früheren Mittelalter nicht nur als Orte des stellvertretenden Gebets und der Produktion und Weitergabe von Wissen, sondern auch als eigenständige Herrschaftsträger sowie wichtige Akteure im politischen Gefüge der Königreiche in den lateinischen Christenheiten. Diese enge Verschränkung resultierte nicht nur daraus, dass Herrscher die Mönche in ihren politischen Dienst nahmen, sondern vor allem aus einem religiösen Verständnis der Aufgaben eines Königs: Er war zuerst dafür verantwortlich, dass Gott sich ihm und seinem Reich gnädig zeigte, und kümmerte sich daher auch um ein gottgefälliges Leben und Beten in den Klöstern seines Reichs. Aus diesem Grund kooperierte er mit Äbten ebenso wie mit Bischöfen, um die liturgischen, theologischen und moralischen Angelegenheiten zu ordnen. Insofern ist es für das frühere Mittelalter auch nicht sinnvoll, Herrschaft und Kirche gegenüberzustellen, denn die Sphären der Könige, Bischöfe und Äbte waren viel zu eng miteinander verwoben. Aus der Perspektive des benediktinischen Mönchtums folgt daraus, dass der König und seine Umgebung ebenso zur »Welt« zählte wie der Weltklerus unter der Leitung der Bischöfe – zu der Welt, von der sich der Mönch abwenden wollte und mit der er doch stets in Verbindung stand.

5.2 Klöster zwischen Kirche und Politik im Hochmittelalter

An der unauflösbaren Vernetzung der Mönche mit der »Welt« änderte sich auch mit den hochmittelalterlichen Kirchenreformen nichts grundsätzliches, auch wenn die Welt sich in dieser Epoche rapide wandelte. Die ältere Forschung hat im burgundischen Reformkloster Cluny den entscheidenden Anstoß für die Entwicklungen gesehen, die zum Investiturstreit führen sollten, der als Grundsatzkonflikt zwischen Staat und Kirche verstanden wurde: Cluny, bewusst dem heiligen Petrus und keinem weltlichen Herrn zum Schutz anvertraut, habe das Modell einer von Laieneinflüssen unabhängigen Kirche entwickelt. Unter dem Schlagwort, für die Freiheit der Kirche zu kämpfen, sei dieses Modell von den Kirchenreformern auf das Verhältnis zwischen Papstkirche und kaiserlicher Universalmonarchie übertragen worden. Allen voran habe der vermeintlich aus dem Kloster Cluny stammende Papst Gregor VII. den Grundsatzkonflikt vorangetrieben, dessen Höhepunkte der sogenannte »Gang nach Canossa« 1077, die dramatisch gescheiterte Kaiserkrönung Heinrichs V. und Gefangennahme Papst Paschalis II. 1111 sowie schließlich das Wormser Konkordat 1122 markieren. Dieses Modell hat sich als falsch erwiesen, projiziert es doch Frontstellungen zwischen dem modernen Nationalstaat und der zunehmend monarchisch strukturierten römisch-katholischen Kirche des 19. Jahrhunderts auf das Hochmittelalter. Im 11. Jahrhundert standen sich nicht eine Kirche, zu der auch das benediktinische Mönchtum zählte, und ein nationalstaatlich gefasstes Kaiserreich gegenüber. Vielmehr kooperierten zahlreiche Akteure, zunächst auch Kaiser Heinrich III. und die mit seiner Unterstützung erhobenen Päpste, bei einer Reform, die vor allem auf den für Sakramentenspendung und Seelsorge verantwortlichen Weltklerus zielte. Es ging um die Durchsetzung des keineswegs unumstrittenen Pflichtzölibats für Kleriker. Ins Zentrum rückte aber unter dem Schlagwort »Simonie« nicht nur der Kauf geistlicher Ämter, sondern jeglicher Laieneinfluss auf die Vergabe kirchlicher Würden. Erst als im Verlauf des Konflikts Gregor VII. König Heinrich IV. als Laien behandelte, brach gleichsam als Kollateralschaden der eigentliche Investiturstreit aus, also der Streit um die Einflussnahme des Königs auf die Wahl und Einsetzung von Bischöfen.

Die Rolle von Benediktinern in den Kirchenreformen

Diese Entwicklungen resultierten nicht aus einem kirchenpolitischen Programm, das in Cluny entwickelt worden ist. Vielmehr verband sich eine allgemeine Reformstimmung mit der Etablierung eines stabilen Personenkreises um den Papst, der die Reformideen auch über den Tod einzelner Päpste hinweg weiterverfolgte. Zu diesem Reformkreis zählten Kardinäle, deren Wurzeln im benediktinischen Mönchtum lagen. Humbert, Kardinalbischof von Silva Candida und Verfechter besonders rigoristischer Positionen, gehörte zunächst der von Cluny beeinflussten Abtei Moyenmoutier an. Humberts Heimatkloster war von Wilhelm von Volpiano reformiert worden, dem Abt von Saint-Bénigne in Dijon, der maßgeblich zur Verbreitung cluniazensischer Reformen in Frankreich und Italien beigetragen hatte. Der weitaus moderatere Petrus Damiani, Kardinalbischof von Ostia, stammte aus dem eremitisch geprägten benediktinischen Mönchtum von Camaldoli, das der heilige Romuald gegründet hatte. Neben diesen Benediktinern gehörten zu dem Reformkreis, dessen Kern das Kardinalskollegium seit den

1050er Jahren darstellte, auch Kleriker wie Anselm von Baggio – ein Mailänder Geistlicher, der zunächst zum Bischof von Lucca erhoben wurde, ehe er als Alexander II. den Papstthron bestieg – oder Hildebrand, der spätere Gregor VII. Es wäre also verfehlt, die Kirchenreformen vor allem als Verwirklichung eines benediktinischen oder enger cluniazensischen Programms zu verstehen. Dennoch war das benediktinische Mönchtum in die Reformen eingebunden, nicht zuletzt in der Person Abt Hugos von Cluny. Er fungierte als erfolgreicher Vermittler zwischen seinem Patensohn Heinrich IV. und Papst Gregor VII. und ermöglichte so die Versöhnung beider Kontrahenten auf der Burg der Markgräfin Mathilde von Canossa.

Verrechtlichung und Institutionalisierung von Papsttum und Kirche

Viel wichtiger als der eigentliche Investiturstreit waren für das benediktinische Mönchtum die langfristigen Wandlungen, die im 11. Jahrhundert einsetzten und die Welt, mit der sich die Mönche auseinandersetzen mussten, grundlegend veränderten. Das gilt sowohl für kirchliche als auch für politische Strukturen. Mit dem 11. Jahrhundert begann der Aufstieg des Papsttums zu einem administrativen und juristischen, zum Teil auch theologischen Zentrum der lateinischen Christenheiten. Um den Papst und das Kardinalskollegium entstand der Verwaltungsapparat der Kurie. Auf Anfrage konnte sie bei allen Anliegen aktiv werden, die religiöse Angelegenheiten betrafen, also grundsätzlich immer, wenn Klöster involviert waren. Zugleich griffen päpstliche Legaten auch auf Initiative der Zentrale hin in lokale Angelegenheiten ein. Ab dem 12. Jahrhundert gewann die päpstliche delegierte Gerichtsbarkeit zunehmend an Bedeutung, weil der Papst als Appellationsinstanz angerufen werden konnte, wenn eine Konfliktpartei sich davon Vorteile erhoffte. Die kuriale und delegierte Gerichtsbarkeit wurden zu entscheidenden Vermittlungsinstanzen für eine neue Rechtskultur, die sich gleichfalls seit dem Hochmittelalter entfaltete. Das gelehrte Recht an den juristischen Schulen und Universitäten, insbesondere Bologna, verband sich mit einer Rechtspraxis, die in die Zukunft weisende Verfahren und Prinzipien der Aktenführung durchsetzte. Die zentrale Bedeutung des Papsttums für diese neue Rechtskultur schlug sich nicht zuletzt darin nieder, dass es insbesondere päpstliche Dekretalen waren, also päpstliche Rechtsentscheide, durch die das Kirchenrecht seit dem 12. Jahrhundert aktualisiert wurde. Die Folgen dieses Institutionalisierungsprozesses für das benediktinische Mönchtum sind bereits in Kapitel 2 erörtert worden: Das Kirchenrecht wurde unter anderem als Instrument einer Reform von oben genutzt, die das Papsttum seit dem 13. Jahrhundert verschiedentlich anzustoßen versuchte.

Ähnliche Prozesse der Verdichtung und institutionellen Verfestigung lassen sich auch auf der Ebene der Bistümer beobachten. Sie betrafen nicht nur die Organisation einer bischöflichen Kanzlei und Gerichtsbarkeit, den sogenannten Offizialaten, sowie institutionell klar vom Bischof geschiedenen Domkapiteln. Vielmehr verdichteten auch Bischöfe ihre Herrschaftsrechte zu zunehmend fester strukturierten Territorien, in denen sie die Rolle des Landesherrn einnahmen. Für Klöster konnte diese Stellung der Bischöfe zwischen kirchlichen und herrscherlichen Funktionen in verschiedenster Weise relevant werden, sei es in Konflikten um geistliche oder weltliche Kompetenzen und Rechte, sei es in der Kooperation wechselseitiger geistlicher oder politischer Unterstützung. Als in den Reichsverband integrierte Territorialherren nahmen Bischöfe an Entwicklungen teil, die auch weltliche Herrschaften seit dem Hochmittelalter durchlaufen haben – nur dass in einem weltlichen Territorium neben den Landesherrn der Diözesanbischof trat. Große Klöster wie die Abteien von Fulda oder St. Gallen standen selbst eigenen Territorien vor, ihre Äbte waren Reichsfürsten.

Könige und Kaiser

Wenn neben den Päpsten und Fürsten auch Könige ihre Herrschaftsstrukturen verdichteten, hatte das gleichfalls Auswirkungen auf das benediktinische Mönchtum, die aber in den verschiedenen Königreichen unterschiedlich ausfielen. In Frankreich und England begann mit dem Hochmittelalter der Aufstieg des Königtums zur dominierenden Macht, was sich unter anderem in der Konzentration zentraler Institutionen in den Metropolen Paris und London auswirkte. Folgerichtig gerieten auch die in der Nähe gelegenen Benediktinerklöster Saint-Denis und Westminster zunehmend in den Blickpunkt des Königtums. Vergleichbares konnte sich in Italien und Deutschland nicht entwickeln, wo das Königtum nicht in gleichem Maße zentralisierend wirkte und sich keine eigentliche Hauptstadt herausbildete.

5.3 Kloster und Stadt

Die Lage der englischen Kathedralpriorate verweist auf ein weiteres Umfeld, das für benediktinische Klöster entscheidende Bedeutung gewinnen konnte: die mittelalterliche Stadt. Die Kathedralen von York, Canterbury oder London lagen im Herzen lebhafter Städte. Die Vorstellung des Benediktinerklosters in spektakulärer oder malerischer ländlicher Umgebung trifft zwar für viele Beispiele zu – angefangen bei Montecassino oder Subiaco über das katalanische Santa Maria de Montserrat bis zum Mont-Saint-Michel. Dennoch lagen zahlreiche Konvente entweder innerhalb der Mauern mittelalterlicher Städte oder in ihrer unmittelbaren Umgebung. Seit der Spätantike entstanden christliche Kirchen auf Gräberfeldern vor den Toren der Römerstädte. Zömiterialbasiliken wie S. Ambrogio in Mailand oder St. Eucharius/St. Matthias und St. Maximin in Trier beherbergten die Gräber von Märtyrern oder anderen Heiligen der Antike. Deren Verehrung wurde im Mittelalter nicht selten Mönchsgemeinschaften anvertraut. Entweder übernahmen ältere Gemeinschaften, die in diesen Kirchen beheimatet waren, die Benediktsregel, oder es handelte sich um gezielte Neugründungen. Bis in die vorkarolingische Zeit reicht die Geschichte von St. Emmeram in Regensburg und von St. Peter in Salzburg zurück – beides Klöster, deren Äbte im Frühmittelalter zugleich die Funktion des Ortsbischofs innehatten. In der Karolingerzeit wurde zum Beispiel das Benediktinerkloster bei S. Ambrogio in Mailand gegründet, ebenso S. Zeno in Verona. Lagen diese Abteien noch auf dem Gebiet antiker Gräberfelder, wurden andere Benediktinerklöster unabhängig davon im städtischen Raum errichtet, sei es jenseits der Grenzen des spätantiken Kaiserreichs, sei es in Städten mit römischen Traditionen. In die Ottonenzeit fallen zum Beispiel die Gründungen der Michaelsklöster in Hildesheim und Bamberg sowie der Abtei S. Giorgio Maggiore auf der gleichnamigen Insel in Venedig. Während die meisten Klöster in einer gewissen Entfernung von der Kathedrale und damit dem Zentrum der damaligen Städte lagen, grenzt das Gelände der gleichfalls im 10. Jahrhundert gestifteten Abtei S. Giovanni Evangelista in Parma unmittelbar an die Außenmauern der Domkirche. In ähnlich zentraler Lage entstand in derselben Epoche die Badia in Florenz, während die Abtei von S. Miniato al Monte Mitte des 11. Jahrhunderts weithin sichtbar auf einem südlich des Arno gelegenen Hügel errichtet wurde. Auch in und bei Lüneburg lagen je ein benediktinisches Männer- und Frauenkloster im Stadtgebiet bzw. in unmittelbarer Nähe der Hansestadt.

Klöster in den Städten: Trier und Genua im Hochmittelalter

Für die Entstehung dieser Klöster in Stadtnähe gibt es je eigene Gründe, etwa die Fortführung älterer Kulttraditionen durch Benediktiner. Auffallend ist der systematische Ausbau der Sakraltopographie zentraleuropäischer Bischofsstädte in der Ottonenzeit. St. Michael in Hildesheim oder auch das gleichnamige Kloster in Bamberg sind Bestandteile eines Netzes von Kirchen, Klöstern und Stiften, die die unmittelbare Umgebung einer Domkirche zu einer von verschiedenen Heiligen und geistlichen Gemeinschaften bewohnten Sakrallandschaft machten. In dieser Weise erfüllten auch kleinere Ansiedlungen die kirchenrechtliche Forderung, die Bischofskirche habe in einer Stadt zu liegen. Zugleich wurde das Stadtgebiet in einer die verschiedenen Kirchen verbindenden Liturgie erfasst, die sich am Vorbild des stadtrömischen Stationsgottesdiensts orientierte. Besonders dicht war das Netz von Kirchen und Klöstern in Trier, wo im Hochmittelalter unter anderem vier Benediktinerabteien, das Benediktinerinnenstift St. Irminen, das Domstift, das Simeonsstift an der heutigen Porta Nigra sowie das Stift St. Paulin in Nachbarschaft der Abtei St. Maximin das Stadtbild prägten. Das Zusammenspiel dieser geistlichen Gemeinschaften in der städtischen Liturgie lässt sich gut an einem Translationsbericht aus dem frühen 12. Jahrhundert veranschaulichen. Abt Thietmar II. von Helmarshausen hatte es durch hartnäckige Verhandlungen verstanden, sich den Leib des frühmittelalterlichen Bischofs Modoald aushändigen zu lassen, der bis dato im Stift St. Paulin in Trier aufbewahrt worden war. Vom nördlich der Stadt gelegenen Stift wurden die Reliquien durch die Stadt zur Römerbrücke im Südwesten Triers geleitete, ehe man dort den Heiligen mitsamt der Gesandtschaft aus dem sächsischen Helmarshausen verabschiedete. Diese Prozession begann mit einer Messe, die die Kanoniker von St. Paulin gemeinsam mit den Helmarshausener Mönchen unter ihrem Abt feierten. Außerhalb der Kirche schlossen sich ihnen die Benediktiner von St. Maria ad Martyres sowie von St. Maximin an. Von dort aus zog die Prozession an der heutigen Porta Nigra in die Stadtmauern ein, wo sich die Kanoniker vom Simeonsstift dem Zug anschlossen. Auf dem Hauptmarkt versammelten sich schließlich auch die Mitglieder des Domkapitels sowie die Stiftsherren von Liebfrauen und die Benediktiner aus der Abtei St. Martin. Gemeinsam führte der Weg weiter zur Römerbrücke, wo sich schließlich noch die Mönche aus St. Eucharius/St. Matthias der Prozession anschlossen. Vereint mit den Angehörigen der anderen geistlichen Gemeinschaften verabschiedeten die Benediktiner aus den vier Trierer Abteien einen »ihrer« Heiligen, der im Anschluss zu Schiff moselabwärts transportiert wurde.

Die Nähe zur Stadt, zu anderen geistlichen Gemeinschaften wie zur städtischen Bevölkerung konnte Klöster zugleich auch in städtische Konflikte verwickeln. Darüber hinaus etablierten seit dem 12. Jahrhundert Stadtgemeinden eigene Regierungen, die mit dem Erlassen von Statuten wie mit ihrer Gerichtsbarkeit auf Konflikte Einfluss nahmen, an denen Benediktiner beteiligt waren. In mustergültiger Weise beleuchten Auseinandersetzungen der Benediktiner von S. Siro in Genua um ihre Zehntrechte diese Verhältnisse. Die Kirche von S. Siro war vermutlich die älteste Bischofskirche der Stadt, ehe diese Funktion während des Hochmittelalters auf die heutige Kathedrale S. Lorenzo überging. In ihr lag das Grab des spätantiken Bischofs Syrus, der im Mittelalter zum Patron der ligurischen Hafenstadt aufsteigen sollte. 1007 wurde an der Kirche S. Siro, die damals vor den

Mauern der Stadt lag, eine Benediktinerabtei gegründet. Die Abtei beanspruchte weiterhin die Zehntrechte der alten Kathedrale, musste sich aber im Hochmittelalter immer wieder mit den Kanonikern der neuen Kathedrale und mit anderen Genuesen auseinandersetzen, weil die Frage ungeklärt blieb, in welchem Rahmen mit der Verlagerung der Funktion als Bischofskirche auch die Rechte auf S. Lorenzo übergegangen waren. Mitte des 11. Jahrhunderts weigerten sich beispielsweise Adelige aus einer vizegräflichen Familie, ihre Abgaben an die Mönche von S. Siro zu entrichten. Selbst Bischof Obertus konnte sie nicht dazu zwingen und vermittelte daher einen Kompromiss, der unter anderem die Zahlung des Zehnten beinhaltete. Ein halbes Jahrhundert später flammte der Konflikt zwischen den Mönchen von S. Siro und verschiedenen Vertretern der Visconti von Genua erneut auf. Diesmal fällten die Konsuln der neu etablierten Stadtgemeinde ein Urteil zugunsten der Benediktinerabtei. 1126 befragte Bischof Siegfried erneut sechs Zeugen in dieser Angelegenheit, die offenbar noch immer nicht zu den Akten gelegt werden konnte. Es fällt auf, dass der beteiligte Personenkreis, der den Benediktinern gegenüberstand, nicht nur zu den führenden Schichten der Stadt zählte, sondern zugleich auch zu den Kreisen, die die neue Stadtregierung der Kommune trugen. Während also die kommunalen Konsuln eine neue Gerichtsinstanz darstellten, auf die die Mönche im Ringen um ihre Zehntrechte zurückgreifen konnten, gehörten dieselben Männer den städtischen Führungsschichten an, mit denen die Mönche sich auseinandersetzen mussten. Eine ähnliche Verbindung von institutionellen Strukturen mit familiären Verflechtungen prägte auch einen Prozess, der zwischen 1130 und 1134 vor Papst Innozenz II. geführt und letztlich zugunsten von S. Siro entschieden wurde. 1130 beanspruchte das Domkapitel von S. Lorenzo sämtliche Zehntrechte in Genua für sich, weil Zehntrechte allein einer Kirche mit dem Recht zu taufen zustünden und S. Lorenzo die einzige Kirche in Genua sei, die dieses Recht besitze. S. Siro konnte sich auf eine lange Tradition des Eintreibens des Zehnten berufen, weil es früher einmal Taufkirche gewesen war, während S. Lorenzo ein abstraktes Rechtsprinzip zur Grundlage seiner Prozessstrategie machte. Zugleich kamen hier erneut die engen Verbindungen des Domkapitels zu den führenden Familien der Stadt ins Spiel, aus denen es vor allem seine Mitglieder rekrutierte. Dennoch konnten die Mönche ein päpstliches Urteil zu ihren Gunsten erwirken, mussten aber auch in den folgenden Jahrzehnten immer wieder um ihre Ansprüche kämpfen. Die Nähe zur Stadt erwies sich für S. Siro also zugleich als Fluch und Segen. Auf der einen Seite konnten die Mönche von dem wachsenden Reichtum einer aufblühenden Mittelmeermetropole profitieren und auf die verschiedenen stadtsässigen Instanzen – Bischof und Stadtregierung – zurückgreifen, um ihrer Rechte zu sichern. Auf der anderen Seite standen ihnen mit städtischen kirchlichen Institutionen wie in der Stadt beheimateten Adelsfamilien Konkurrenten gegenüber, gegen deren Ansprüche sich die Benediktiner behaupten mussten. Diese ambivalente Situation prägte nicht nur die Geschichte dieser Genueser Abtei, sondern auch zahlreicher anderer Häuser im Italien während des Aufblühens der Stadtgemeinden, etwa S. Ambrogio in Mailand, S. Zeno in Verona oder S. Miniato al Monte in Florenz.

Klöster in den Städten: Trier im Übergang zum Spätmittelalter

Nördlich der Alpen vollzog sich der Aufstieg von Stadtgemeinden langsamer, sodass Stadtherren – allen voran Bischöfe, aber auch Könige, Adelige oder auch Äbte und Äbtissinnen – hier über längere Zeit ein größeres Gewicht besaßen. Das Spannungsfeld, in dem Benediktiner in Konflikte hineingezogen wurden und sich behaupten mussten, erwies sich daher als noch komplexer, wie abschließend an einem Beispiel aus dem spätmittelalterlichen Trier erläutert werden soll. Hier geriet die stadtnah gelegene Abtei St. Eucharius/St. Matthias wegen ihres Abts Theoderich von Warsberg in den 1260er Jahren in den Sog einer Auseinandersetzung um den gewählten Erzbischof Heinrich von Finstingen. Im Kern ging es um die Frage, ob Heinrich die kirchenrechtlichen Anforderungen erfüllte, um sein Amt anzutreten, beziehungsweise ob er bereits Amtshandlungen vollzogen hatte, ohne dazu befugt gewesen zu sein. Anlass für die Vorwürfe waren verschiedene an der päpstlichen Kurie vorgetragenen Anschuldigungen, Heinrich habe im Zuge seiner Wahl und Bestätigung Kredite bei Sieneser Bankiers aufgenommen und nicht bedient, ungerechtfertigterweise einen neuen Rheinzoll erhoben und sich seinerseits an der Erhebung eines Bischofs von Metz beteiligt, ohne selbst zuvor vom Papst durch die Übersendung des Pallium rechtmäßig in seinem Amt bestätigt gewesen zu sein. Doch was hatten diese Vorwürfe gegen den gewählten Trierer Erzbischof mit Abt Theoderich von Warsberg zu tun? Heinrich sah in Theoderich den entscheidenden Widersacher, der vor allem dafür verantwortlich gewesen sein soll, seine Amtsführung in Trier zu hintertreiben. Deswegen ließ der Erzbischof mehrfach die Abteigebäude und andere Besitztümer der Mönche angreifen, Abt Theoderich aus dem Amt und der Stadt vertreiben sowie Mönche aus St. Maximin – der anderen großen Benediktinerabtei vor den Mauern von Trier – die Geschäfte in St. Eucharius/St. Matthias übernehmen. Im Zuge dieser Auseinandersetzungen floh Abt Theoderich aus Trier, während die Mönche wegen der Angst vor Übergriffen ihre Reliquien, ihre wertvollen Bücher und ihren Kirchenschatz in der Stadt selbst deponierten. Mehrfach kam es zu Handgemengen auf den Straßen Triers selbst, sogar zwischen verschiedenen Angehörigen des Konvents. Am 18. Juni 1263 eroberten schließlich der gewählte Erzbischof und der Maximiner Mönch Wilhelm von Meisenburg gemeinsam mit anderen Maximiner Mönchen, einigen Konventualen von St. Eucharius/St. Matthias sowie einer größeren Schar Bewaffneter das widerspenstige Kloster und versuchten, die Mattheiser Mönche dazu zu zwingen, Wilhelm als ihren neuen Abt anzuerkennen. Weil sie sich weigerten und stattdessen im Chor betend ihr Schicksal beklagten, sollen sie sogar von einem ihrer Mitbrüder mit einem schweren Felsbrocken beworfen und beinahe getötet worden sein und daraufhin ihre Abtei verlassen haben. Erst im Dezember des Jahres konnten die Mönche wieder zurückkehren, weil der erwählte Erzbischof seine Angelegenheiten in Rom vertreten und der von ihm eingesetzte Abt St. Eucharius/St. Matthias verlassen musste. Abt Theoderich wurde allerdings zwischen 1265 und 1268 noch einmal von Gefolgsleuten Heinrichs gefangen gehalten, ehe sich beide miteinander versöhnten und Theoderich endlich wieder die Leitung seines Konvents übernehmen konnte.

Diese Turbulenzen resultierten aus der überaus engen personellen Vernetzung zwischen den führenden Protagonisten der Trierer Kirche. Die Familien des Abts und des erwählten Erzbischofs gehörten zu den Gefolgen der miteinander rivalisierenden Herzöge von Lothringen und Grafen von Luxemburg, die um die Kontrolle der Region stritten. Ebenso wie Heinrich von Finstingen entstammte auch der von ihm zum Abt erhobene Mönch Wilhelm von Meisenburg aus St. Maximin einer Familie aus der Umgebung der Grafen von Luxemburg. Theodor von Warsberg konnte sich wiederum auf die Unterstützung seiner Brüder verlassen: Johannes von Warsberg fungierte als Justiziar des lothringischen Herzogs, Robert von Warsberg leitete die gleichfalls in Trier gelegene Abtei von St. Maria ad Martyres, und ihr Bruder Simon war als Dompropst der Leiter des Trierer Domkapitels. Die engen familiären Verflechtungen prägten auch die juristischen Versuche zur Aufarbeitung der Konflikte, die mehrfach Gremien päpstlicher delegierter Richter anvertraut wurde. Einmal wurde mit dem Speyerer Bischof Heinrich II. von Leiningen (reg. 1245–1272) ein Onkel Heinrichs von Finstingen mit der Untersuchung der Vorwürfe gegen seinen Neffen beauftragt, dann fungierte ein Franziskaner aus der Familie der Warsberger als päpstlicher delegierter Richter.

Kloster und Welt

Im Verlauf dieses Konflikts mussten sich die Benediktiner mit einer Vielfalt von Akteuren jenseits der Klostermauern auseinandersetzen: Päpsten und vom Papst delegierten Richtern, Vertretern der päpstlichen Kurie, Erzbischöfen und Bischöfen, Angehörigen anderer religiöser Häuser und Orden, Adeligen aus der näheren und ferneren Umgebung der Stadt und den Bürgern Triers. Diese komplexe Gemengelage ist typisch für spätmittelalterliche Klöster, die immer wieder in gewalttätige Konflikte hineingezogen wurden – zur Erinnerung: während des 14. Jahrhunderts mussten die Klosterkirchen von Kornelimünster bei Aachen und St. Michaelis in Lüneburg nach solchen Konflikten neu errichtet werden. Auch jenseits handgreiflicher Auseinandersetzungen waren die Religiosen eng mit der Welt verflochten, wie etwa Eva Schlotheuber für norddeutsche

Frauengemeinschaften des Spätmittelalters herausgearbeitet hat.[8] Entscheidend war, dass die Benediktiner sich zwar aus der Welt zurückgezogen hatten, um ihren asketischen Lebensentwurf zu verwirklichen, aber zugleich mit ihren Familien verbunden blieben und in die politischen, ökonomischen und sozialen Strukturen der Welt eingebunden waren. Die Verbindungen der Klöster mit der Welt konnten nicht gekappt werden, weil sie das Überleben der Religiosen wie auch der geistlichen Gemeinschaften sicherten. Zugleich stellten diese Verbindungen Mönche und Nonnen immer neu vor die Herausforderung, ihr Verhältnis zur Welt jenseits der Klostermauern zu definieren. Dabei mussten sie ihre Vorstellungen mit denjenigen Menschen jenseits der Klostermauern aushandeln, die selbstverständlich eigene Vorstellungen davon besaßen, wie ihnen die Mönche oder Nonnen verpflichtet waren.

6 Die Wirtschaft der Klöster

»Alles notwenige […] innerhalb des Klosters« (RB 66,6).

Die Benediktsregel zeigt kein ausgeprägtes Interesse an den wirtschaftlichen Bedingungen des Klosterlebens. Mönche sollen sich neben Gebet und Meditation mit manueller Tätigkeit beschäftigen, was später in den Merkspruch *ora et labora – bete und arbeite* gefasst worden ist. Und das Kloster wird als landwirtschaftlicher Betrieb vorausgesetzt: Wenn Mönche selbst auf den Feldern eingesetzt werden, sollen sie nicht murren und zugleich ausreichend mit Lebensmitteln versorgt werden (RB 46; 39–41). Vor allem soll die Arbeit der Mönche so organisiert werden, dass sie möglichst wenig mit der Außenwelt in Kontakt treten (RB 66). Innerhalb des Klosters sollen alle materiellen Ressourcen bis auf wenige kleine Ausnahmen in gemeinschaftlichem Besitz verbleiben und vom Abt verwaltet werden (RB 33–34). Trotz dieses weitgehenden Desinteresses an ökonomischen Fragen entwickelten sich die Klöster, die auf der Grundlage der Benediktsregel organisiert wurden, im Verlauf des Mittelalters zu zentralen Wirtschaftsfaktoren. Insbesondere die überwältigende Nachfrage nach dem Gebet der Mönche und Nonnen führte Klöstern große Vermögenswerte zu – im Austausch erbrachten die Religiosen mit ihren Gebeten eine wertvolle Dienstleistung im Zuge mittelalterlicher Heilsvorsorge. Die Bedeutung dieser Heilsökonomie für die Kultur des Mittelalters lässt sich an dem Umstand ablesen, dass ein relativ hoher Anteil des überhaupt verfügbaren Überschusses, der nicht direkt in den Lebenserhalt floss, für den Bau und die Ausstattung von Kirchen und Klöstern aufgewendet wurde. In einer von großer Armut und Kampf um das Nötigste gekennzeichneten Gesellschaft investierte man in marmorverkleidete Kirchen, aufwändig gestaltete Bücher und kostbares Altargerät. Neben diese Ökonomie, die einer religiösen Rationalität folgte, trat bei Klöstern innerweltlichem Ertrag verpflichtetes wirtschaftliches Handeln, sodass sie insgesamt zu den besonders erfolgreichen Akteuren auf mittelalterlichen Märkten zählten. Neben der Landwirtschaft, die vor allem benediktinisches Wirtschaften während des Mittelalters prägte, gewannen auch andere Wirtschaftszweige im Verlauf des Hoch- und Spätmittelalters eine gewisse Bedeutung für das benediktinische Mönchtum. Zugleich blieb die Verfügungsgewalt über klösterliches Eigentum bis zum ausgehenden Mittelalter ein Quell steter Auseinandersetzungen.

6.1 Frühmittelalterliche Klöster als diversifizierte agrarische Großbetriebe

Parallel mit der Entfaltung des neuen Verständnisses von Sünde und Buße in den ersten Jahrhunderten des Mittelalters und der daraus resultierenden Nachfrage nach stellvertretendem Gebet wurde die Benediktsregel in zunehmendem Maße als normative Grundlage des klösterlichen Lebens im lateinischen Westen Europas rezipiert. Daraus resultierte, dass Mönche und Nonnen, die der Benediktsregel gemäß lebten, zu den größten Grundbesitzern des europäischen Frühmittelalters wurden, der ihnen im Gegenzug für ihre Gebetsleistungen übertragen wurde.

Klöster als agrarische Großbetriebe

Das benediktinische Kloster der Karolingerzeit konnte daher zu einem agrarischen Großbetrieb werden, der eine Vielfalt verschiedener Zweige der Landwirtschaft integrierte: den Anbau von Getreide, Obst und Gemüse, das Halten von Geflügel wie Hühnern und Gänsen sowie von Pferden, Rindern, Schweinen, Ziegen und Schafen sowie die Fischzucht. Wichtig sowohl als Lieferant für Bau- und Brennmaterial als auch für die Tiermast waren Wälder, über die die Klöster gleichfalls verfügten. Neben dieses Grundgerüst traten spezialisierte Kulturen, allen voran der Weinanbau, weil Wein nicht nur als Lebensmittel benötigt wurde, sondern auch für die täglichen Gottesdienste.

Wo dies aus geographischen Gründen nicht möglich war, musste Wein importiert werden, um wenigstens die unerlässliche Grundversorgung für die Liturgie sicherzustellen. Ein reiches Kloster wie die Abteien von St. Gallen oder die Reichenau integrierte zugleich Handwerksbetriebe in den agrarisch geprägten Großbetrieb: Bäckerei und Brauerei für die Zubereitung von Lebensmitteln, zur Metallverarbeitung eine Eisenschmiede, eine Goldschmiede sowie eine Werkstatt für Schwertmacher, Betriebe zur Lederverarbeitung durch Schuhmacher und Sattler oder auch Küfer und Drechsler zur Bearbeitung von Holz.[1] Damit war das Areal des Klosters zugleich zu einem Wirtschafts- und Siedlungszentrum des ländlichen Raums geworden, das zum Ausgangspunkt für die Entwicklung städtischer Strukturen werden konnte.

Bewirtschaftungssystem

Die frühmittelalterlichen Klöster verfügten sowohl über Land als auch über diejenigen, die das Land bewirtschafteten. Die ältere Forschung hat für Zentraleuropa konstatiert, es habe sich seit der Karolingerzeit ein geschlossenes System der Grundherrschaft (Villikationsverfassung) etabliert, das im Wesentlichen auf einer Zweiteilung der landwirtschaftlichen Großbetriebe (*villae*) beruht habe. Auf der einen Seite hätten abhängige Knechte und Mägde das sogenannte Salland bewirtschaftet, das dem Haupthof zugeordnet gewesen sei. Auf der anderen Seite seien der *villa* zugeordnete Bauernstellen ausgegeben worden, deren Inhaber zu Diensten auf dem Fronhof und zu Abgaben an den Grundherrn verpflichtet gewesen seien. Diese zweigeteilte Herrschaftsstruktur lasse sich zum Beispiel an den großen Güterverzeichnissen der Karolingerzeit wie den Urbaren von St-Germain-des-Prés oder St-Bertin ablesen. Diese Klöster hätten ihren umfangreichen Besitz so organisiert, dass den Oberhöfen jeweils eine bestimmte Zahl abhängiger Bauernstellen, sogenannte Hufen, zugeordnet gewesen seien. Dieses System sei zunächst im Kernland des Karolingerreichs zwischen Loire, Mosel und Rhein entwickelt und dann in weitere Regionen des nordalpinen Europa exportiert worden. Daneben habe es persönlich freie Bauern gegeben, die den Grundherren wie zum Beispiel Klöstern zu Natural- oder auch Geldabgaben verpflichtet gewesen seien, die sogenannten Zensualen. Im mediterranen Raum sei hingegen die indirekte Abschöpfung agrarischer Überschüsse in der Form von Abgaben in Geld oder Naturalien vorherrschend gewesen. Die präzise Analyse frühmittelalterlicher Herrschaftsverhältnisse und ihrer Terminologie hat jedoch eine weitaus größere Pluralität der Konzepte wie der Herrschaftstrukturen ergeben, durch die Klöster Erträge agrarischer Produktion abschöpften. Das gilt einerseits für den persönlichen Status derjenigen, deren Arbeitskraft oder deren Arbeitserträge Mönche und Nonnen vollständig oder anteilig beanspruchten. Und das gilt andererseits für die Eigentumstitel bzw. Besitzansprüche an Land, das Klöster entweder exklusiv oder ebenfalls nur anteilig ausbeuteten. Oft stellten dabei nicht die Äbte und Äbtissinnen oder die Konvente den Bezugspunkt der Machtbeziehungen dar, sondern die Heiligen als die »eigentlichen« Eigentümer der Klöster samt Leuten und Land.[2]

Klösterlicher Grundbesitz

Einen Eindruck von der Ausdehnung klösterlichen Grundbesitzes können Güterverzeichnisse wie die Urbare der Abtei Werden bei Essen an der Ruhr vermitteln. Das Kloster entstand während der Regierungszeit Karls des Großen und war durch seinen Gründer Liudger aufs engste mit dem Bistum Münster verbunden, dessen erster Bischof Liudger ebenfalls war. Eine wesentliche Aufgabe der Abtei bestand darin, die Erschließung eines größeren Missionsgebiets zu unterstützen, das sich den gesamten Lauf der Ems entlang bis zur Nordseeküste erstreckte. In dieser Funktion glich Werden anderen Gründungen wie Echternach, Fulda oder Corvey, die gleichfalls unter anderem gegründet worden waren, um Missionare hervorzubringen und mit ihren Ressourcen die Missionstätigkeit materiell zu unterstützen. Aus dieser Aufgabe resultierte im Falle Werdens unter anderem die Ausstattung mit Besitz, der sich auf das Gebiet an Lippe und Ruhr – dem heutigen Ruhrgebiet – und das westliche Münsterland über Meppen und Papenburg die Ems entlang bis zu beiden Ufern des Dollarts erstreckte. Daneben verdichteten sich Werdener Besitztümer in der Umgebung von Groningen und zwischen Zuiderzee, Arnhem und Nijmegen in den heutigen Niederlanden. Darüber hinaus fungierten die Äbte von Werden in Personalunion zugleich auch als Vorsteher des Klosters Helmstedt und verfügten so über weitere Besitzungen im östlichen Sachsen. Das Werdener Urbar, das um 900 zusammengestellt worden ist, verzeichnet insgesamt 25 Haupthöfe und 800 Bauernhufen, wobei von Regionen mit Villikationen andere Gegenden zu unterscheiden sind, in denen die Werdener Mönche vor allem Abgaben einzogen. Jedenfalls zählte Werden mit seinem umfangreichen und weit gestreuten Besitz zu den größten Grundherren im frühmittelalterlichen Nordwestdeutschland. Aber auch kleinere Klöster wie das im 12. Jahrhundert zur Benediktinerabtei umgewidmete Frauenstift im westfälischen Liesborn verfügte über Grundbesitz bis nach Rastede am Unterlauf der Weser, auch wenn sich der Schwerpunkt der Ländereien in der näheren Umgebung der Abtei befand.

Spannungen um die Kontrolle von Klostereigentum

Verzeichnisse wie die Urbare aus Saint-Germain-des-Prés, Saint-Bertin oder Werden verführen dazu, Besitzungen benediktinischer Klöster zu kartieren und so den Eindruck systematisch genutzten Eigentums zu erwecken. Die Klöster sahen sich aber vor die Herausforderung gestellt, ihre Ansprüche zu sichern und ihre Rechte sinnvoll zu bewirtschaften. Schon die logistischen Herausforderungen, Erträge zu sammeln und für die Mönche oder Nonnen nutzbar zu machen, konnten sich als hohe Hürde erweisen. Das galt erst recht für die Reaktion auf Angriffe konkurrierender Herrschaftsträger, die oft mit Gewalt ausgetragen wurden und die die Verfügung über Menschen sowie Grund und Boden immer wieder in Frage stellten. Klöster verfügten deswegen in der Regel über einen Klostervogt, der die Religiosen gegen Angriffe verteidigen sollte und zugleich Hoheitsrechte der Klöster ausübte, allen voran die aus der Macht über Leuten und Land resultierende Gerichtsbarkeit. Allerdings beanspruchten die Vögte ihrerseits Anteile an den Erträgen des klösterlichen Besitzes, was weitere Konfliktfelder eröffnete. Idealtypisch verfügte die Familie, die ein Kloster gestiftet hatte, sowohl über die geistliche Leitung des Hauses als auch die weltliche Vertretung, indem Familienangehörige als Äbte oder Äbtissinnen und ihre Verwandten als Vögte fungierten. Wo es aber zu innerfamiliären Auseinandersetzungen kam oder die verwandtschaftlichen Loyalitäten der verschiedenen Akteure auseinandertraten, erschwerte sich die ruhige Nutzung ökonomischer Rechte erneut. Darüber hinaus konkurrierten Klöster mit anderen geistlichen und weltlichen Akteuren um die Kontrolle von Personen und Ressourcen, was sich allerdings nur bei günstigen Überlieferungslagen mehr oder weniger präzise fassen lässt. Oft stilisieren die überlieferten Dossiers den Übergang von Besitz in die Hände von Mönchen oder Nonnen als Abfolge von legalen Transaktionen. Aggressive Strategien zur Verdrängung anderer Besitzer oder Nutzer von Rechten treten hingegen in dieser Überlieferung ebenso in den Hintergrund wie mögliche rivalisierende Ansprüche, die die Rechtmäßigkeit klösterlichen Besitzes in Frage stellen können. Diese Spannungen wurden zusätzlich dadurch befördert, dass an vielen Orten die Besitz- und Nutzungsrechte in hohem Maße fragmentiert waren.

Bobbio

Ein besonders dramatisches und detailreiches Bild derartiger Konflikte vermittelt die singuläre Überlieferung der Abtei Bobbio in den Apenninen zwischen Piacenza und Genua. Offenbar konnten sich die dortigen Mönche zu Beginn des 10. Jahrhunderts nicht dagegen wehren, dass benachbarte Große ihren Männern Land des Klosters zur Nutzung überließen. Erst die Kooperation zwischen dem neuen König Hugo von Italien, dem Erzbischof von Mailand und dem heiligen Columban als Patron des Klosters konnte die Besitzer der Klosterländereien dazu bewegen, die entfremdeten Güter wieder der Abtei und ihrem Heiligen zurückzuerstatten. Zu diesem Zweck wurden die Reliquien des Heiligen anlässlich eines Hoftags nach Pavia überführt. Der Bericht betont die aktive Rolle Columbans, der allerdings erst habe gebeten werden müssen, der Öffnung seines Grabs sowie der Überführung seiner Gebeine nach Pavia zuzustimmen. Wegen seiner ehrenvollen Behandlung habe Columban dann aber in Pavia zahlreiche Wunder gewirkt. Unter diesem Eindruck hätten die meisten Besitzer die entfremdeten Klostergüter zurückgegeben: Sie hätten als Symbole für das zurückgegebene Eigentum Stäbe auf den Schrein des Heiligen gelegt. Diejenigen, die sich geweigert hätten, seien durch Strafwunder eines Besseren belehrt worden. Ein Betroffener hätte zunächst protestiert: »Ich gebe doch meine Besitzungen nicht her wegen der Pferde- oder Eselsknochen, die ihr hergebracht habt«.[3] Sofort habe ihn rasender Wahn ergriffen, von dem ihn erst Columban habe heilen können. Derartige Episoden waren geeignet, als Warnungen dagegen eingesetzt zu werden, sich Klosterbesitz anzueignen. Sie belegen aber gerade dadurch zugleich, in welch aggressiver Weise Klöster mit anderen Akteuren um die Kontrolle von Menschen, Grundbesitz und Rechten kämpften. Dabei spielte die Fähigkeit, machtvolle Unterstützer wie einen König, einen Erzbischof oder eben einen Heiligen für die eigenen Anliegen zu gewinnen, ebenso eine Rolle wie die, sich gewaltsam zu verteidigen oder auch Kompromisse mit Usurpatoren auszuhandeln.

6.2 Die Intensivierungs- und Wandlungsprozesse hochmittelalterlicher klösterlicher Agrarwirtschaft

Während des europäischen Hochmittelalters wandelten sich die Bevölkerung, die Landschaft und die Herrschaftsstrukturen Europas in tiefgreifender Weise. Auch wenn benediktinische Klöster keineswegs zu den herausragenden Protagonisten zählten, die diese Prozesse vorantrieben, prägte der Wandel doch die wirtschaftlichen Aktivitäten dieser Gemeinschaften in grundsätzlicher Weise. Je nach Region und Zeitraum, aber auch je nach den individuellen Möglichkeiten der einzelnen Klöster mussten sie sich mit den fundamentalen Wandlungsprozessen auseinandersetzen, um ihren materiellen Bestand zu sichern.

Demographie

Auch wenn es für das mittelalterliche Europa insgesamt nicht möglich ist, zuverlässige demographische Angaben zu ermitteln, ist es unübersehbar, dass bereits zur Jahrtausendwende ein deutliches Wachstum der Bevölkerung eingesetzt hatte, das bis zum 14. Jahrhundert andauern sollte. Dieses Wachstum sollte unter anderem zum Aufblühen des europäischen Städtewesens führen, prägte jedoch zugleich auch die ländlichen Verhältnisse. Ermöglicht wurde das Bevölkerungswachstum dadurch, dass die landwirtschaftlichen Erträge so gesteigert wurden, dass sie die Menschen ernähren konnten. Dazu trugen zunächst technische Innovationen bei, die die Produktion und Verarbeitung von Lebensmitteln erleichterten. Die Verbreitung tiefer pflügender, mit Metall beschlagener Pflüge hinter einem Radvorgestell ermöglichte es, die Böden tiefer als nur an der Oberfläche umzubrechen und dadurch ihre Fruchtbarkeit zu erhöhen. Stirnjoch für Ochsen und Kummet für Pferde machte diese Tiere bei der Bodenbearbeitung wie auch beim Transport der Erträge nutzbar und steigerte so die tägliche Arbeitsleistung und das Transportvolumen. Die Weiterverarbeitung des Getreides erfolgte unter anderem in Wassermühlen, deren Ausbreitung sich gleichfalls im Hochmittelalte genauer beobachten lässt. Diese Techniken dürften zwar vermutlich nicht gänzlich neu gewesen sein, ihr verbreiteter Einsatz seit dem Hochmittelalter beförderte aber die Erträge der Landwirtschaft in erheblichem Maße.

Ausbau der Nutzfläche

Das gleiche gilt für die intensive Nutzbarmachung bis dato eher extensiv genutzter Naturräume. Im Zuge des Ausbaus der Nutzflächen während des Hochmittelalters erhielten viele europäische Regionen das Aussehen, das sie bis heute prägt: das Hügelland der Toskana mit der Mischung von Oliven- und Weinkulturen mit einem Getreideanbau, der das Erscheinungsbild der nur mit einzelnen Bäumen bepflanzten Hügeln prägt; die intensiv als Weide- oder Ackerland genutzten Flächen der Poebene; die dank Eindeichung und steter Entwässerung für die Landwirtschaft wertvollen Marschen an den Südküsten der

Nordsee oder auch den großen Flüssen der Norddeutschen Tiefebene. Die steigende Nachfrage nach Flächen, die für Viehzucht und Getreideanbau zur Verfügung standen, führte zu umfangreichen Rodungen. Befördert durch ein relativ warmes Klima wanderte zum Beispiel der Anbau von Getreide in den Mittelgebirgen in bis zu dieser Zeit unübliche Höhenlagen. In Hochgebirgen entstanden oberhalb der für den Getreidebau nutzbaren Lagen Weideflächen für die Alm- oder Transhumanzwirtschaft. Neben Rodungen trugen Be- und Entwässerung zur Ausdehnung der Flächen bei, die nun regelmäßig und intensiv bewirtschaftet wurden. Um zu verhindern, dass ständiger Getreideanbau die Böden auslaugte, experimentierte man mit einem Fruchtwechsel, der in der koordinierten Dreifelderwirtschaft ganzer Dorfgemeinschaften seinen Höhepunkt fand. Je nach regionalen Voraussetzungen wurden die Erträge der Felder durch Düngemaßnamen wie das Aufbringen von Plaggen oder das Unterpflügen von Grünpflanzen wie Klee gesteigert – gelegentlich wurde wie in Italien sogar der Viehdung bewirtschaftet, um ihn als Düngemittel möglichst optimal zu nutzen. All diese Maßnahmen stehen damit in Zusammenhang, dass der Getreideanbau gegenüber der Viehwirtschaft an Bedeutung gewann. Gerade die Umwandlung von Wäldern in Ackerflächen bedeutete ja nicht nur eine Zurückdrängung der Flächen, auf denen jagdbares Wild zu finden war, sondern ebenso auch der Möglichkeit zur Mast von Nutztieren.

Veränderung der Landschaft

All diese Entwicklungen veränderten das Aussehen der europäischen Landschaft. Im ersten Jahrtausend dürfte sie in weiten Regionen von kleinen Siedlungsinseln inmitten weiter, nur extensiv genutzter Flächen wie Wäldern, Buschland, Moorgebieten, Auenwäldern oder amphibischen Küstengebieten geprägt gewesen sein. Das sollte sich wandeln zugunsten von Landschaften, die weitgehend kultiviert waren, ein festes Wegenetz aufwiesen und deren Felder nun klar definiert und voneinander abgegrenzt waren. Deutlich messbar ist zum Beispiel der Rückgang des Anteils von Baumpollen in Bodenbefunden des Früh- bzw. Hochmittelalters. Entscheidend für den Wandel, den das

Erscheinungsbild des ländlichen Raums in dieser Zeit durchlief, war darüber hinaus die Etablierung des Dorfs als typischer Siedlungsform. Seit dem Hochmittelalter entwickelte sich ein dichtes Netz ländlicher Pfarrkirchen, um die sich in der Regel eine Ansiedlung bildete, in der nicht nur Bauernhäuser standen, sondern auch die Werkstätten ländlichen Handwerks. Zugleich verbanden sich diese Siedlungen oft mit Befestigungsanlagen. Sei es, dass in der Nähe des Dorfs eine Burg errichtet wurde, sei es, wie in Mittelitalien, dass die gesamte Siedlung ummauert wurde und sich dadurch insgesamt zu einem *castrum* entwickelte.

Verdichtung von Herrschaftsstrukturen

Hinter dieser Neustrukturierung der ländlichen Besiedlung steht ein weiterer Fundamentalprozess des europäischen Hochmittelalters, die Etablierung kleinräumiger Herrschaftsstrukturen auf lokaler Grundlage. Damit ist gemeint, dass zahlreiche Akteure in der Lage waren, einzelne Orte ihrer Herrschaft zu unterstellen. Für das Versprechen, Schutz gegen Übergriffe von außen zu bieten, forderten diese Ortsherren Unterstützung bei der Errichtung, Ausstattung und Verteidigung der Befestigungsanlagen und beanspruchten zugleich regelmäßige Abgaben und Gerichtsrechte. Die Ortsherrschaft entstand aus einer Zusammenführung von privatem Eigentum, der Verleihung hoheitlicher Rechte und den Resultaten gewaltsamer Aneignung von Rechten und Funktionen. Ob und inwiefern traditionelle Herrschaftsträger – und das waren neben Königen, Adeligen und Bischöfen eben auch Klöster und Stifte – in der Lage waren, auf diese lokalen Herrschaftsstrukturen Einfluss zu nehmen, musste je neu ausgefochten werden. Wo dies gelang, konnten zum Beispiel Klöster selbst Ortsherrschaften errichten und andere Akteure verdrängen, die mit ihnen konkurrierten. An vielen anderen Stellen mussten sich die Klöster mit den neuen Herren arrangieren, um wenigstens eine formale Oberhoheit zu wahren. Hinter zahlreichen Klagen über die Entfremdung von klösterlichen Gütern und Rechten, die in der Kommunikation zwischen Klöstern und Königen eine so zentrale Rolle spielten, stand oft die Ohnmacht der Klöster, sich gegenüber ihren Rivalen vor Ort durchzusetzen. Wie zum Beispiel für das Apenninenkloster Camaldoli eindrucksvoll nachgewiesen worden ist, diente der Rekurs an höhere geistliche und weltliche Instanzen den Mönchen als letztes Mittel, um sich gegen die rohe Gewalt derjenigen zu wehren, die vor Ort die Ohnmacht klösterlicher Schutzversprechen demonstrierten – offenbar verfügte dieses junge Reformkloster nicht über den nötigen Gewaltapparat, um die eigenen Interessen direkter zu verfolgen.

Anpassung der benediktinischen Klöster

Die gerade skizzierten Prozesse einer Ausweitung landwirtschaftlicher Erträge, einer Neustrukturierung ländlicher Siedlungsformen sowie einer Neugestaltung ruraler Machtstrukturen wurden im Wesentlichen nicht von benediktinischen Klöstern vorangetrieben und geprägt. Die führende Rolle übernahmen vielmehr regionale Adelige sowie die neuen Orden des Hochmittelalters wie Zisterzienser und Prämonstratenser. Dennoch mussten sich auch Mönche und Nonnen benediktinischer Prägung mit den neuen Gegebenheiten auseinandersetzen. Ältere Klöster sahen sich vor der Herausforderung, ihre ökonomische Praxis umzustellen, um erfolgreich zu bleiben, während Neugründungen von Beginn an von den neuen Verhältnissen geprägt waren. Für ältere Häuser stellte sich die Frage, wie sie die unter Druck geratene Struktur der großen Haupthöfe mit eigenbewirtschaftetem Land und die Forderung nach Frondiensten auf diesem Salland in neue Besitz- und Abgabenstrukturen überführen konnten. So konnten die großen ehemaligen *villae* eines Klosters als geschlossener Besitz in die Hände eines ehemaligen Verwalters gelangen, der seine Position erblich machte, was das Risiko erhöhte, dass dieser Hof gänzlich in seine Hände überging. Dem gegenüber musste das Kloster bestrebt sein, seine Oberhoheit in Erinnerung zu halten und eine jährliche Abgabe in Geld oder Naturalien durchzusetzen, die zugleich regelmäßig die Abhängigkeit vom Kloster in Erinnerung rief. Eine weitere Möglichkeit bestand darin, das bis dato in klösterlicher Eigenwirtschaft genutzte Land aufzuteilen und an einzelne Bauern zu vergeben. Auch dadurch ließen sich

Geld- oder Sachabgaben generieren. Dasselbe gilt auch für die ehemaligen Frondienste, die durch die Schrumpfung der von den Klöstern direkt bewirtschafteten Flächen überflüssig geworden waren. Neben solchen Umwandlungen von Flächen spielte die Neudefinition des persönlichen Status derjenigen, die klösterlicher Herrschaft unterworfen waren, eine große Rolle. So forderte die Abtei Werden von Menschen, die von Klosterland in die wachsenden Städte Niederdeutschlands abgewandert waren, auch weiterhin einen Zins, der an ihre personale Bindung an die Mönche erinnerte. An die Seite dieser Einnahmen, die aus ländlicher Herrschaft sowie der Aneignung agrarischer Überschüsse resultierten, traten Einnahmen aus den neuen kirchlichen und weltlichen Organisationsstrukturen. Der Ausbau des Pfarreinetzes ging einher mit der zunehmend wirkungsvollen Einforderung des Kirchenzehnts. Die Zehntrechte lagen zunächst bei der Pfarr- oder Taufkirche, konnten dann aber zumindest in größeren Teilen vergeben oder auch gehandelt werden. An diesem »Markt« beteiligten sich benediktinische Klöster ebenso wie an der finanziellen Nutzung von Herrschafts- und Gerichtsrechten – sei es, dass die Mönche oder Nonnen selbst die Herrschaft vor Ort gewannen, sei es, dass sie Anteile von ihr bewahrten oder neu erwarben. Insgesamt führten derartige Prozesse, die keineswegs linear oder gleichförmig verliefen, sondern in jeder Region, ja in jedem Kloster in unterschiedlichen Rhythmen einen je eigenen Verlauf nahmen, dazu, dass Klöster vor allem davon lebten, dass sie agrarische Überschüsse durch Abgaben als Getreide, aber auch andere Naturalien und Geld abschöpften. Neben der wachsenden Bedeutung von Geld ist die »Vergetreidung«[4] der dinglichen Abgaben die zweite große Tendenz, die den Übergang zu einer auf Renten basierenden Wirtschaftsführung prägten. Die Umstellung auf indirekte Bewirtschaftung bzw. das Einziehen von Abgaben barg Risiken, wenn die Leistungen dauerhaft als bestimmte Geldbeträge oder festgelegte Mengen an Naturalien fixiert wurden. Einerseits konnten die Klöster dann nicht an wachsenden Erträgen partizipieren, andererseits entwertete die Inflation langfristig die vereinbarten Geldbeträge. Für Klöster günstiger gestaltete sich die Situation dort, wo die Vergabe klösterlicher Güter auf befristete Pachtverträge umgestellt wurde bzw. wo die Klöster anteilig an den Erträgen der Güter beteiligt waren – zumindest dann, wenn diese Erträge nicht rapide zurückgingen.

S. Maria di Vallombrosa

Ein Beispiel für die Besitzgeschichte eines neu gegründeten Klosters stellt die mustergültig untersuchte Abtei S. Maria di Vallombrosa 25 km östlich von Florenz dar. Ihre Entstehung in den 1030er Jahren verdankte die Abtei dem Wirken des Johannes Gualberti, der nach seiner Flucht aus der ebenfalls erst vor wenigen Jahren gegründeten Abtei S. Miniato al Monte gemeinsam mit einigen Gefährten eine eigene Gemeinschaft begründete. Dieses junge Kloster war zu Beginn seiner Existenz selbst vom Frauenkloster S. Ilario in Alfiano (heute Sant'Ellero) abhängig, die dortige Äbtissin reservierte für sich das Recht, die Abtswahl zu beeinflussen, und beanspruchte zugleich, dass der Vorsteher von Vallombrosa jährlich zur Anerkennung seiner Abhängigkeit eine Wachskerze sowie ein Pfund Öl zu Beleuchtungszwecken nach Sant'Ellero brachte. Vallombrosa unterschied sich von Beginn an von anderen Klöstern, die als Hausklöster eng an eine Stifterfamilie gebunden waren und von dieser meist mit einem kompakten Besitz ausgestattet wurden, der den Kern der klösterlichen Ländereien darstellte. Vallombrosa wuchs hingegen vor allem durch Schenkungen, die die Abtei wegen des Ansehens ihres Gründers und ersten Abts erhielt. Die Schenkungen bestanden in der Regel nicht aus größeren Gütern, sondern aus einzelnen Parzellen, und formierten sich daher von Beginn an zu einem stark fragmentierten Patrimonium. Allerdings gelang es Johannes Gualberti und seinen Nachfolgern, dass sich die Schenkungen vornehmlich auf den Abhang des Pratomagno zum Arnotal hin sowie auf weitere Schwerpunkte am Weg von Vallombrosa nach Florenz konzentrierten. Als mit den 1180er Jahren die Schenkungen deutlich abnahmen, verfolgte die Abtei die Strategie, den verstreuten Besitz durch Kauf- und Tauschgeschäfte weiter zu konzentrieren. Herrschaftsrechte spielten im Portefeuille von Vallombrosa eine untergeordnete Rolle, sie wurden lediglich anteilig gemeinsam mit anderen Inhabern geteilt. Wegen des fragmentierten Besitzes bestand von Beginn an das Rückgrat der Einnahmen der Abtei aus Abgaben derjenigen, die das Land von Vallombrosa bewirtschafteten. Der Fragmentierung der Ländereien entsprach es, dass die Parzellen zunächst keine geschlossenen Bauernstellen bildeten, sondern zu anderen Wirtschaftseinheiten hinzugepachtet wurden. Erst mit dem Übergang zum Spätmittelalter gingen die Mönche von Vallombrosa dazu über, ihre Felder zu Einheiten zusammenzufügen, die eine ausreichende Größe besaßen, um einer Bauernfamilie ihr Auskommen zu sichern, dem so genannten *podere*, der dem nordalpinen Bauernhof entsprach. Mit dieser Umstrukturierung der Betriebseinheiten ging Vallombrosa zugleich dazu über, die Laufzeit von Pachtverträgen zu begrenzen und die Halbpacht (*mezzadria*) einzuführen, die den Mönchen einen erfolgsabhängigen Anteil am Ertrag des Landes sicherte.

6.3 Spätmittelalterliche Klöster zwischen Krisen und Konsolidierungen

Auch für das Spätmittelalter bleibt es dabei, dass die Wirtschaftsgeschichte jedes benediktinischen Klosters individuell verlief. Ältere Thesen behaupten, es habe erstens grundsätzlich eine spätmittelalterliche Agrarkrise gegeben, die insbesondere Klöster als traditionell intensiv von landwirtschaftlichen Erträgen abhängige Institutionen besonders hart getroffen haben müsste. Zweitens seien die Benediktinerklöster stärker als andere geistliche Häuser vom Verfall von Getreidepreisen und vom Verfall des Realwerts der Abgaben, die sie erhalten hätten, betroffen gewesen. Parallel dazu seien die Ansprüche der Mönche an einen standesgemäßen Lebenswandel gestiegen, weil benediktinische Klöster in religiöser Hinsicht weniger attraktiv geworden seien als neue Angebote auf dem geistlichen Markt wie die Bettelorden oder die Beginen. Deswegen hätten sich in benediktinischen Klöstern vor allem diejenigen versammelt, denen es eher um ein angenehmes Leben als um herausagende religiöse Leistungen gegangen sei. Insgesamt seien aus den genannten Gründen viele Abteien und Klöster, die nach der Regel Benedikts gelebt hätten, in große Not geraten, bis die Reformen des 15. Jahrhunderts nicht nur das spirituelle und intellektuelle, sondern auch das ökonomische Leben dieser Häuser wieder auf ein neues Niveau gehoben hätten. Schon die Voraussetzungen für dieses Verlaufsmodell sind inzwischen widerlegt worden – das Spätmittelalter kannte zwar vielfältige Wandlungen in der Produktion und Vermarktung landwirtschaftlicher Produkte samt der Interdependenz mit anderen Wirtschaftszweigen, eine generelle Krise der spätmittelalterlichen Agrarökonomie lässt sich jedoch nicht nachweisen. Und es ist zweifellos möglich, in der Geschichte wohl jedes Klosters Phasen ökonomischer Krisen auszumachen, die sich jedoch nicht auf gemeinsame Ursachen oder auch einen vergleichbaren Verlauf der Entwicklungen zurückführen lassen. Ökonomische Probleme als ein Grund für dringenden Reformbedarf zu benennen, gehörte bereits im Spätmittelalter zur Rhetorik von Reformern, ohne dass man diese interessegeleiteten Aussagen jedoch für fraglos zutreffende Beschreibungen der Zustände halten dürfte. Ob eine Klosterreform insgesamt die ökonomische Lage eines Hauses verbesserte oder verschlechterte oder nur zu einer Umverteilung der Mittel im Umfeld eines Klosters führte, muss je für den Einzelfall neu entschieden werden.

Neuwerk in Goslar

Das Nonnenkloster Neuwerk in Goslar, gegründet in den 1180er Jahren, verfügte zum Beispiel Mitte des 14. Jahrhunderts über Hufen, Höfe und Zehntrechte im westlichen Harzvorland, die in einem ca. 25 km in west-östlicher und ebenso weit in nord-südlicher Richtung ausgedehnten Gebiet nördlich der Stadt lagen. Dieser Besitz war nicht nur weit gestreut, sondern auch stark vermischt mit Besitz anderer Kirchen und Klöster, Adeliger und Stadtbürger. In aller Regel unterstanden die Ländereien wie auch diejenigen, die sie bewirtschafteten, nicht lediglich einer Herrschaft, sondern waren verschiedenen Instanzen gegenüber zu Abgaben gezwungen, die sich aus dem persönlichen Status der Einzelnen ebenso ableiteten wie aus der Seelsorge, der Gerichtshoheit, der langfristigen Übertragung von Land wie auch kürzerfristigen Pachtverträgen. Die

Neuwerker Nonnen verfügten darüber hinaus über Anteile an Gruben und Hütten zur Metallverarbeitung in der Umgebung Goslars, vermieteten Häuser und Verkaufsbuden in der Stadt und waren in den städtischen Renten- und Kreditmarkt involviert. Hinzu kamen Wälder, die teils zu den Verhüttungsbetrieben zählten, teils auch unabhängig von ihnen genutzt wurden.

Die reicher fließenden Quellen des Spätmittelalters ermöglichen es in vielen Fällen, in ähnlicher Weise die Diversität klösterlichen Wirtschaftens nachzuzeichnen. Für eine präzise Wirtschaftsgeschichte einzelner Häuser fehlen jedoch nach wie vor die Belege. So verzeichnet das Neuwerker Register von 1355 lediglich den momentanen Zustand, wie er den Nonnen bzw. dem Klostervogt namens Herrmann rechtmäßig erschien. Aber schon die Erträge aus dem Bergbau werden nicht beziffert. Und vor allem fehlt die Möglichkeit, die Entwicklung von Einkünften und Ausgaben nachzuzeichnen sowie nachzuvollziehen, inwiefern die Ansprüche des Klosters Neuwerk auch realisiert werden konnten.

Die spätmittelalterliche Klosterwirtschaft

Dieselben Bedingungen gelten auch für andere benediktinische Gemeinschaften, sodass auch für das Spätmittelalter nur einige Schlaglichter geworfen werden können. Sowohl das vorrangige Interesse der Forschung an ländlichen Herrschaftsrechten und der Appropriation agrarischer Überschüsse als auch die Dominanz von Quellen, die ländliche Immobilien erfassen, führen dazu, dass diese Häuser in aller Regel in erster Linie als agrarische Großbetriebe beschrieben werden. Allerdings verfügten die Klöster selbst dann, wenn sie nicht in einer Stadt oder ihrer unmittelbaren Nachbarschaft lagen, über Stadthöfe, in denen Mönche oder Nonnen unterkommen konnten, die aber vor allem der Vermarktung klösterlicher Erträge dienten. Hinzu kamen wie im Fall Neuwerks weitere Häuser oder auch Ladenlokale in der Stadt, wie dies auch für Brauweiler in Köln, die Abtei Siegburg in der gleichnamigen Stadt zu Füßen des Abteibergs oder auch für die in der Stadt Florenz selbst gelegenen Badia Fiorentina belegt ist. Neben Einkünften aus dem Verkauf landwirtschaftlicher Produkte und aus Mieteinnahmen verbanden auch Kredit- und Rentengeschäfte benediktinische Klöster mit dem städtischen Wirtschaftsgeschehen, etwa im Fall der Nonnen von St. Ägidii zu Münster, die auch nach ihrem Beitritt zur Bursfelder Kongregation in den 1460er Jahren diese Geldgeschäfte fortsetzten. Über die ländliche Ökonomie hinaus weisen auch die Einkünfte aus Bergbau – im Fall von Neuwerk handelte es sich um Anteile an Gruben und Hütten, die Benediktiner von Werden bei Essen erzielten seit dem 15. Jahrhundert zunehmend Erträge aus dem Kohlenzehnten. Ein Versuch der Mönche von Benediktbeuern, im beginnenden 16. Jahrhundert in die Metallgewinnung zu investieren, scheiterte hingegen kläglich.

Lüneburg

Die enge Verbindung benediktinischer Klöster mit der städtischen Ökonomie lässt sich eindrucksvoll am Beispiel der Salzstadt Lüneburg ablesen. Das seit dem 14. Jahrhundert innerhalb der Stadtmauern liegende Mönchskloster St. Michaelis sowie das Nonnenkloster Lüne unmittelbar vor den Toren der Stadt verfügten jeweils über eine Getreidemühle, die direkt am Ilmenauhafen der Stadt lagen. Wenige Meter entfernt besaß Kloster Lüne darüber hinaus einen repräsentativen Stadthof, dessen Ursprungsbau aus der Mitte des 14. Jahrhunderts heute noch weitgehend erhalten ist. Besonders deutlich sind darüber hinaus die Anteile beider Klöster an der Lüneburger Saline, einer der größten »protoindustriellen« Produktionsanlagen im nordeuropäischen Raum des ausgehenden Mittelalters. Neben den Lüneburger Klöstern profitierten die Mönche und Nonnen der Klöster Hersfeld, Ebstorf, Oldenstadt (= Alt-Uelzen), Walsrode und Buxtehude, zahlreiche Zisterzienserabteien und weitere Kirchen und Hospitäler von der Lüneburger Salzproduktion und deren Vermarktung. Die Mönche von St. Michael und die Nonnen von Lüne, Ebstorf und Walsrode besaßen die größten Anteile an den Salzpfannen, die sie an Lüneburger Patrizier verpachtet hatten.

Abb. 10: Hafen von Lüneburg mit (von links nach rechts) mittelalterlichem Lastkran, ehemaliger Mühle des Klosters Lüne sowie Abtswasserkunst und Nachfolgebau der Mühle der Abtei St. Michaelis.

Brauweiler und Laach im Spätmittelalter

Wie bereits angesprochen, war die ökonomische Lage der einzelnen Häuser davon abhängig, ob sie die Ansprüche verwirklichen konnten, die sie erhoben. Darüber hinaus konnten zahlreiche Gründe zur Schmälerung der Erträge oder auch zu wirtschaftlichen Schwierigkeiten führen. Für die Abtei Brauweiler vor den Toren Kölns, die im Spätmittelalter schwierige Zeiten durchmachte, lässt sich ein ganzes Bündel von Gründen für die ökonomische Schieflage ausmachen: gewalttätig ausgetragene Konflikte in der Region, die den Besitz der Mönche in Mitleidenschaft zogen, kostspielige Auseinandersetzungen bei der päpstlichen Kurie aufgrund innerklösterlicher Konflikte, Missernten zu Beginn des 14. Jahrhunderts und die Folgen der Pest Mitte des Jahrhunderts, im Gefolge der Pest hartnäckige Auseinandersetzungen mit den Vögten der Abtei, die größere Anteile am gesunkenen Ertrag für sich reklamierten, schließlich gewaltsam ausgetragene Fehden, an denen Brauweiler selbst beteiligt war. Entspricht dieses düstere Bild den Erwartungen an eine Benediktinerabtei, die ihre spätmittelalterliche Krise durchlebt, zeigt die ökonomische Entwicklung der Abtei Laach ganz andere Rhythmen: Jeweils in der zweiten Hälfte des 13. und 14. Jahrhunderts kam es zu kurzfristigen wirtschaftlichen Schwierigkeiten, die jedoch innerhalb einer Generation wieder überwunden wurden. Im Umfeld der Überführung der Abtei in die Bursfelder Kongregation gab es schließlich seit 1469 erneut finanzielle Engpässe. Zunächst spaltete sich der Konvent in Befürworter und Gegner einer Reform des Klosters. Daraus resultierte 1470 eine zwiespältige Abtswahl, die dazu führte, dass die meisten Bauern keinem der beiden Äbte mehr Abgaben leisteten. Erst vier Jahre später gaben die Gegner der Reform ihren Widerstand auf. Das führte jedoch zu neuen Problemen, denn der reformierte Konvent hatte die enge Bindung an den regionalen Adel verloren, und die Vermögensverhältnisse der Abtei waren nicht unwesentlich von dem Eigengut abhängig gewesen, das die Söhne dieser Familien mit ins Kloster gebracht hatten. Während reformerische Geschichtsschreibung in aller Regel – und oft wohl auch zurecht – die ökonomische Gesundung der Klöster als einen Verdienst der Reform benennt, scheint im Fall von Laach die Einführung der Bursfelder Reform zu einer relativen Verarmung der Abtei beigetragen zu haben. Dies gilt aber nur, wenn man die ökonomische Lage der Laacher Mönche an den früheren Verhältnissen im eigenen Haus oder in anderen zeitgenössischen Benediktinerabteien misst; verglichen mit der durchschnittlichen Lebenssituation in der Region an der Schwelle vom Mittelalter zur Frühen Neuzeit zählten die Mönche selbstverständlich nach wie vor zu den privilegierten Schichten. Und bei allen Auf und Abs klösterlicher Wirtschaftstätigkeit während des Mittelalters gilt es generell nicht aus dem Auge zu verlieren, dass Mönche und Nonnen in der Regel aus dem Adel bzw. anderen Führungsschichten stammten und dass sie ihr Leben auch nach dem Klostereintritt durchaus unter privilegierten Umständen führten, denn landwirtschaftliche Erträge blieben das gesamte Mittelalter hindurch das Rückgrat der europäischen Wirtschaft. Gerade benediktinische Klöster zählten seit der Zeit der Karolinger zu den größten und damit ertragreichsten landwirtschaftlichen Betrieben in Europa.

7 Ein Epilog

»Sie reißen die Herrschaft über andere an sich« (RB 65,2).

Diese Darstellung des benediktinischen Mönchtums während des Mittelalters verfolgt das Ziel, die asketische Praxis einer vergangenen Epoche nachvollziehbar zu machen. Deswegen steht einerseits der Zweck monastischen Lebens, andererseits seine Verflechtung mit den religiösen, kulturellen, politischen und sozialen Realitäten des Mittelalters im Vordergrund. Dadurch privilegiert die Darstellung die Perspektive derjenigen, denen das Leben als Mönch oder Nonne im Kloster sinnvoll erschien und sinnvoll erscheint. Für das Mittelalter hat das seine Berechtigung, denn erst mit der Reformation wurden im Christentum Stimmen laut vernehmbar, die die Sinnhaftigkeit des Klosterwesens in grundsätzlicher Weise anzweifelten. Dennoch ließe sich die Geschichte des mittelalterlichen Mönchtums auch aus der Perspektive schreiben, es habe sich um eine weitgehend sinnlose Lebensform gehandelt, insbesondere, wenn gleichsam die Größe Gott aus der Gleichung der Faktoren herausgekürzt würde, die für die Existenz von Klöstern maßgeblich waren. Es wäre dann »eine ganz andere Geschichte«[1], die sich als Geschichte der Macht erzählen ließe.

Die Macht des Abts

Die Benediktsregel thematisiert am Beispiel des Priors das Risiko des Amtsmissbrauchs. Das 65. Kapitel handelt zwar der Rubrik nach vom Prior des Klosters, setzt sich aber beinahe ausschließlich mit dem Risiko auseinander, ein solcher Amtsträger könne hochmütig werden und sich der Autorität des Abts zu entziehen versuchen. Machtfunktional gewendet handelt es sich in diesem Kapitel um eine Norm, die erkennbar das

Ziel verfolgt, die Autorität des Abts im Kloster unangreifbar zu machen und vor jeder Konkurrenz zu schützen. Sowieso betont die Benediktsregel, wie etwa Marilyn Dunn pointiert betont hat, die Rolle des Abts.[2] Stärker als andere Regeltexte, die eine Balance zwischen hierarchischer Leitung und kollegialer Kooperation im Kloster suchten, fokussiere die Benediktsregel die zentrale Stellung des Abts in spiritueller wie in praktischer Hinsicht. Zum Beispiel könne er sich über die Meinungen seiner Untergebenen hinwegsetzen, selbst wenn er sich zuvor mit dem Konvent beraten habe. Die Aufsicht des Abts über seine Mönche soll nach der Regel bis in die Bereiche hineinwirken, die aus moderner Perspektive als unverletzliche Privatsphäre erscheinen: Der Mönch darf ohne Zustimmung seines Abts keine Briefe oder Geschenke entgegennehmen, die ihm seine Eltern geschickt haben (RB 54). Die Verfügungsgewalt des Abts über den Besitz des Klosters reicht der Regel zufolge so weit, dass er jedem Mönch alle materiellen Güter zuteilen muss. Zugleich obliegt ihm die Pflicht der Kontrolle, ob sich nicht ein Mönch gegen die Regel doch Eigenbesitz angeeignet habe:

> »Der Abt durchsuche häufig die Betten, ob sich dort nicht Eigenbesitz finde. Wenn sich bei einem etwas findet, das er nicht vom Abt bekommen hat, treffe ihn strengste Strafe. Um dieses Laster des Eigenbesitzes mit der Wurzel auszurotten, muss der Abt alles Notwendige geben« (RB 55,16–18).

Neben dieser Kontrolle des materiellen Besitzes soll der Abt der Benediktsregel die Gedanken und die psychischen Regungen seiner Mönche kennen und einschätzen können, um in ihr Leben möglichst effizient einzugreifen. Das geschieht zum einen durch die Abschätzung, welche asketischen Leistungen die Einzelnen zu erbringen haben, zum anderen durch die Bewertung ihres spirituellen Status. Somit stabilisiert neben der Ordnung der materiellen Welt und der Disziplin der körperlichen Askese auch die Herrschaft über das Innere der Asketen die alles dominierende Stellung des Abts im Kloster.

Ein Beispiel für die Machtansprüche, die der Abt eines benediktinischen Klosters über seine Mönche beanspruchte, stellen die miteinander verwobenen Lebensgeschichten des Sachsen Gottschalk († 866/70) und des Hrabanus Maurus († 856) dar.

Beide waren als Kinder als sogenannte *pueri oblati* in das Kloster Fulda gegeben worden. Während aber Hrabanus Maurus im Jahr 822 zum Abt aufstieg, bezweifelte Gottschalk die Verbindlichkeit seiner Übergabe an die Mönche und erwirkte vom Mainzer Erzbischof die Genehmigung, aus dem Kloster auszutreten – wenn auch unter Verzicht auf das Erbteil, das seine Eltern bei der Oblation der Abtei ausgehändigt hatten. Diese Lösung widersprach den Vorstellungen des Abts, der in einem eigenen Traktat *De oblatione puerorum* die von Gottschalk angezweifelte Rechtmäßigkeit der Übergabe von Kindern in den Dienst Gottes, das *servitium Dei,* verteidigte. Gottschalk hielt sich nach dem Verlassen Fuldas zunächst in Corbie und Orbais auf, eher er als Prediger in Oberitalien und auf dem Balkan aktiv wurde. Seine Predigten, die unter anderem die Frage der göttlichen Prädestination betrafen, wurden auch in Fulda bekannt, wo sich Hrabanus Maurus erneut dazu berufen sah, die in seinen Augen irrige Prädestinationslehre seines ehemaligen Mönchs in einem weiteren Traktat zu widerlegen. Die Gegnerschaft sollte auch Hrabanus' Rückzug vom Fuldaer Abbatiat überdauern. Als er zum Erzbischof von Mainz erhoben worden war, leitete er 848 eine Synode, zu der auch Gottschalk erschien und die dessen Lehren verurteilte. Gottschalk wurde nach Orbais verwiesen und im Anschluss vom Reimser Erzbischof Hinkmar erneut verurteilt. Auch wenn hinter dieser Konfrontation tiefgreifende theologische Differenzen standen, ist es unübersehbar, wie stark der Konflikt zwischen dem vermeintlichen Mönch Gottschalk und seinem Abt Hrabanus Maurus aus ihrer gemeinsamen Fuldaer Zeit über Jahrzehnte hinweg fortwirkte.

Die Macht über Mitbrüder

Ähnlich lang schwelte nach Ekkehard von St. Gallen der Konflikt zwischen mehreren Schülern des St. Galler Mönchs Iso. Schon während der gemeinsamen Schulzeit standen sich Salomo auf der einen Seite und Notker, Tuotilo sowie Ratpert auf der anderen Seite gegenüber. Auslöser soll die vornehmere Erziehung Salomos gewesen sein, der bereits im Kloster auf eine Karriere jenseits der Klostermauern vorbereitet wurde. Diese führte ihn zunächst an den Hof König Karls III. und Arnulfs, ehe er zum Bischof von Konstanz und zum Abt seines Heimatklosters erhoben wurde. Nach der Darstellung der *Casus S. Galli* stützte er sich bei seiner Leitung des Klosters besonders auf einen Mönch namens Sindolf, der seinerseits mit Notker, Tuotilo und Ratpert zerstritten war. Ekkehard weiß nun anschaulich und detailreich davon zu berichten, wie sich die Mönche untereinander bekämpften: Sindolf habe seine drei Kontrahenten beim Abt denunziert und auszuspionieren versucht. Deswegen sei er zum Beispiel eines Nachts heimlich an ein Fenster geschlichen, um die Gespräche der drei Freunde zu belauschen. Diese hätten ihn daraufhin unter dem Vorwand, er sei der Teufel, an den Haaren festgehalten und mit einer Peitsche und mit einer Rute verprügelt, bis zahlreiche Mitbrüder zusammengeströmt seien und die Misshandlung Sindolfs dadurch ein Ende gefunden habe. Was von Ekkehard als geschickte Rache an einem intriganten Mitmönch geschildert wird, belegt die Spannungen, die zwangsläufig entstehen mussten, wenn zahlreiche Menschen auf engem Raume ein klösterliches Gemeinschaftsleben zu führen versuchten, ohne selbst ihre Mitbrüder oder schwestern auswählen zu können. Die überwiegend zu normativen, exemplarischen oder erbaulichen Zwecken verfassten Quellen des mittelalterlichen benediktinischen Klosterwesens nehmen solche Realitäten in aller Regel nicht direkt zur Kenntnis. Dennoch dürften auch Konflikte und Gewalt zwischen Mönchen oder Nonnen das Leben mittelalterlicher Religiosen geprägt haben.

Die Macht über sich selbst

Neben der Macht der Vorsteher über die ihnen Untergebenen und den Auseinandersetzungen zwischen verschiedenen Angehörigen der Gemeinschaften begleitete auch das Bemühen jedes Einzelnen, sich selbst normativen Idealen anzugleichen und sein physisches und seelisches Leben zu kontrollieren, das Leben der Klosterbewohner. Daraus resultierende innere Konflikte von Mönchen oder Nonnen hatten allerdings eine sehr geringe Chance, in der Überlieferung Niederschlag zu finden. Generell fehlen weitgehend Selbstzeugnisse aus dem mittelalterlichen benediktinischen Klosterwesen. Darüber hinaus tabuisierte bereits die Benediktsregel den Eigenwillen ebenso wie zum Beispiel jede sexuelle Regung (RB 4,59–60; 5; 71). Indirekt lassen sich jedoch Spuren innerer Konflikte zwischen dem geforderten Lebensideal und den eigenen Wünschen und Träumen plausibel machen. So hat Albrecht Diem jüngst die beiden Fassungen, in denen die Reichenauer Mönche Heito und Walahfrid Strabo über die Vision des Mitbruders Wetti berichten, als Auseinandersetzung mit gleichgeschlechtlicher Sexualität im Kloster interpretiert.[3] Wenn auch mit unterschiedlichen Implikationen behandeln beide Visionsberichte offenbar die Furcht des im Sterben liegenden Mönchs, wegen seiner homoerotischen Neigungen der ewigen Verdammnis anheim zu fallen. Weil mittelalterliche Klöster alles andere als Räume sexueller Libertinage und Toleranz waren, muss die Unterdrückung oder das Ausblenden physischer Wünsche und Bedürfnisse zu ausgeprägten inneren Kämpfen um die Selbstbeherrschung, um die Macht der Religiosen über ihren eigenen Körper, ihre Gedanken und Gefühle geführt haben. Die sexuelle Enthaltsamkeit war aber nur eine Facette der vielfältigen Formen der Selbstdisziplinierung. Asketinnen und Asketen schränkten auch die Befriedigung anderer körperlicher Bedürfnisse ein, etwa des Hungers, des Dursts oder auch der Müdigkeit. Zugleich forderte die Regel praktizierte Demut, die nicht nur nach außen sichtbar, sondern auch innerlich gefühlt werden sollte. Die Forderungen nach Demut statt Stolz, nach Gehorsam statt Eigenwillen stellten die Klosterangehörigen immer wieder vor die Herausforderung, die eigenen Gefühle dem normativen Ideal anzupassen, sich durch gedankliche und seelische Disziplin zu einem möglichst vollkommenen asketischen Leben zu ermächtigen, das seine Rechtfertigung in der Angleichung an ein Ideal gottgefälligen Lebens fand. Neben der Macht der Klostervorstehenden und der Macht der anderen Konventsangehörigen dürfte die Selbstdisziplinierung der Asketinnen und Asketen maßgeblich den Alltag der Einzelnen geprägt haben.

Macht in der Welt jenseits der Klostermauern

Selbstverständlich beschränkten sich monastische Machtverhältnisse nicht auf den klösterlichen Binnenbereich, sondern erfassten auch die mittelalterliche Gesellschaft jenseits der Klostermauern. Vieles davon ist bereits angeklungen, schließlich standen Klöstern bewaffnete Kontingente zur Verfügung, beteiligten sich Äbte an Kriegszügen, fungierten Äbte als wichtige Berater in der Umgebung mittelalterlicher Herrscher, verfügten Klöster über Gerichtsrechte und generierten aus Herrschaftsrechten oder auch frommen Stiftungen erhebliche Einkünfte. Neben diesen politischen, herrschaftlichen und ökonomischen Faktoren spielte eine Rolle, dass gerade die leitenden Mitglieder zahlreicher Klöster aus den führenden Familien ihrer Umgebung stammten und durch informelle Netzwerke mit den gesellschaftlichen Eliten verflochten waren. Die Selbstverständlichkeit, mit der zum Beispiel Hildemar von Corbie in seinem Kommentar zur Benediktsregel die Berücksichtigung sozialer Statusunterschiede bei der Behandlung von Gästen im Kloster forderte, veranschaulicht den aristokratischen Habitus eines Benediktiners des 9. Jahrhunderts.[4]

Die Abschrift des Prümer Urbars, das um 893 zusammengestellt und 1222 kopiert worden ist, macht auf eine weitere Dimension monastischer Macht aufmerksam. Den Mönchen wird der Rat erteilt, das Urbar mit dem Verzeichnis der geschuldeten Abgaben aus dem 9. Jahrhundert mehr als 300 Jahre später verschlossen auf den Tisch zu legen, wenn man in den Dörfern die Bauern nach ihren Pflichten befragt. Erst wenn sie ihre Angaben gemacht hätten, solle man sie mit den Eintragungen im Codex abgleichen, um gegebenenfalls nicht von den Betroffenen selbst genannte Verpflichtungen zu ergänzen. Ludolf Kuchenbuch hat darauf aufmerksam gemacht, dass das Informationsmanagement ebenso wie die Inszenierung des Buchs dazu beigetragen haben, Schriftunkundige unter das Regiment des geschriebenen Worts zu stellen. Schon das Aufschreiben der geschuldeten Abgaben und Dienste in lateinischer Sprache habe den klösterlichen Akteuren ihren abhängigen Bauern gegenüber das Monopol der Verfügungsgewalt über die verschrifteten Daten gesichert.

Analoges habe auch für den Umgang mit religiöser Praxis und Glaubensinhalten gegolten.[5]

Aus moderner Perspektive ist es unmittelbar einsichtig, dass derartige Datenkontrolle ebenso Machtungleichgewichte begründete wie die Verfügung über Gerichtsrechte oder militärisches Potenzial. Hinzu kam aber, dass Klöster auch religiöse Instrumente als Machtmittel einsetzen konnten. Jedenfalls bezeugen Wunderberichte verschiedentlich, dass die heiligen Patrone, deren Reliquien unter anderem in benediktinischen Klöstern verehrt wurden, in sehr nachdrücklicher Weise zugunsten der Besitz- und Herrschaftsrechte ihrer Mönche/Nonnen eingriffen. Daraus ergab sich keineswegs ein schlichtes Spiegelverhältnis, das ökonomische oder rechtliche Machtstrukturen im Heiligenhimmel reproduzierte. Vielmehr stellten Bezüge zwischen heiligen Patronen und den ihnen verpflichteten Gläubigen »einen weiteren Bestandteil des vielgestaltigen Ensembles herrschaftlich genutzter Beziehungs- und Einkommensformen« dar.[6]

Diese wenigen Hinweise mögen genügen, um an Ende einer Geschichte des benediktinischen Mönchtums im Mittelalter anzudeuten, wie sich diese Geschichte als Geschichte vielfältiger Machtverhältnisse erzählen ließe – sowohl innerhalb der Klostermauern als auch zwischen Klöstern und ihrer Umgebung. Und es wäre irreführend, die Macht der Religiosen auszublenden. Auf der anderen Seite verfehlte diese Darstellung aber das Proprium des benediktinischen Mönchtums, wenn sie seine Geschichte allein auf eine Geschichte der Macht reduzierte. Die Angehörigen benediktinischer Gemeinschaften dürften in aller Regel aus dem Selbstverständnis heraus gelebt haben, dass ihre Lebensform in besonderer Weise den Erwartungen Gottes an seine Gläubigen entsprach. Und diese Überzeugung wird ebenso von der überwiegenden Mehrheit der mittelalterlichen Bevölkerung geteilt worden sein. Schließlich stellte erst die Reformation in grundsätzlicher Weise die Existenzberechtigung benediktinischer Klöster massenwirksam infrage. Diese Herausforderung und die vielfältigen Reaktion benediktinischer Mönche und Nonnen auf sie sind aber nicht mehr Gegenstand des vorliegenden Buchs.

8 Danksagung

Die vorliegende Einführung in das benediktinische Mönchtum des Mittelalters hat mich während der Jahre begleitet, die beschönigend als akademische Wanderjahre bezeichnet werden. Der mehrfache Wechsel der Dienst- und Wohnorte hat die konzentrierte Arbeit am Manuskript nicht gerade erleichtert. Deswegen bin ich umso zufriedener, mit der akademischen und menschlichen Heimat in Hamburg zugleich auch die Gelegenheit gefunden zu haben, das Projekt abzuschließen. Immerhin ermöglichte der Wechsel der Universitäten, Ideen und Texte bei verschiedensten Gelegenheiten zur Diskussion zu stellen, nicht zuletzt in Lehrveranstaltungen in Münster, Rostock, Vechta, Trier und Hamburg. Mein Dank gilt den Studierenden, die sich in die für sie oft sehr exotischen Themen hineingefunden haben, vor allem aber denjenigen, die substantielle Passagen des Manuskripts gelesen und korrigiert haben und denen ich wichtige Anregungen verdanke: Prof. Dr. Franz Xaver Bischof, Herbert Heinrichs, Hannah Rentschler, Albert Stratmann und Prof. Dr. Klaus Unterburger. Meine Hamburger Hilfskräfte Helena Berchtold und Elsa Himmer haben mich bei der Abschlussredaktion tatkräftig unterstützt. Besonders wertvoll war und ist für mich die Begleitung durch Annalena Brüggemann, die dieses Projekt vom ersten Versuch, seine Umrisse im Zuge einer Lehrveranstaltung zu entwickeln, bis zu seinem Abschluss in verschiedenster Weise begleitet hat. Die Zusammenarbeit mit Herrn Dr. Daniel Kuhn vom Verlag W. Kohlhammer hat sich wegen seiner Geduld, Gelassenheit und engagierten Unterstützung als Glücksfall erwiesen. Wenn der Band seinen Zweck erfüllt, das benediktinische Mönchtum des Mittelalters auch denjenigen Menschen des 21. Jahrhunderts verständlich zu machen, für die mittelalterliche Religiosität weitgehend ein Buch mit sieben Siegeln ist, verdankt es das der

Unterstützung durch die Genannten und Andere. Wo es an Klarheit, Verständlichkeit oder Präzision mangelt, liegt die Verantwortung selbstverständlich beim Verfasser.

Lüneburg, den 22. Juli 2017
Christoph Dartmann

9 Anmerkungen

1 Zur Einleitung

1 Zitate aus der Benediktsregel folgen dem Text der im Auftrag der Salzburger Äbtekonferenz herausgegebenen Übersetzung (vgl. das Literaturverzeichnis) und werden im Anschluss im fortlaufenden Text mit dem Kürzel RB, Kapitel, Vers belegt.

2 Die Benediktsregel und das normative Gerüst benediktinischen Mönchtums im Mittelalter

1 Vgl. Riesebrodt, Cultus und Heilsversprechen, S. 175–210.
2 Fried, Schleier der Erinnerung, S. 355.
3 Dunn, The Emergence of Monasticism, S. 117–120.
4 de Vogüé, Theologisch-spiritueller Kommentar, S. 16–32.
5 Wollasch, Reformmönchtum und Schriftlichkeit, S. 280.
6 The Monastic Constitutions of Lanfranc 1, S. 1–3.
7 Trotz ihrer herausragenden Bedeutung für das benediktinische Mönchtum finden die Zisterzienser hier nur kurz Erwähnung. Vgl. zu ihnen in dieser Reihe Oberste, Die Zisterzienser.
8 Wohlmuth, Dekrete der ökumenischen Konzilien 2, Paderborn u. a. 2000, S. 241.
9 Zitate ebd.
10 Felten, Die Ordensreformen Benedikts XII.
11 Schmieder, Zur Geschichte der Durchführung, S. 109, Anm. 1.
12 Epistola, in: Pez, Bibliotheca 8, S. 495.
13 Becker, Das monastische Reformprogramm, S. 6.
14 Maier, Die Reform von Kastl, S. 239.
15 Niederkorn-Bruck, Die Melker Reform, S. 28.
16 Albert, Das erste Kapitel.
17 Sonnenberg, Die Entdeckung der Benediktsregel.
18 Rode, Über die gute Amtsführung, S. 146.
19 Rode, Über die gute Amtsführung, S. 149.
20 Martin von Senging, Tuitiones in: Pez, Bibliotheca 8, S. 508.

3 Gebet, Religiosität und Kunst im benediktinischen Mönchtum

1 Cassian, Collationes 9, S. 9–18.
2 Suger, De consecratione S. 249.
3 Klaper, ›Verbindliches kirchenmusikalisches Gesetz‹, S. 72.
4 Angenendt u. a., Gezählte Frömmigkeit.
5 Ebd. S. 13.
6 Ebd. S. 21.
7 Angenendt, Geschichte der Religiosität, S. 494 f.
8 Geuenich, Liturgisches Gebetsgedenken, S. 84.
9 Abbildung und Beschriftung: Neiske, Frühmittelalter, S. 115.
10 Belting, Bild und Kult, S. 596.
11 Untermann, Kloster und Stift. Baukunst und Bildung der geistlichen Gemeinschaften, in: Wittekind (Hg.), Romanik, S. 410–428.
12 Ehresmann, The Iconography oft he Cismar Altarpiece.

4 Schriftkultur und Gelehrsamkeit im Kloster

1 Kleine, Stumme Seiten.
2 Steiner, Buchproduktion und Bibliothekszuwachs, S. 172–173.
3 Ubl, Engelbert von Admont, S. 10.

5 Das Kloster zwischen König, Kirche und Stadt

1 Mayke de Jong, Carolingian Monasticism.
2 Brenk, Zum Problem der Vierflügelanlage.
3 Ekkehard, Casus s. Galli 16, übers. Hans F. Haefele, S. 45.
4 M. de Jong, Internal Cloister.
5 Patzold, Konflikte im Kloster.
6 Hartmann, Die Synoden der Karolingerzeit, S. 128–140.
7 Wegen der problematischen Überlieferungslage schwanken die Zahlen der Klöster, die die Liste aufführt. Ich folge Wagner, Zur »Notitia de servitio monasteriorum«.
8 Schlotheuber, Klostereintritt und Bildung.

6 Die Wirtschaft der Klöster

1 St. Galler Klosterplan.
2 Kuchenbuch, Grundherrschaft.
3 Keller/Dartmann, Inszenierungen von Ordnung und Konsens, S. 205.
4 Kuchenbuch, Potestas und Utilitas.

7 Ein Epilog

1 Nesser, Eine ganz andere Geschichte.
2 Dunn, The Emergence of Monasticism, S. 117–120.
3 Diem, Teaching sodomy.
4 Hildemar, Expositio 53, S. 502.
5 Kuchenbuch, Verrechtlichung von Erinnerung.
6 Kleine, Patronus oder Patriota?, S. 111.

10 Bibliographie

Allgemeine Literatur

Zur Kirchen- und Religionsgeschichte des Mittelalters

Die Geschichte des Christentums. Religion, Politik, Kultur

Bd. 1: Die Zeit des Anfangs (bis 250), hg. von L. Piétri, dt. Ausg. bearb. von Th. Böhm, Freiburg 2003

Bd. 2: Das Entstehen der einen Christenheit (250–430), hg. von Ch. Piétri, dt. Ausgb. bearb. von Th. Böhm, Freiburg 1996

Bd. 3: Der lateinische Westen und der byzantinische Osten (431–462), hg. von L. Piétri, dt. Ausg. bearb. von Th. Böhm, Freiburg 2001

Bd. 4: Bischöfe, Mönche und Kaiser (642–1054), hg. von E. Boshof, Freiburg 1994

Bd. 5: Machtfülle des Papsttums (1054–1274), hg. von O. Engels, Freiburg 1994

Bd. 6: Die Zeit der Zerreißproben (1274–1449), hg. von B. Schimmelpfennig, Freiburg 1991

The Cambridge History of Christianity,

Bd. 1: Origins to Constantine, hg. von M. M. Mitchell – F. M. Young, Cambridge 2006

Bd. 2: Constantine to c. 600, hg. von A. Casiday – F. W. Norris, Cambridge 2007

Bd. 3: Early Medieval Christianities c. 600 – c. 1100, hg. von Th. Noble – J. Smith, Cambridge 2008

Bd. 4: Christianity in Western Europe c. 1100 – c. 1500, hg von M. Rubin – W. Simons, Cambridge 2009

V. Seresse, Kirche und Christentum. Grundwissen für Historiker, Paderborn 2011

V. Leppin, Geschichte des mittelalterlichen Christentums, Tübingen 2012

F. X. Bischof [u. a.], Einführung in die Geschichte des Christentums, Basel – Freiburg – Wien, 2012

F. Neiske, Europa im frühen Mittelalter 500–1050. Eine Kultur- und Mentalitätsgeschichte, Darmstadt 2007

A. Angenendt, Geschichte der Religiosität im Mittelalter, Darmstadt [4]2009
Ders., Grundformen der Frömmigkeit im Mittelalter, München [2]2004
Ders., Heilige und Reliquien. Die Geschichte ihres Kultes vom frühen Christentum bis zur Gegenwart, München [2]1997
Lexikon für Theologie und Kirche, 11 Bde., hg. von M. Buchberger – W. Kasper, Freiburg 1993 – 2001
Theologische Realenzyklopädie, 36 Bde., hg. von G. Krause – G. Müller, Berlin 1977 – 2004
Lexikon des Mittelalters, 9 Bde., München – Zürich 1977 – 1999

Zur Geschichte mittelalterlichen Religiosentums

G. Melville, Die Welt der mittelalterlichen Klöster. Geschichte und Lebensformen, München 2012
K. S. Frank, Geschichte des christlichen Mönchtums, Darmstadt [6]2010
G. Gleba, Klöster und Orden im Mittelalter, Darmstadt 2002
Germania Sacra. Historisch-statistische Beschreibung der Kirche des Alten Reiches. Neue Folge, Berlin – New York, 1962 ff.; Die Kirche des Alten Reiches und ihre Institutionen. Dritte Folge, Berlin – New York 2009 ff.
Germania Benedictina, hg. im Auftrag der Historischen Sektion der Bayrischen Benediktinerakademie, St. Ottilien, 1970 ff.

Zur Geschichte des benediktinischen Mönchtums

P. Schmitz, Geschichte des Benediktinerordens
Bd. 1: Ausbreitung und Verfassungsgeschichte des Ordens von seiner Gründung bis zum 12. Jahrhundert, Einsiedeln 1947
Bd. 2: Die Kulturarbeit des Ordens von seiner Gründung bis zum 12. Jahrhundert, Einsiedeln 1948
Bd. 3: Die äußere Entwicklung des Ordens vom Wormser Konkordat (1122) bis zum Konzil von Trient, Einsiedeln 1955
Bd. 4: Die äußere Entwicklung des Ordens vom Konzil von Trient bis zur Mitte des 20. Jahrhunderts. Verfassungsgeschichte vom 12. bis zur Mitte des 20. Jahrhunderts, Einsiedeln 1960
J. G. Clark, The Benedictines in the Middle Ages, Woodbridge 2011
M. dell'Omo, Storia del monachesimo occidentale dal medioevo all'età contemporanea. Il carisma di Benedetto tra VI e XX secolo, Mailand 2011
Die Macht des Wortes. Benediktinisches Mönchtum im Spiegel Europas. 2 Bde., hg. von H. Kempkens – G. Sitar, Regensburg 2009
Die Reformverbände und Kongregationen der Benediktiner im deutschen Sprachraum, hg. von U. Faust – F. Quarthal, St. Ottilien 1999
Germania Benedictina (wie 0.2)

1 Einleitung

G. Lohfink, Wem gilt die Bergpredigt? Beiträge zu einer christlichen Ethik, Basel – Freiburg – Wien 1988

M. de Jong, Carolingian Monasticism. The Power of Prayer, in: The New Cambridge Medieval History. Volume 2: c. 750 – c. 900, hg. von R. McKitterick, Cambridge 1995, S. 622–653

Ch. Dartmann, Normative Schriftlichkeit im früheren Mittelalter – eine Problemskizze, in: Recht – Geschichte – Geschichtsschreibung. Rechts- und Verfassungsgeschichte im deutsch-italienischen Diskurs, hg. von B. Kannowski – S. Lepsius – R. Schulze, Berlin 2014, S. 33–44

2 Die Benediktsregel und das normative Gerüst benediktinischen Mönchtums im Mittelalter

2.1 Eine sehr kurze Geschichte des frühen christlichen Mönchtums

M. Dunn, Emergence of Monasticism. From the Desert Fathers to the Early Middle Ages, Oxford 2000

Dies., Asceticism and Monasticism. II: Western, in: The Cambridge History of Christianity. Volume 2: Constantine to c. 600, hg. von A. Casiday – F. W. Norris, Cambridge 2007, S. 669–690

Das frühe christliche Mönchtum. Quellen und Dokumente von den Anfängen bis Benedikt, hg. von A. Merkt, Darmstadt 2008

M. Riesebrodt, Cultus und Heilsversprechen. Eine Theorie der Religionen, München 2007

P. Gemeinhardt, Antonius. Der erste Mönch. Leben – Lehre – Legende, München 2013

H. Bacht, Das Vermächtnis des Ursprungs. Studien zum frühen Mönchtum II. Pachomius – Der Mann und sein Werk, Würzburg 1983

D. Burton-Christie, The Word in the Desert. Scripture and the Quest for Holiness in Early Christian Monasticism, New York – Oxford 1993

Basilius von Caesarea, Die Mönchsregeln, übers. und komm. von K. S. Frank, St. Ottilien 1981

C. Stewart, Cassian the Monk, New York – Oxford 1998

A. Fürst, Hieronymus. Askese und Wissenschaft in der Spätantike, Freiburg 2003

Augustinus, Bekenntnisse. Confessiones, übers. und hg. von J. Bernhart – J. Ulrich, Frankfurt am Main – Leipzig 2007

P. Brown, Augustinus von Hippo. Eine Biographie, übers. von J. Bernard – W. Kumpmann, München 2000

2.2 Benedikt von Nursia und die Benediktsregel

Benedikt von Nursia

Gregor der Große, Les Dialogues, 3 Bde., hg. von A. de Vogüé, Paris 1978–1980

Gregor der Große, Der heilige Benedikt. Buch II der Dialoge (lateinisch/deutsch), hg. im Auftrag der Salzburger Äbtekonferenz, St. Ottilien 1995

M. Puzicha, Kommentar zur ›Vita Benedicti‹. Gregor der Große. Das zweite Buch der Dialoge – Leben und Wunder des ehrwürdigen Abtes Benedikt, St. Ottilien 2012

F. Clark, The ›Gregorian‹ Dialogues and the Origins of Benedictine Monasticism, Leiden 2003

P. Engelbert, Neue Forschungen zu den ›Dialogen‹ Gregors des Großen. Antworten auf Clarks These, in: Erbe und Auftrag. Benediktinische Monatsschrift 65, 1989, S. 376–393

P. Meyvaert, The Enigma of Gregory the Great's Dialogues. A Response to Francis Clark, in: The Journal of Ecclesiastical History 39, 1988, S. 335–381

S. Ch. Kessler, Gregor der Große als Exeget. Eine theologische Interpretation der Ezechielhomilien, Innsbruck 1995

J. Fried, Der Schleier der Erinnerung. Grundzüge einer historischen Memorik, München 2012

J. Wollasch, Benedikt von Nursia. Person der Geschichte oder fiktive Idealgestalt?, in: Studien und Mitteilungen zur Geschichte des Benediktinerordens und seiner Zweige 118, 2007, S. 7–30

Die Benediktsregel

La règle de Saint Benoît, 7 Bde., hg. von A. de Vogüé, Paris 1971–1977

Die Benediktusregel. Lateinisch/Deutsch, hg. im Auftrag der Salzburger Äbtekonferenz, Beuron ^{4}2006

Die Benediktusregel. Lateinisch/Deutsch, hg. von U. Faust, Stuttgart 2009

K. Zelzer, Von Benedikt zu Hildemar. Zu Textgestalt und Textgeschichte der Regula Benedicti auf ihrem Weg zur Alleingeltung, in: Frühmittelalterliche Studien 23, 1989, S. 112–130

M. Puzicha, Kommentar zur Benediktusregel, St. Ottilien 2002

A. de Vogüé, Die Regula Benedicti. Theologisch-spiritueller Kommentar, übers. von E. Meilwes, Hildesheim 1983

Quellen und Texte zur Benediktusregel, hg. von M. Puzicha, St. Ottilien 2007

B. Jaspert, Die Regula Benedicti – Regula Magistri-Kontroverse, Hildesheim ²1977

B. Guevin, Synopsis fontesque. Regula Magistri – Regula Benedicti, St. Ottilien 1999

U. K. Jacobs, Die Regula Benedicti als Rechtsbuch. Eine rechtshistorische und rechtstheologische Untersuchung, Köln – Wien – Weimar 1987

K. S. Frank, Fiktive Mündlichkeit als Grundstruktur der monastischen Literatur, in: Studia Patristica 25, 1993, S. 356–375

A. de Vogüé, Les règles monastiques anciennes (400–700), Turnhout 1985

2.3 Die frühe Rezeption der Benediktsregel

A. Angenendt, Das Frühmittelalter. Die abendländische Christenheit von 400 bis 900, Stuttgart [u. a.] ²2001

P. Brown, Die Entstehung des christlichen Europa, übers. von P. Hahlbrock, München 1996

A. Diem, Das monastische Experiment. Die Rolle der Keuschheit bei der Entstehung des westlichen Klosterwesens, Münster 2005

F. Prinz, Frühes Mönchtum im Frankenreich. Kultur und Gesellschaft in Gallien, den Rheinlanden und Bayern am Beispiel der monastischen Entwicklung, Darmstadt ²1988

A. Diem, Inventing the Holy Rule. Some Observations on the History of Monastic Normative Observance in the Early Medieval West, in: Western Monasticism ante litteram. The Space of Monastic Observance in Late Antiquity and the Early Middle Ages, hg. von H. W. Dey – E. Fentress, Turnhout 2011, S. 53–84

Ders., Rewriting Benedict. The ›regula cuiusdam ad virgines‹ and Intertextuality as a Tool to Construct a Monastic Identity, in: The Journal of Medieval Latin 17, 2007, S. 313–328

M. Zelzer, Die ›Regula Donati‹ als frühestes Zeugnis des ›monastischen Gebrauchstextes‹ der ›Regula Benedicti‹, in: Il monachesimo tra eredità e aperture. Atti del simposio »Testi e Temi nella Tradizione del Monachesimo Cristiano« per il 50° anniversario dell'Istituto Monastico di Sant'Anselmo (Roma, 28 maggio – 1° giugno 2002), Rom 2004, S. 753–763

S. Foot, Monastic Life in Anglo-Saxon England. C. 600–900, Cambridge 2006

P. C. Wormald, Bede and Benedict Biscop, in: Famulus Christi. Essays in Commemoration of the Thirteenth Centenary of the Birth of the Venerable Bede, hg. von G. Bonner, London 1976, S. 141–169

W. A. Goffart, The Narrators of Barbarian History (A.D. 550–800). Jordanes, Gregory of Tours, Bede, and Paul the Deacon, Princeton NJ 1988

J. Wollasch, ›Benedictus abbas Romensis‹. Das römische Element in der frühen benediktinischen Tradition, in: Tradition als historische Kraft. Interdisziplinäre Forschungen zur Geschichte des früheren Mittelalters. Festschrift Karl Hauck, hg. von N. Kamp – J. Wollasch, Berlin [u. a.] 1982, S. 119–137

2.4 Der Aufstieg der Benediktsregel zum wichtigsten monastischen Basistext in der Karolingerzeit

A. Angenendt, Das Frühmittelalter (wie 2.3)

P. Brown, Die Entstehung (wie 2.3)

J. Semmler, Karl der Große und das fränkische Mönchtum, in: Karl der Große. Lebenswerk und Nachleben. Band 2. Das geistige Leben, hg. von B. Bischoff, Düsseldorf 1965, S. 255–289

Corpus Consuetudinum Monasticarum 1. Initia consuetudinis Benedictinae. Consuetudines saeculi octavi et noni, hg. von K. Hallinger, Siegburg 1963

W. Hartmann, Die Synoden der Karolingerzeit im Frankenreich und in Italien, Paderborn [u. a.] 1989

J. Semmler, Benedictus II. Una regula – una consuetudo, in: Benedictine culture 750–1050, hg. von W. Lourdaux, Louvain 1983, S. 1–49

D. Geuenich, Kritische Anmerkungen zur sogenannten ›anianischen Reform‹, in: Mönchtum – Kirche – Herrschaft 750–1000. Josef Semmler zum 65. Geburtstag, hg. von D. Bauer [u. a.], Sigmaringen 1998, S. 99–112

W. Kettemann, Subsidia Anianensia. Überlieferungs- und textgeschichtliche Untersuchungen zur Geschichte Witiza-Benedikts, seines Klosters Aniane und zur sogenannten »anianischen Reform«, Duisburg 1999. Darin: Vita Benedicti abbatis Anianensis et Indensis, übers. und hg. von Walter Kettemann, S. 139–223

Der Codex Regularum des Benedikt von Aniane. Faksimile der Handschrift Clm 28118 der Bayerischen Staatsbibliothek München, hg. und komm. von P. Engelbert, St. Ottilien 2016

Ph. Depreux, Prosopographie de l'entourage de Louis le Pieux (781–840), Sigmaringen 1997

Th. Schilp, Norm und Wirklichkeit religiöser Frauengemeinschaften im Frühmittelalter. Die Institutio sanctimonialium Aquisgranensis des Jahres 816 und die Problematik der Verfassung von Frauenkommunitäten, Göttingen 1998

M. de Jong, The State oft the Church. ›Ecclesia‹ and Early Medieval State Formation, in: Der frühmittelalterliche Staat – europäische Perspektiven, hg. von W. Pohl – V. Wieser, Wien 2009, S. 241–254

Benedikt von Aniane, Concordia regularum, hg. von P. Bonnerue, Turnhout 1999

A. de Vogüé, La ›Concordia regularum‹ de Benoît d'Aniane. Son vrai but et sa structure, in: Il monachesimo italiano dall'età longobarda all'età ottoniana (secc. VIII–X). Atti del VII Convegno di studi storici sull'Italia benedettina, Nonantola (Modena), 10–13 settembre 2003, hg. von G. Spinelli, Cesena 2006, S. 39–45

Smaragd von Saint-Mihiel, Expositio in regulam S. Benedicti, hg. von P. Engelbert – A. Spannagel, Siegburg 1974

M. D. Ponesse, Smaragdus of St Mihiel and the Carolingian Monastic Reform, in: Revue bénédictine 116, 2006, S. 367–392

Ders., Editorial practice in Smaragdus of St Mihiel's commentary on the Rule of St Benedict, in: Early Medieval Europe 18, 2010, S. 61–91

Hildemar von Corbie, Vita et regula sanctissimi patris Benedicti una cum expositione regulae 3. Hildemar von Corbie. Expositio regulae, hg. von R. Mittermüller, Regensburg 1880

P. Engelbert, Status quaestionis circa la tradizione del commento di Ildemaro alla Regula Benedicti, in: Il monachesimo italiano dall'età longobarda all'età ottoniana (secc. VIII–X). Atti del VII Convegno di studi storici sull'Italia benedettina, Nonantola (Modena), 10–13 settembre 2003, hg. von G. Spinelli, Cesena 2006, S. 47–66

J. Raaijmakers, The Making of the Monastic Community of Fulda. C. 744 – c. 900, Cambridge [u. a.] 2012

St. Patzold, Konflikte im Kloster Fulda zur Zeit der Karolinger, in: Fuldaer Geschichtsblätter 76, 2000, S. 69–162

M. de Jong, Carolingian Monasticism (wie 1)

2.5 Die Aufzeichnung klösterlicher Gewohnheiten (Consuetudines) und die hochmittelalterliche Verbandsbildung

G. Tellenbach, Die westliche Kirche vom 10. bis zum frühen 12. Jahrhundert, Göttingen 1988

G. Althoff – H. Keller, Die Zeit der späten Karolinger und der Ottonen. Krisen und Konsolidierungen 888 – 1024, Stuttgart 2008

St. Vanderputten, Monastic Reform as Process. Realities and Representations in Medieval Flanders. 900–1100, Ithaca NY – London 2013

K. Hallinger, Gorze–Kluny. Studien zu den monastischen Lebensformen und Gegensätzen im Hochmittelalter, 2 Bde., Graz 1950 – 1951

Ders., Consuetudo. Begriff, Formen, Forschungsgeschichte, Inhalt, in: Untersuchungen zu Kloster und Stift, hg. vom Max-Planck-Institut für Geschichte, Göttingen 1980, S. 140–166

R. Schieffer, Consuetudines monasticae und Reformforschung, in: Deutsches Archiv für Erforschung des Mittelalters 44, 1988, S. 161–169

J. Wollasch, Reformmönchtum und Schriftlichkeit, in: Frühmittelalterliche Studien 26, 1992, S. 274–286

P. Engelbert, Kassius Hallinger (1911 – 1991) und die Erforschung des hochmittelalterlichen Mönchtums, in: Zeitschrift der Savigny-Stiftung für Rechtsgeschichte. Kanonistische Abteilung 79, 1993, S. 278–293

D. Iogna-Prat [u. a.], Moines et chanoines. Règles, coutumiers et textes liturgiques, in: L'histoire des moines, chanoines et religieux au Moyen Âge. Guide de recherche et documents, hg. von C. Caby – A. Vauchez, Turnhout 2003, S. 71–98

Regulae – Consuetudines – Statuta. Studi sulle fonti normative degli ordini religiosi nei secoli centrali del Medioevo. Atti del I e II Seminario internazionale di studio del Centro italo-tedesco di storia comparata degli ordini religiosi (Bari/Noci/Lecce, 26–27 ottobre 2002 / Castiglione delle Stiviere, 23–24 maggio 2003), hg. von C. Andenna – G. Melville, Münster 2005

J. Wollasch, Cluny – ›Licht der Welt‹. Aufstieg und Niedergang der klösterlichen Gemeinschaft, Zürich [u. a.] 1996

M. Hillebrandt – F. Neiske, Die Reformen von Cluny und Hirsau, in: Die Macht des Wortes. Band 1 (wie 0.3), S. 171–181

Cluny 910 – 2010. Onze siècles de rayonnement, hg. von H. Atsma – N. Stratford, Paris 2010

G. Constable, The Abbey of Cluny. A Collection to Mark the Eleven-Hundredth Anniversary of its Foundation, Berlin [u. a.] 2010

G. M. Cantarella, I monaci di Cluny, Turin ^{6}2010

Cluny im 10. und 11. Jahrhundert, hg. von J. Wollasch, Göttingen 1967

Odo von Cluny, Sermo de Benedicto abbate, in: Migne Patrologia Latina 133, Paris 1853, Sp. 721–729

D. Iogna-Prat, Coutumes et statuts clunisiens comme sources historiques, in: Revue Mabillon. Revue internationale d'histoire et de littératures religieuses, NS 3, 1992, S. 23–48

S. Barret, Regula Benedicti, consuetudines, statuta. Aspects du corpus clunisien, in: Regulae, hg. von C. Andenna – G. Melville (wie oben), S. 65–104

From Dead of Night to End of Day. The Medieval Customs of Cluny. Du cœur de la nuit à la fin du jour. Les coutumes clunisiennes au moyen âge, hg. von S. Boynton – I. Cochelin, Turnhout 2005

Farfa, abbazia imperiale. Atti del convegno internazionale, Farfa-Santa Vittoria in Matenano, 25–29 agosto 2003, hg. von R. Dondarini, Negarine di S. Pietro in Cariano 2006

S. Boynton, Shaping a Monastic Identity. Liturgy and History at the Imperial Abbey of Farfa, 1000 – 1125, Ithaca NY – London 2006

J. Wollasch, Zur Datierung des ›Liber tramitis‹ von Farfa anhand von Personen und Personengruppen, in: Person und Gemeinschaft im Mittelalter. Festschrift für Karl Schmid zum 65. Geburtstag, hg. von G. Althoff [u. a.], Sigmaringen 1988, S. 237–256

Ders., Zur Verschriftlichung der klösterlichen Lebensgewohnheiten unter Abt Hugo von Cluny, in: Frühmittelalterliche Studien 27, 1993, S. 317–349

B. Tutsch, Studien zur Rezeptionsgeschichte der Consuetudines Ulrichs von Cluny, Münster 1998

Ders., Die Consuetudines Bernhards und Ulrichs von Cluny im Spiegel ihrer handschriftlichen Überlieferung, in: Frühmittelalterliche Studien 30, 1996, S. 248–293

The Monastic Constitutions of Lanfranc, hg. von Ch. N. L. Brooke – D. Knowles, Oxford 2002

2.6 Die hochmittelalterliche Diskussion über ein regelgemäßes Leben

San Romualdo. Storia, agiografia e spiritualità. Atti del XXIII convegno del Centro di studi avellaniti (Fonte Avellana, 23–26 agosto 2000), Negarine di S. Pietro in Cariano 2002

C. D. Fonseca, Romualdo di Ravenna nel quadro del monachesimo dell'età Ottoniana. Un itinerario di lettura, in: Ottone III e Romualdo di Ravenna. Impero, monasteri e santi asceti. Atti del XXIV convegno del Centro studi avellaniti. Fonte Avellana 2002, Negarine di S. Pietro in Cariano 2003, S. 267–282

C. Caby, Règle, coutumes et statuts dans l'ordre camaldule (XIe – XIVe siècle), in: Regulae, hg. von C. Andenna – G. Melville (wie 2.5), S. 195–222

Consuetudo camaldulensis. Rodulphi constitutiones. Liber eremitice regule, hg. von P. Licciardello, Florenz 2004

T. Immonen, Giovanni Gualberto, Vallombrosa e Camaldoli nel secolo XI, in: Il monachesimo italiano del secolo XI nell'Italia nordoccidentale. Atti dell'VIII Convegno di studi storici sull'Italia benedettina, San Benigno Canavese (Torino), 28 settembre – 1 ottobre 2006, hg. von A. Lucioni, Cesena 2010, S. 417–446

N. D'Acunto, I vallombrosani, in: Regulae, hg. von C. Andenna – G. Melville (wie 2.5), S. 157–168

Redactio Vallumbrosana, saec. XII, hg. von N. Vasaturo [u. a.], in: Corpus Consuetudinum monasticarum. 7.2: Consuetudines Cluniacensium antiquiores cum redactionibus derivatis, hg. von K. Hallinger, Siegburg 1983, S. 309–379

Norbert von Xanten und der Orden der Prämonstratenser. Sammelband zur historischen Vortragsreihe im Norbertjahr 2009/2010 in Magdeburg, hg. von C. Dölken – S. Ullrich, Magdeburg 2010

Norbert von Xanten. Adliger, Ordensstifter, Kirchenfürst, hg. von K. Elm, Köln 1984

J. Oberste, Die Zisterzienser, Stuttgart 2014

Norm und Realität. Kontinuität und Wandel der Zisterzienser im Mittelalter, hg. von F. J. Felten – W. Rösener, Berlin [u. a.] 2009

Einmütig in der Liebe. Die frühesten Quellentexte von Cîteaux. Antiquissimi Textus Cistercienses. Lateinisch-deutsch, hg. von A. M. Altermatt – H. Brem, Langwaden [u. a.] ^{2}1998

Bernhard von Clairvaux, Apologia ad Guillelmum Abbatem. Apologie an den Abt Wilhelm, in: Ders., Sämtliche Werke. Lateinisch/deutsch. Band 2, hg. von G. B. Winkler, Innsbruck 1992, S. 137–204

Ders., De praecepto et dispensatione. Über Gebot und Entpflichtung, ebd. Band 1, 1990, S. 327–436

Petrus Venerabilis, Epistula 28, in: The letters of Peter the Venerable, Bd. 1, hg. von G. Constable, Cambridge MA 1967, S. 270–274

J. Wollasch, Licht der Welt (wie 2.5)

G. Constable, Abbey (wie 2.5)

Ders., Hildegard's Explanation of the Rule of St Benedict, in: Hildegard von Bingen in ihrem historischen Umfeld. Internationaler wissenschaftlicher Kongress zum 900-jährigen Jubiläum, 13.–19. September 1998 in Bingen, hg. von A. Haverkamp, Mainz 2000, S. 163–187

Hildegard von Bingen, De regula sancti Benedicti, in: dies., Opera minora, hg. von H. Feiss [u. a.], Turnhout 2007, S. 67–97

2.7 Benediktinisches Mönchtum im Spätmittelalter: päpstliche Interventionen und Ordensreform

P. Maier, Die Epoche der General- beziehungsweise Provinzialkapitel, in: Die Reformverbände, hg. von U. Faust – F. Quarthal (wie 0.3), S. 195–224

K. Elm, Verfall und Erneuerung des Ordenswesens im Spätmittelalter. Forschungen und Forschungsaufgaben, in: Untersuchungen zu Kloster und Stift, hg. vom Max-Planck-Institut für Geschichte, Göttingen 1980, S. 188–238

Reformbemühungen und Observanzbestrebungen im spätmittelalterlichen Ordenswesen, hg. von K. Elm, Berlin 1989

G. Gleba, Reformpraxis und materielle Kultur. Westfälische Frauenklöster im späten Mittelalter, Husum 2000

Kirchenrecht, päpstliche Interventionen und Konzilien

K. Herbers, Geschichte des Papsttums im Mittelalter, Darmstadt 2012

L.-A. Dannenberg, Das Recht der Religiosen in der Kanonistik des 12. und 13. Jahrhunderts, Berlin [u. a.] 2008

J. Wohlmuth (Hg.), Dekrete der ökumenischen Konzilien. Conciliorum Oecumenicorum Decreta. Band 2. Konzilien des Mittelalters. Vom ersten Laterankonzil (1123) bis zum fünften Laterankonzil (1512–1527), Paderborn [u. a.] 2000

U. Berlière, Innocent III et la réorganisation des monastères bénédictins, in: Révue Bénédictine 32, 1920, S. 22–42 und 145–159

M. Maccarrone, Riforma e sviluppo della vita religiosa con Innocenzo III., in: Rivista di storia della chiesa in Italia 16, 1962, S. 29–72

J. Ballweg, Konziliare oder päpstliche Ordensreform. Benedikt XII. und die Reformdiskussion im frühen 14. Jahrhundert, Tübingen 2001

F. J. Felten, Die Ordensreformen Benedikts XII. unter institutionsgeschichtlichem Aspekt, in: Institutionen und Geschichte. Theoretische Aspekte und mittelalterliche Befunde, hg. von G. Melville, Köln [u. a.] 1992, S. 369–435

E. Meuthen, Zum spätmittelalterlichen Kommendenwesen, in: Licet preter solitum. Ludwig Falkenstein zum 65. Geburtstag, hg. von L. Kéry – D. Lohrmann – H. Müller, Aachen 1998, S. 241–264

P. Schmieder, Zur Geschichte der Durchführung der ›Benedictina‹ in Deutschland im 14. Jahrhundert, in: Studien und Mitteilungen zur Geschichte des Benediktinerordens und seiner Zweige. Bd. 4, 1883, S. 278–289 und Bd. 5, 1884, S. 100–110

Benedikt XII., Dudum pro bono, in: G. D. Mansi, Sacrorum conciliorum nova et amplissima collectio, Florenz – Venedig 1782, Sp. 1032–1038

Documents Illustrating the General and Provincial Chapters of the English Black Monks 1215 – 1540, 3. Bde, hg. von W. A. Pentin, London 1931 – 1937

Spätmittelalterliche Reformbewegungen

Die benediktinische Klosterreform im 15. Jahrhundert, hg. von F. X. Bischof – M. Thurner, Berlin 2013

K. Schreiner, Benediktinische Klosterreform als zeitgebundene Auslegung der Regel. Geistige, religiöse und soziale Erneuerung in spätmittelalterlichen Klöstern Südwestdeutschlands im Zeichen der Kastler, Melker und Bursfelder Reform, in: Blätter für württembergische Kirchengeschichte 86, 1986, S. 105–195

Il monachesimo italiano nel secolo della grande crisi. Atti del V Convegno di studi storici sull'Italia benedettina. Abbazia Monte Oliveto Maggiore (Siena), 2–5 settembre 1998, hg. von G. Picasso, Cesena 2004

Un'esperienza monastica tra storia medievale e spiritualità contemporanea. I Benedettini di Monte Oliveto, hg. von R. Nardin – G. Picasso, Monte Oliveto – Siena 2010

Regardez le rocher d'où l'on vous a taillés. Documents primitifs de la Congrégation Bénédictine de Saint Marie du Mont-Olivet, Abbaye de Maylis 1996

Per una rinnovata fedeltà. Fonti olivetane. I più importanti documenti, le più antiche cronache e le più rilevanti testimonianze letterarie, hg. von C. Falchini, Magnano 2003

Innozenz III., Capitoli di riformazione per l'abate ed i monaci di Montecassino, in: L. Tosti, Storia della badia di Montecassino. 2, Rom 1889, S. 306–309

Statuta Casinensia (saec. XIII–XIV), hg. von T. Leccisotti – C. W. Bynum, in: Corpus consuetudinum monasticarum 6. Consuetudines benedictinae variae (saec. XI – saec. XIV), hg. von G. Constable, Siegburg 1975, S. 201–258

U. Israel, Romnähe und Klosterreform oder Warum die erste Druckerpresse Italiens in der Benediktinerabtei Subiaco stand, in: Archiv für Kulturgeschichte 88, 2006, S. 279–296

B. Frank, Subiaco, ein Reformkonvent des späten Mittelalters. Zur Verfassung und Zusammensetzung der Sublacenser Mönchsgemeinschaft in der Zeit von 1362 bis 1514, in: Quellen und Forschungen aus italienischen Archiven und Bibliotheken 52, 1972, S. 526–656

Epistola, totum processum conversationis Monasterii Sublacensis continens, in: Bibliotheca ascetica antiquo-nova 8, hg. von B. Pez, Regensburg 1725, S. 493–502

Riforma della chiesa, cultura e spiritualità nel Quattrocento veneto. Atti del Convegno per il VI centenario della nascita di Ludovico Barbo (1382 – 1443). Padova, Venezia, Treviso 19–24 settembre 1982, hg. von F. G. Trolese, Cesena 1984

B. Collett, Italian Benedictine Scholars and the Reformation. The Congregation of Santa Giustina of Padua, Oxford 1985

A. Leader, The Badia of Florence. Art and Observance in a Renaissance Monastery, Bloomington IN – Indianapolis IN 2012

R. Suckale, Klosterreform und Buchkunst. Die Handschriften des Mettener Abtes Peter I. München. Bayrische Staatsbibliothek, Clm 8201 und Clm 8201d, Petersberg 2012

P. Becker, Das monastische Reformprogramm des Johannes Rode, Abtes von St. Matthias in Trier. Ein darstellender Kommentar zu seinen Consuetudines, Münster 1970

Ders., Die Visitationstätigkeit des Abtes Johannes Rode in St. Gallen und auf der Reichenau, in: Zeitschrift für schweizerische Kirchengeschichte 68, 1974, S. 193–239

Corpus consuetudinum monasticarum 5. Consuetudines et observantiae monasteriorum Sancti Mathiae et Sancti Maximini Treverensium ab Iohanne Rode abbate conscriptae, hg. von dems., Siegburg 1968

Johannes Rode, Über die gute Amtsführung des Abtes, übers. und hg. von A. Rohtert, St. Ottilien 1993

P. Maier, Die Reform von Kastl, in: Die Reformverbände, hg. von Faust – Quarthal (wie 0.3), S. 225–269

Corpus consuetudinum monasticarum 14: Consuetudines Castellenses, hg. von P. Maier, Siegburg 1996

J. Angerer, Reform von Melk, in: Die Reformverbände, hg. von U. Faust – F. Quarthal (wie 0.3), S. 271–313

M. Niederkorn-Bruck, Die Melker Reform im Spiegel der Visitationen, München – Wien 1994

W. Ziegler, Die Bursfelder Kongregation, in: Die Reformverbände, hg. von U. Faust – F. Quarthal (wie 0.3), S. 315–407

900 Jahre Kloster Bursfelde. Reden und Vorträge zum Jubiläum 1993, hg. von L. Perlitt, Göttingen 1994

M. Albert, Das erste Kapitel der Bursfelder Kongregation 1446, in: Studien und Mitteilungen zur Geschichte des Benediktinerordens und seiner Zweige 106, 1995, S. 293–331

B. Frank, Das Erfurter Peterskloster im 15. Jahrhundert. Studien zur Geschichte der Klosterreform und der Bursfelder Union, Göttingen 1973

B. M. Sonnenberg, Die Entdeckung der Benediktsregel im spätmittelalterlichen Reformkloster Kastl und in seinem literarischen Umfeld, in: Die benediktinische Klosterreform im 15. Jahrhundert (wie oben), S. 259–274

Martin von Senging, Tuitiones pro observantia regulae S. Benedicti, in: Bibliotheca ascetica antiquo-nova 8 (wie oben), S. 505–550

3 Gebet, Religiosität und Kunst im benediktinischen Mönchtum

J. T. Kelley, Art. ›prayer‹, in: The Encyclopedia of Christian Civilization, Bd. 3, hg. von G. Th. Kurian, Malden MA [u. a.] 2011, S. 1861–1865

A. Angenendt, Geschichte der Religiosität (wie 0.3), S. 477–515

C. Stewart, Cassian (wie 2.1), S. 114–130

Cassianus, Collationes XXIIII, hg. G. Kreuz – von M. Petschenig, Wien 2004

Der St. Galler Klosterplan. Faksimile, Begleittext, Beischriften und Übersetzung. Mit einem Beitrag von Ernst Tremp, hg. von der Stiftsbibliothek St. Gallen – E. Tremp, St. Gallen 2014

3.1 Gebet und Religiosität der Benediktiner

Die Stundenliturgie der Klöster

E. Palazzo, A History of Liturgical Books from the Beginning to the Thirteenth Century, Collegeville MN 1998

Divina Officia. Liturgie und Frömmigkeit im Mittelalter, hg. von P. Carmassi, Wolfenbüttel 2004

Die Musik des Mittelalters, hg. von H. Möller – R. Stephan, Laaber 1991

W. Arlt, Liturgischer Gesang und gesungene Dichtung im Kloster St. Gallen, in: Das Kloster St. Gallen im Mittelalter. Die kulturelle Blüte vom 8. bis zum 12. Jahrhundert, hg. von P. Ochsenbein, Darmstadt 1999, S. 137–165

M. Klaper, ›Verbindliches kirchenmusikalisches Gesetz‹ oder belanglose Augenblickseingebung? Zur Constitutio Docta sanctorum patrum Papst Johannes' XXII., in: Archiv für Musikwissenschaft 60, Heft 1, 2003, S. 69–95

Stellvertretendes Gebet und Totenmemoria

Enzyklopädie des Stiftungswesens in mittelalterlichen Gesellschaften, 2 Bde., hg. von M. Borgolte, Berlin 2014 - 2016

R. Meens, Penance in medieval Europe. 600–1200, Cambridge [u. a.] 2014

A. Angenendt [u. a.], Gezählte Frömmigkeit, in: Frühmittelalterliche Studien 29, 1995, S. 1–71

K. Schmid – J. Wollasch, Die Gemeinschaft der Lebenden und Verstorbenen in Zeugnissen des Mittelalters, in: Frühmittelalterliche Studien 1, 1967, S. 365–405

O. G. Oexle, Memoria und Memorialüberlieferung im früheren Mittelalter, in: Frühmittelalterliche Studien 10, 1976, S. 70–95

Libri vitae. Gebetsgedenken in der Gesellschaft des Frühen Mittelalters, hg. von D. Geuenich – U. Ludwig, Köln [u. a.] 2015

K. Schmid – O. G. Oexle, Voraussetzungen und Wirkung des Gebetsbundes von Attigny, in: Francia. Forschungen zur westeuropäischen Geschichte 2, 1974, S. 71–122

Das Verbrüderungsbuch der Abtei Reichenau, hg. von J. Autenrieth – D. Geuenich – K. Schmid, Hannover 1979

D. Geuenich, Liturgisches Gebetsgedenken in St. Gallen, in: Das Kloster St. Gallen im Mittelalter (wie oben), S. 83–94

J. Wollasch, Cluny (wie 2.5)
A. Miegel, Kooperation, Vernetzung, Erneuerung. Das benediktinische Verbrüderungs- und Memorialwesen vom 12. bis 15. Jahrhundert, Ostfildern 2014
M. Clauss, Ludwig IV. der Bayer. Herzog, König, Kaiser, Regensburg 2014

Benediktinische Heiligenverehrung

A. Angenendt, Heilige und Reliquien (wie 0.1)
H. Röckelein, Reliquientranslationen nach Sachsen im 9. Jahrhundert. Über Kommunikation, Mobilität und Öffentlichkeit im Frühmittelalter, Stuttgart 2002
H. Belting, Bild und Kult. Eine Geschichte des Bildes vor dem Zeitalter der Kunst, München 72011
K. Schreiner, ›Discrimen veri ac falsi‹. Ansätze und Formen der Kritik in der Heiligen- und Reliquienverehrung des Mittelalters, in: Archiv für Kulturgeschichte 48, 1966, S. 1–53
K. Fuchs, Zeichen und Wunder bei Guibert de Nogent. Kommunikation, Deutungen und Funktionalisierungen von Wundererzählungen im 12. Jahrhundert, München 2008
Smaragd von Saint-Mihiel, Expositio (wie 2.4)

3.2 Kunst im benediktinischen Mönchtum

Benediktinische Kunst. Kultur und Geschichte eines europäischen Erbes, hg. von R. Cassanelli – E. López-Tello García, Regensburg 2007
Geschichte der bildenden Kunst in Deutschland
Bd. 1: Karolingische und ottonische Kunst, hg. von B. Reudenbach, Darmstadt 2009 [u. a.]
Bd. 2: Romanik, hg. von S. Wittekind, Darmstadt 2009 [u. a.]
Bd. 3: Gotik, hg. von B. Klein, Darmstadt 2007 [u. a.]
Bd. 4: Spätgotik und Renaissance, hg. von K. Krause, Darmstadt 2007 [u. a.]
R. K. Wick, Die Kunst Italiens. Architektur, Malerei, Plastik von der Antike bis heute, Darmstadt 2014
Bernward von Hildesheim und das Zeitalter der Ottonen, 2 Bde., hg. von M. Brandt, Hildesheim 1993
1000 Jahre St. Michael in Hildesheim. Kirche – Kloster – Stifter, hg. von G. Lutz – A. Weyer, Petersberg 2012
Der St. Galler Klosterplan, hg. von E. Tremp (wie 3)
N. Stratford, Cluny III, in: Cluny 910 – 2010, hg. von H. Atsma – N. Stratford (wie 2.5), S. 96–115

Abt Suger von Saint-Denis, Ausgewählte Schriften. Ordinatio. De consecratione. De administratione, hg. von G. Annas – G. Binding – A. Speer, Darmstadt 32008

A. Leader, The Badia of Florence (wie 2.7)

La basilica di S. Ambrogio. Il tempio ininterrotto, 2 Bde., hg. von M. L. Gatti Perer, Mailand 1995

G. Dilcher, Adel, Bürgerschaft und Kommune in der Bildlichkeit des italienischen Mittelalters, in: Ausbildung und Verbreitung des Lehnswesens im Reich und in Italien im 12. und 13. Jahrhundert, hg. von. K.-H. Spieß, Ostfildern 2013, S. 93–104

Th. Weigel, Schmuckfußböden des 12. Jahrhunderts aus inkrustiertem Estrichgips, Petersberg 2009

A. Angenendt, Heilige und Reliquien (wie 0.1)

H. van Os, Der Weg zum Himmel. Reliquienverehrung im Mittelalter, Regensburg 2001

Reliquiare im Mittelalter, hg. von B. Reudenbach – G. Toussaint, Berlin 22011

G. Toussaint, Kreuz und Knochen. Reliquien zur Zeit der Kreuzzüge, Berlin 2011

Goldene Pracht. Mittelalterliche Schatzkunst in Westfalen, hg. von Bistum Münster, München 2012

D. L. Ehresmann, The Iconography of the Cismar Altarpiece and the Role of Relics in an Early Winged Altarpiece, in: Zeitschrift für Kunstgeschichte 64, 2001, S. 1–36

A. Scherer, Schwören wie einst Scipio. Moralphilosophische Reflexion des Konzepts Eidgenossenschaft in einem frühhumanistischen Wandbilderzyklus des Klosters St. Georgen in Stein am Rhein, in: Zeitschrift für schweizerische Archäologie und Kunstgeschichte 70, 2013, S. 5–40

4 Schriftkultur und Gelehrsamkeit im Kloster

H. Keller, Vom ›heiligen Buch‹ zur ›Buchführung‹. Lebensfunktionen der Schrift im Mittelalter, in: Frühmittelalterliche Studien 26, 1992, S. 1–31

D. Robertson, Lectio Divina. The Medieval Experience of Reading, Collegeville MN 2011

R. Studzinski, Reading to Live. The Evolving Practice of ›Lectio Divina‹, Collegeville MN 2009

Die Welt des Lesens. Von der Schriftrolle zum Bildschirm, hg. von G. Cavallo – R. Chartier, Frankfurt [u. a.] 1999

R. Krawiec, Monastic Literacy in John Cassian. Toward a New Sublimity, in: Church History 81, 2012, S. 765–795

A. Angenendt, ›Libelli bene correcti‹. Der ›richtige Kult‹ als ein Motiv der karolingischen Reform, in: Ders., Liturgie im Mittelalter. Ausgewählte Aufsätze zum 70. Geburtstag, hg. von Th. Flammer – D. Meyer, Münster 2004, S. 227–244

S. Steckel, Kulturen des Lehrens im Früh- und Hochmittelalter. Autorität, Wissenskonzepte und Netzwerke von Gelehrten, Köln [u. a.] 2011

Karolingische Klöster. Wissenstransfer und kulturelle Innovation, hg. von J. Becker – T. Licht – St. Weinfurter, Berlin – Boston – München 2015

B. Bischoff, Paläographie des römischen Altertums und des abendländischen Mittelalters, Berlin ^{4}2009

R. McKitterick, The Carolingians and the Written Word, Cambridge [u. a.] 1989

U. Kleine, Stumme Seiten. Beobachtungen und Thesen zur Herstellung und Gebrauch von hagiographischen Büchern im Hochmittelalter, in: Frühmittelalterliche Studien, S. 371–391

Das Kloster St. Gallen im Mittelalter. Die kulturelle Blüte vom 8. bis zum 12. Jahrhundert, hg. von P. Ochsenbein, Darmstadt 1999

H. Steiner, Buchproduktion und Bibliothekszuwachs im Kloster St. Gallen unter den Äbten Grimald und Hartmut, in: Ludwig der Deutsche und seine Zeit, hg. von W. Hartmann, Darmstadt 2004, S. 161–183

K. Ubl, Engelbert von Admont. Ein Gelehrter im Spannungsfeld von Aristotelismus und christlicher Überlieferung, München – Wien 2000

U. Israel, Romnähe und Klosterreform (wie 2.7)

D. von der Nahmer, Die lateinische Heiligenvita. Eine Einführung in die lateinische Hagiographie, Darmstadt 1994

U. Kleine, Gesta, Fama, Scripta. Rheinische Mirakel des Hochmittelalters zwischen Geschichtsdeutung, Erzählung und sozialer Praxis, Stuttgart 2007

H.-W. Goetz, Geschichtsschreibung und Geschichtsbewußtsein im hohen Mittelalter, Berlin ^{2}2009

Carolingian Culture. Emulation and Innovation, hg. von R. McKitterick, Cambridge 1994

Hrabanus Maurus. Gelehrter, Abt von Fulda und Erzbischof von Mainz, hg. von F. J. Felten, Mainz 2006

Raban Maur et son temps, hg. von Ph. Depreux [u. a.], Turnhout 2010

Ph. Depreux, Büchersuche und Büchertausch im Zeitalter der karolingischen Renaissance am Beispiel des Briefwechsels des Lupus von Ferrières, in: Archiv für Kulturgeschichte 76, 1994, S. 267–284

Ch. Meier-Staubach, Ruperts von Deutz literarische Sendung. Der Durchbruch eines neuen Autorbewußtseins im 12. Jahrhundert, in: Aspekte des 12. Jahrhunderts, hg. von W. Hanbrichs, Berlin 2000, S. 29–55.

Dies., Von der ›Privatoffenbarung‹ zur öffentlichen Lehrbefugnis. Legitimationsstufen des Prophetentums bei Rupert von Deutz, Hildegard von

Bingen und Elisabeth von Schönau, in: Das Öffentliche und Private, hg. von G. Melville – P. von Moos, Köln 1998, S. 97–123

Hildegard von Bingen in ihrem historischen Umfeld. Internationaler wissenschaftlicher Kongress zum 900-jährigen Jubiläum 13–19. September 1998 in Bingen, hg. von A. Haverkamp, Mainz 2000

H. Müller, Habit und Habitus. Mönche und Humanisten im Dialog, Tübingen 2006

Herrschaft verorten. Politische Kartographie des Mittelalters und der frühen Neuzeit, hg. von I. Baumgärtner – M. Stercken, Zürich 2012

Venezia e la nuova oikoumene. Cartografia del Quattrocento. Venedig und die neue Oikoumene. Kartographie im 15. Jahrhundert, hg. von I. Baumgärtner – P. Falchetta, Rom 2016

5 Das Kloster zwischen König, Kirche und Stadt

5.1 Klöster in Kirchenreichen des früheren Mittelalters

M. de Jong, Carolingian Monasticism (wie 1)

Der St. Galler Klosterplan, hg. von E. Tremp (wie 3)

B. Brenk, Zum Problem der Vierflügelanlage (Claustrum) in frühchristlich-frühmittelalterlichen Klöstern, in: Studien zum St. Galler Klosterplan II, hg. von P. Ochsenbein – K. Schmuki, St. Gallen 2002

Ekkehard IV., St. Galler Klostergeschichten, übers. und hg. von H. F. Haefele – St. Patzold, Darmstadt 4 2002

M. de Jong, Internal Cloister. The Case of Ekkehard's ›Casus sancti Galli‹, in: Grenze und Differenz im frühen Mittelalter, hg. von W. Pohl – H. Reimitz, Wien 2002

St. Patzold, Konflikte im Kloster. Studien zu Auseinandersetzungen in monastischen Gemeinschaften des ottonisch-salischen Reichs, Husum 2000

Ders., Episcopus. Wissen über Bischöfe in Frankreich das späten 8. bis frühen 10. Jahrhunderts, Ostfildern 2008

W. Hartmann, Die Synoden der Karolingerzeit im Frankenreich und in Italien, Paderborn [u. a.] 1989

J. Raaijmakers, The Making of the Monastic Community of Fulda (wie 2.4)

Ph. Depreux, Prosopographie (wie 2.4)

B. Kasten, Adalhard von Corbie. Die Biographie eines karolingischen Politikers und Klostervorstehers, Düsseldorf 1986

A. Fischer, Karl Martell. Der Beginn karolingischer Herrschaft, Stuttgart 2012

F. J. Felten, Äbte und Laienäbte im Frankenreich. Studie zum Verhältnis von Staat und Kirche im früheren Mittelalter, Stuttgart 1980

St. Patzold, Ich und Karl der Große. Das Leben des Höflings Einhard, Stuttgart 2013

H. Wagner, Zur ›Notitia de servitio monasteriorum‹ von 819, in: Deutsches Archiv für Erforschung des Mittelalters 55, 1999, S. 417–438

Th. Vogtherr, Die Reichsabteien der Benediktiner und das Königtum im hohen Mittelalter (900–1125), Stuttgart 2000

H. Keller – G. Althoff, Die Zeit der späten Karolinger und der Ottonen (wie 2.5), S. 348–399

H. Lutterbach, Ansgar und das fränkische Mönchtum. Zeituntypische Spuren eines monastischen Werdegangs, in: Studia monastica 37, 1995, S. 79–99

Ders., Keine Sühne ohne Blut? Das Martyrium des hl. Ansgar, in: Studien und Mitteilungen zur Geschichte des Benediktinerordens und seiner Zweige 106, 1995, S. 79–99

5.2 Klöster zwischen Kirche und Politik im Hochmittelalter

W. Goez, Kirchenreform und Investiturstreit, bearb. von E. Goez, Stuttgart ²2008

C. Zey, Der Investiturstreit, München 2017

G. Tellenbach, Die westliche Kirche (wie 2.5)

K. Herbers, Geschichte des Papsttums (wie 2.7)

N. D'Acunto, I laici nella chiesa e nella società secondo Pier Damiani. Ceti dominanti e riforma ecclesiastica nel secolo XI, Rom 1999

5.3 Kloster und Stadt

W. Ch. Jordan, A Tale of Two Monasteries. Westminster and Saint-Denis in the Thirteenth Century, Princeton NJ [u. a.] 2009

2000 Jahre Trier. Band 2: Trier im Mittelalter, hg. von H. H. Anton – A. Haverkamp, Trier 1996

Ch. Dartmann, Politische Interaktion in der Italienischen Stadtkommune (11.–14. Jahrhundert), Ostfildern 2012, S. 156–170

Ders., Geltung als kommunikativer Prozess. Zum Umgang mit Urkunden in spätmittelalterlichen Konflikten in der Zisterzienserabtei Doberan und in Trier, in: Texte des Mittelalters zwischen zeitgenössischer Performativität und moderner Performanz, hg. von Annika Bostelmann [u. a.], Münster [im Druck]

E. Schlotheuber, Klostereintritt und Bildung. Die Lebenswelt der Nonne im späten Mittelalter, Tübingen 2004

Die Wirtschaft der Klöster

F.-W. Henning, Deutsche Agrargeschichte des Mittelalters. 9. bis 15. Jahrhundert, Stuttgart 1994

W. Rösener, Die Bauern in der europäischen Geschichte, München 1993

Ders., Grundherrschaft und bäuerliche Gesellschaft im Hochmittelalter, Göttingen 1995

R. Kießling – F. Konersmann – W- Troßbach, Grundzüge der Agrargeschichte. Band 1. Vom Mittelalter bis zum Dreißigjährigen Krieg (1350–1650), Köln [u. a.] 2016

6.1 Frühmittelalterliche Klöster als diversifizierte agrarische Großbetriebe

Der St. Galler Klosterplan, hg. von E. Tremp (wie 3)

K. Schreiner, Grundherrschaft. Ein neuzeitlicher Begriff für eine mittelalterliche Sache, in: Strukturen und Wandlungen der ländlichen Herrschaftsformen vom 10. bis zum 13. Jahrhundert. Deutschland und Italien im Vergleich, hg. von G. Dilcher – C. Violante, Berlin 2000, S. 69–93

L. Kuchenbuch, Abschied von der ›Grundherrschaft‹. Ein Prüfgang durch das ostfränkisch-deutsche Reich 950–1050, in: Zeitschrift der Savigny-Stiftung für Rechtsgeschichte. Germanistische Abteilung 121, 2004, S. 1–99

Ders., Bäuerliche Gesellschaft und Klosterherrschaft im 9. Jahrhundert. Studien zur Sozialstruktur der Familia der Abtei Prüm, Stuttgart 1978

W. Rösener, Das Kloster und die Bauern. Die Grundherrschaften von Werden und Helmstedt im Mittelalter, in: Das Jahrtausend der Mönche. Klosterwelt Werden 799–1803, hg. von J. Gerchow, Köln 1990, S. 113–118

R. Balzaretti, The Lands of Saint Ambrose. Monks and Society in Carolingian Milan, Turnhout 2003

Ch. Dartmann – H. Keller, Inszenierungen von Ordnung und Konsens. Privileg und Statutenbuch in der symbolischen Kommunikation mittelalterlicher Rechtsgemeinschaften, in: Zeichen, Rituale, Werte. Internationales Kolloquium des Sonderforschungsbereich 496 an der Westfälischen Wilhelms-Universität Münster, hg. von G. Althoff, Münster 2004, S. 201–223

6.2 Die Intensivierungs- und Wandlungsprozesse hochmittelalterlicher klösterlicher Agrarwirtschaft

H. Keller, Zwischen universalem Horizont und regionaler Begrenzung. Deutschland im Imperium der Salier und Staufer 1024 – 1250, Berlin 1986

H. Küster, Geschichte der Landschaft in Mitteleuropa. Von der Eiszeit bis zur Gegenwart, München ^{4}2010

F. Menant, Campagnes lombardes du Moyen Âge. L'économie et la société rurales dans la région de Bergame, de Cremone et de Brescia du Xe au XIIIe siècle, Rom 1993

Ch. Wickham, The Mountains and the City. The Tuscan Appennines in the Early Middle Ages, Oxford 1988

L. Kuchenbach, Potestas und utilitas. Ein Versuch über Stand und Perspektiven der Forschung zur Grundherrschaft im 9.–13. Jahrhundert, in: Historische Zeitschrift 265, 1997, S. 117–146.

F. Salvestrini, Santa Maria di Vallombrosa. Patrimonio e vita economica di un grande monastero medievale, Florenz 1998

6.3 Spätmittelalterliche Klöster zwischen Krisen und Konsolidierungen

P. Schuster, Die Krise des Spätmittelalters. Zur Evidenz eines sozial- und wirtschaftsgeschichtlichen Paradigmas in der Geschichtsschreibung des 20. Jahrhunderts, in: Historische Zeitschrift 269, 1999, S. 19–55

L. Kuchenbuch, Die Neuwerker Bauern und ihre Nachbarn im 14. Jahrhundert, Konstanz [u. a.] 2014

H. Witthöft, Die Lüneburger Saline. Salz in Nordeuropa und der Hanse vom 12.–19. Jahrhundert. Eine Wirtschafts- und Kulturgeschichte langer Dauer, Rahden 2010

Ein Epilog

H. Nesser, Eine ganz andere Geschichte, München 2010

M. Dunn, Emergence of Monasticism (wie 2.1)

St. Patzold, Hraban, Gottschalk und der Traktat De oblatione puerorum, in: Raban Maur et son temps (wie 4), S. 105–118

Ders., Konflikte im Kloster (wie 5.1)

A. Diem, Teaching sodomy. Carolingian monasteries and queer anxieties. A study of Walahfrid Strabo's and Heito's »Visio Wettini«, in: German History 34, 2016, S. 385–401

Hildemar von Corbie, Expositio (wie 2.4)

L. Kuchenbuch, Verrechtlichung der Erinnerung im Medium der Schrift (9. Jahrhundert), in: Mnemosyne. Formen und Funktionen der kulturellen Erinnerung, hg. von A. Assmann – D. Harth, Frankfurt am Main [3]1993, S. 36–47

U. Kleine, Patronus oder Patriota? Heilige Thaumaturgen und ländliches Raumgefüge im Rheinland (11.–13. Jahrhundert), in: Patriotische Heilige. Beiträge zur Konstruktion religiöser und politischer Ideen in der Vormoderne, hg. von D. R. Bauer – K. Herbers – G. Signori, Stuttgart 2007, S. 87–112

Abbildungsverzeichnis

01: WikimediaCommons/Divot, 02: Stiftsbibliothek Sankt Gallen, 03: Herzog August Bibliothek Wolfenbüttel, 04: Stiftsarchiv Sankt Gallen, 05: Wikimedia Commons, 06: aus: H. van Os, Der Weg zum Himmel. Reliquienverehrung im Mittelalter, Regensburg 2001, S. 92, 07:Wikimedia Commons/Max van Berchem, 08: Wikimedia Commons/Tsui, 09: Wikimedia Commons/Mturtle, 10: Matthias Dartmann

11 Register

11.1 Personenregister

A

Abaelard, Mönch und Abt 205
Adalgar, Bischof 72
Adalhard von Corbie, Bischof 71, 73, 220
Adson, Mönch 7
Æthelwold von Winchester, Bischof 93, 216
Agilbert, Bischof 68
Agilulf, Langobardenkönig 65
Agnes, Kaiserin 215
Agobard, Erzbischof von Lyon 220
Ahasver 209
Albrecht V., Herzog von Österreich 132
Alexander II., Papst 228
Al-Idrisi, Geograph 210
Alkuin, Abt von St. Martin/Tours 195, 203
Ambrosius, Bischof von Mailand 148, 179 f.
Anders Sunesen, Erzbischof von Lund 112
Andrea von Faenza, Kamaldulenser 122
Andreas Laskaris, Bischof von Posen 132
Andreas von Ungarn, Prätendent 122
Andreas, Abt von Montecassino 123
Anselm von Baggio, Bischof von Lucca 228
Anselm von Canterbury, Erzbischof 94, 205
Anselm von Havelberg, Prämonstratenser 207
Anselm von Laon, Scholastiker 205 f.
Ansgar, Erzbischof von Hamburg/Bremen 224 f.
Antonius von Barga 120 f., 201
Antonius, Mönchsvater 14 f., 17–19
Ardo, Mönch 75–77
Aristoteles, Philosoph 198
Arnold Pannartz, Inkunabeldrucker 200
Arnold von Wied, Erzbischof von Köln 181
Arnulf II., Erzbischof von Mailand 180
Athanasius, Bischof von Alexandria 15, 18
Auctor, Heiliger 186
Augustinus von Canterbury, Bischof 63, 68
Augustinus, Bischof 19–21, 60, 148, 152, 206
Averroës, Philosoph 198
Avicenna, Arzt 198
Aymardus, Abt von Cluny 87

B

Barbara, Heilige 168
Bartholomäus II., Abt von Subiaco 124
Bartholomäus III., Abt von Subiaco 124
Basilios II., Kaiser von Byzanz 180
Basilius von Caesarea 16 f., 21, 35, 53, 60 f., 190
Baugulf, Abt von Fulda 202 f., 218
Beatus von Liébana 197
Beda Venerabilis, Geschichtsschreiber 67 f.
Benedict Biscop, Abt 67 f.
Benedikt von Aniane 59, 73, 75–77, 79 f., 220
Benedikt von Nursia 7, 12 f., 20–23, 25 f., 30 f., 59, 63 f., 66–70, 72, 75 f., 79 f., 82, 87–89, 100, 107, 114, 116, 122 f., 136, 138, 148, 165 f., 168 f., 171, 180, 186, 188, 190, 197, 203, 217
Benedikt XII., Papst 113, 115 f., 118, 123, 126, 141, 208
Bernardo Tolomei, Gründer der Olivetaner 119 f.
Bernhard von Angers, Kleriker 166
Bernhard von Clairvaux 99–102, 106 f., 121, 138, 207
Bernhard von Cluny, Mönch 92
Bernhard, Karolinger 220
Berno, Abt von Cluny 87, 91
Bernward, Bischof von Hildesheim 165, 167, 171
Blasius, Heiliger 168
Bonifatius, Bischof 69 f., 81, 93, 158, 218
Brunichild 65
Burkhard III., Herzog von Schwaben 161

C

Caesarius von Arles, Bischof 67
Cassiodor 20, 54, 190
Celsus, Heiliger 168
Ceolfrid, Prior 68 f.
Cicero 198
Clemens V., Papst 109
Columban der Jüngere, Wandermönch 28, 65–67, 71, 145, 243 f.
Constantius von Alba, Bischof 64

D

David, König 26
Desiderius, Abt von Montecassino 197
Dietrich Schenk von Erbach, Erzbischof von Mainz 134
Donatus von Besançon, Bischof 67
Dunstan von Canterbury 93, 216

E

Edgar, König 93, 216
Egbert, Erzbischof von Trier 196
Eigil, Abt 81, 203
Einhard, Kanzler 203 f., 221
Ekkehard IV., Mönch in St. Gallen 201, 213 f., 219 f., 259 f.
Eleonore von Aquitanien, Frau Ludwigs VII. von Frankreich 151
Elias, Prophet 13, 26
Elischa, Prophet 26
Elsendis, Nonne 162
Engelbert, Abt von Admont 198, 208, 230
Eucharius, Heiliger 130, 168, 178, 199, 230, 232, 234

F

Fides von Conques, Heilige 166 f., 184
Fra Mauro, Kamaldulenser 210 f.
Franz von Böhmen/Kastl 131 f.
Fredegar 28
Friedrich I. von Schwarzenburg Erzbischof von Köln 206

G

Gallus, Heiliger 145, 165, 214
Gebene, Abt von Pfäfers 161
Gelasius, Papst 121
Georg, Märtyrer 168, 173
Gervasius, Heiliger 179
Goderannus, Möch in St. Peter/ Lobbes 192
Gottschalk, Mönch in Fulda 204, 258 f.
Gratian, Jurist 109
Gregor der Große, Papst 20–31, 62–64, 68 f., 129, 148, 156, 170, 190
Gregor II., Papst 69–71
Gregor IX., Papst 112
Gregor VII., Papst 201, 226–228
Gregor XII., Papst 125
Grimald, Abt von St. Gallen 193 f.
Guibert, Abt von Nogent 169
Guido Tarlati, Bischof von Arezzo 120

H

Haito/Heito, Mönch der Reichenau 165, 261
Halitgar, Bischof von Cambrai 154
Harald Klak, König von Dänemark 225
Hartmut, Abt von St. Gallen 193–195
Hatto III., Abt der Reichenau 174
Hedwig, Äbtissin von Essen umd Gerresheim 181
Heinrich der Löwe 186
Heinrich II. von Leiningen, Bischof von Speyer 236
Heinrich II., Kaiser 236
Heinrich III., Kaiser 227
Heinrich IV., Kaiser 218, 227 f.
Heinrich von Finstingen, Erzbischof 119, 128, 130, 201, 219, 234–236
Heribert, Erzbischof von Köln 183, 206
Hezilo, Bischof von Hildesheim 215
Hieronymus 18, 20
Hildegard von Bingen 106 f., 165, 168, 205, 207
Hildemar von Corbie, Mönch 79 f., 262
Hinkmar, Erzbischof von Reims 259
Hippokrates, Arzt 198
Hrabanus Maurus, Abt von Fulda 203–205, 258 f.
Hubert, Abt 96
Hugo von Fosses, Abt von Prémontré 98
Hugo von Lincoln, Mönch 209
Hugo, Abt von Cluny 92
Hugo, Abt von Farfa 90
Hugo, König von Italien 243
Humbert, Kardinalbischof von Silva Candida 227

I

Innozenz II., Papst 233
Innozenz III., Papst 110–112, 122
Isidor von Sevilla, Geschichtsschreiber 28, 63, 170
Iso, Mönch in St. Gallen 259

J

Jakobus, Apostel 145
Johann von Langen, Benediktiner in Iburg 184
Johannes Cassian, Abt 18, 21, 54, 143, 152, 190
Johannes Dederoth, Abt von Bursfelde 131, 134
Johannes Diaconus, Schriftsteller 148
Johannes Gualberti, Heiliger 96 f., 250
Johannes Rode, Abt von St. Matthias/Trier 128, 130 f., 134, 136–140, 171, 200
Johannes Schlitpacher, Melker Profess 133
Johannes Trithemius, Abt von Sponheim 209
Johannes von Hagen, Abt von Bursfelde 134
Johannes von Kastl, Konventuale 131–133, 137
Johannes XI., Papst 88
Johannes, Schreiber der Offenbarung 26, 209
Jonas von Bobbio, Abt 28
Jutta von Sponheim 207

K

Karl der Große 71 f., 81, 93, 202 f., 216
Karl Martell, Hausmeier 221
Kaspar Götz, Abt von Wessobrunn 199
Konrad Sweynheym, Inkunabeldrucker 200
Kuno, Abt von Siegburg und Bischof von Regensburg 206

L

Lactanz, Apologet 200
Lampert von Hersfeld, Abt von Hasungen 201
Lanfranc von Canterbury, Erzbischof 94, 205
Laurentius, Märtyrer 145, 205
Leander von Sevilla, Bischof 63
Leidrad von Lyon, Bischof 75
Liudger von Münster, Bischof 71, 176, 241
Lothar III., Kaiser 175
Luca Signorelli, Maler 188
Ludovico Barbo, Abt von S. Guistina/Padua 125 f., 134, 170
Ludwig der Fromme 73, 84, 218, 222 f.
Ludwig VII., König von Frankreich 151, 202
Lupus von Ferrières, Abt 204 f.

M

Martin V., Papst 125, 127 f., 138
Martin von Tours, Bischof 20, 217
Mathilde, Markgräfin von Canossa 228
Maurdramnus von Corbie, Abt 195
Mauritius, Märtyrer 145
Maximianus, päpstlicher Vikar 28
Minias, Heiliger 171
Modestus, Heiliger 168
Modoald, Bischof von Trier 232
Moses, Prophet 26

N

Nikodemus della Scala, Bischof von Freising 133
Nikolaus Seyringer, Abt von Melk 133

Nikolaus von Dinkelsbühl, Theologe 132
Nikolaus von Kues, Humanist 133, 136
Nonnosus, Papst 28
Norbert von Xanten, Ordensgründer 98, 207
Norpert, Abt von St. Gallen 214
Notker Balbulus, Mönch in St. Gallen 148, 161, 259 f.

O

Obertus, Bischof 233
Odilo, Abt von Cluny 87–89, 92, 162
Odo, Abt von Cluny 86 f., 89, 92, 150
Ordericus Vitalis, Geschichtsschreiber 103, 105
Origenes 18
Oswald von Worcester, Bischof 93, 168, 216
Otmar, Heiliger 146
Otto der Große, Kaiser 219
Otto II. Nortweiner, Abt von Kastl 131
Otto II., Herzog von Braunschweig-Göttingen 134
Otto II., Kaiser 219, 222
Otto III., Kaiser 196
Otto von Bamberg, Bischof 181
Otto von Ziegenhain, Erzbischof von Trier 128, 130, 138

P

Pachomius, Mönchsvater 14–17, 59
Paschalis II., Papst 226
Paula von Rom, Heilige 18
Paulus Diaconus, Geschichtsschreiber 70
Paulus, Apostel 84, 103, 145, 180
Peter I. von Metten, Abt 129, 136
Petronax von Brescia, Abt von Montecassino 70
Petrus Damiani, Kardinalbischof von Ostia 95 f., 227
Petrus Igneus, Kardinal 96
Petrus Mezzabarba, Erzbischof von Florenz 96
Petrus Venerabilis, Abt von Cluny 99 f., 102–105, 107, 111, 163
Petrus, Apostel 24, 26, 84, 145, 168, 180, 226
Petrus, Dialogpartner 22, 25 f.
Philippus, Apostel 145, 168
Pippin, der Mittlere, Hausmeier 221
Pippin, König 70
Pius II., Papst 135 f.
Plotin, Neuplatoniker 13
Ponticianus 19
Pontius, Abt von Cluny 104
Protasius, Heiliger 179

R

Ratger, Abt von Fulda 80 f., 218
Ratpert, Mönch in St. Gallen 259 f.
Remaklus, Heiliger 183
Richulf, Erzbischof von Mainz 218
Rimbert von Corvey 225
Rodulfus, Prior von Camaldoli 95
Roger II., König von Sizilien 210
Romanus 23
Romuald, Asket 89 f., 95, 227
Rudolf, König von Frankreich 88
Rufinus von Aquileia, Übersetzer 17 f.
Rupert von Deutz, Mystiker 170, 205 f.

S

Sabinus von Canosa, Bischof 22

Salomo, Bischof von Konstanz und Abt von St. Gallen 213 f., 259
Sandrad von St. Maximin, Mönch 219
Scholastica, Schwester Benedikts 29, 66, 70, 168
Severa, Heilige 168
Siegfried, Erzbischof von Mainz 215, 233
Simeon, Prophet 168
Sindolf, Mönch in St. Gallen 260
Smaragd von Saint-Mihiel, Abt 77 f., 80, 170
Sodoma, Maler 188
Stephan, Märtyrer 145, 160
Sturmi, Abt von Fulda 70, 81
Suger, Abt von Saint Denis 151, 172, 176, 202
Syrus, Bischof von Genua 232

T

Tenxwind, Priorin von Andernach 151
Theodemar von Montecassino, Abt 72
Theoderich, Graf 72
Theodulf, Bischof von Orléans und Abt von Fleury 195
Theuderich II., König 65
Thietmar II., Abt von Helmarshausen 232
Timotheus, Apostelschüler 167
Totilas, König 22
Tuotilo, Mönch in St. Gallen 259 f.

U

Ulrich von Zell 90, 92

V

Venerandus, Abt von Altaripa 64
Verecundus, Bischof 19
Volmar, Mönch in Disibodenberg 207
Vitus, Märtyrer 166

W

Walahfrid Strabo 149, 261
Waldo, Abt der Reichenau 160
Warsberg
– Johannes von, Justiziar 236
– Robert von, Justiziar 236
– Simon von, Domprobst in Trier 236
– Theoderich von, Abt 119, 201, 234–236
– Theodor von, Abt von St. Marien, 236
Werdo, Abt von St. Gallen 160
Werner, Abt von Liesborn 198
Wetti, Mönch der Reichenau 165, 170, 261
Widerad, Abt von Fulda 215, 218
Wilfrid von York, Bischof 68
Wilhelm der Eroberer, König von England 94
Wilhelm der Fromme, Herzog von Aquitanien 84
Wilhelm von Mandagout, Kanonist 137
Wilhelm von Meisenburg, Mönch in St. Maximin 235 f.
Wilhelm von Volpiano, Abt von Saint-Bénigne 89, 227
Wilhelm, Abt von Hirsau 90
William von Baskerville, Mönch 7
Willibald von Eichstätt, Bischof 70
Willibrord, Abt von Echternach 221

Z

Zacharias, Papst 70
Zenon, Heiliger 181

11.2 Ortsregister

A

Aachen 72 f., 79, 93, 149
– Inden/Kornelimünster 75, 168, 171, 178, 223, 236
Admont 198, 208
Affile 22
Ägypten 14, 16–18, 20
Albi 64
Alemannien 65
Alexandria 18
Alfiano
– S. Ilario/Sant'Ellero 250
Altaripa 64
Andechs
– Kollegiatstift 163
Annisi 17
Aquileia 18
Aquitanien 75, 84, 89, 151
Augsburg
– St. Ulrich/St. Afra 133
Auvergne 89
Avignon 113

B

Bamberg
– St. Michael 181, 231
Bangor 65
Bec 94, 205
Benediktbeuern 133, 198, 254
Bethlehem 18, 168
Bobbio 28, 65, 161, 243
Böhmen 114, 131
Bologna 124, 198, 228
Bonn 181
– St. Cassius und St. Florentius 176
Braunschweig
– St. Ägidii 186, 209
Brauweiler 200, 253, 255
Břevnov/Breunau 131
Bursfelde 131, 134, 136, 142, 151
– Kongregation 127, 131, 134, 136–138, 254, 256
Buxtehude 254

C

Caen 94
Camaldoli 95, 227, 248
Canossa 201, 226
Canterbury 63, 94, 173, 230
– Bischöfe 94, 205
– Christ Church 85, 93
– Provinz 151
Cassiciacum 19 f.
Cassino 23
Chiemsee 159
Cismar 177, 186 f.
Clairvaux 100
Cluny 83 f., 86–93, 97, 99–104, 111, 114, 137, 150, 162, 175, 226 f.
Clus 134
Conques 166, 184
Corbie 71, 73, 79 f., 195, 220, 224, 259
Corvey 166, 173, 196, 224 f., 241

D

Dalmatien 114
Deutschland 7, 112, 129, 133, 200, 230
– Nordwestdeutschland 242
– Süddeutschland 207
Dijon
– S. Bénigne 92, 227
Dingolfing 158
Donauwörth

– Heiligkreuzkloster 132
Durham 173

E

Ebstorf 184, 209, 254
Echternach 196, 221, 224, 241
Ellwangen 219, 223
England 63 f., 67–69, 92–94, 111 f., 229
– Nordengland 192
Erfurt 112
Ettal 163, 178

F

Farfa
– Reichsabtei 89–92
Fiesole
– Badia Fiesolana 176
Fleury/Benoît-sur-Loire 65 f., 70, 84–86, 89, 91, 169, 195
Florenz
– Badia Fiorentina 125, 179, 231, 253
– S. Miniato al Monte 96, 165, 171, 176, 182, 231, 234, 250
Fonte Avellana (Einsiedlergemeinschaft) 95
Frankenreich 67, 148, 166, 215
Frankreich 64, 66, 88, 98, 111, 115, 151, 202, 205, 227, 229
– Nordfrankreich 66
– Südwestfrankreich 64
– Unterlauf der Rhone 20, 159, 242
Freising
– Weihenstephan 132 f., 137
Fritzlar
– St. Peter 221
Fulda
– Bonifatiuskloster 70, 80, 112, 158, 193, 196, 202–204, 215, 218, 221, 223, 229, 241, 259
Füssen
– St. Magnus 132, 137

G

Gallien 64, 66, 68 f., 217
Ganagobie 182
Gent
– St. Peter 221
Genua
– S. Lorenzo 232 f.
– S. Siro 232–234
Gloucester 178
Gorze 83
Goslar Neuwerk 252–254

H

Hamburg/Bremen
– Erzbistum 224
Hasungen 201
Heidelberg 130, 209
Helmarshausen 232
Helmstedt
– St. Ludgeri 182, 242
Hildesheim
– St. Michael 165, 167, 172 f., 175, 231
Hippo 20
Hirsau
– St. Peter und Paul 85, 90, 93, 97, 137

I

Italien 18, 21, 28, 69, 95, 115, 127, 134, 179, 200, 222 f., 227, 230, 234, 246
– Mittelitalien 92, 107, 121, 123, 148, 247
– Oberitalien 92, 97, 111, 259
– Süditalien 59, 122, 222
– Zentralitalien 119

J

Jerusalem 86, 209
Jouarre 68
Jumièges 159

K

Kaiserswerth 215
Kappadokien 16
Kastl 131 f., 136 f.
Koblenz
– St. Kastor 176
Köln 130 f., 173, 176, 180, 183, 202, 209
– Deutz 183, 208
– Groß St. Martin 173
– Kirchenprovinz 112, 118, 151
– St. Aposteln 176
– St. Georg 176
– St. Heribert 183, 206
– St. Maria 180, 232, 236
Königslutter 175, 188
Konstantinopel 114, 186
Konstanz
– Petershausen 118

L

Laach
– St. Maria 173, 176, 255
Le Mans 66, 70
Lérins 65
Liesborn 168, 178, 198, 242
Limoges
– S. Martial 92, 162
Lippoldsberg 197
Lobbes
– St. Peter 192
London 230
– Westminster 230
Lorsch
– Reichsabtei 159, 161, 193, 219, 222 f.
Lüneburg
– Kloster Lüne 178, 254
– Saline 254
– St. Michael 178, 209, 231, 236, 254
Lüttich
– St. Jakob 137, 162, 206
– St. Laurentius 205
Luxeuil 65, 67 f., 71

M

Maastricht
– St. Servatius 176
Macigny-sur-Loire 162
Mailand 19
– S. Ambrogio 165, 173, 179, 230, 234
Mainz 118, 131, 161, 198, 204, 215, 218, 259
Mainz/Bamberg
– Kirchenprovinz 118, 131
Marienberg 130
Melk 130–133, 136 f., 141 f.
Metten 129, 136, 159
Michelfeld 132
Milstatt 133
Mittelitalien 123
Moissac 72, 92
Monte Amiata
– S. Salvatore 192
Monte Oliveto Maggiore 120 f., 178, 188
Montecassino 21 f., 29, 63 f., 67, 70, 72, 76, 81, 87, 89, 122, 125, 158, 165, 169, 197, 213, 230
Mont-Saint-Michel 173, 230
Montserrat
– Santa Maria 230
Moyenmoutier 227
Münster 8
– Bistum 71, 176, 224, 241
– St. Ägidii 254

Murbach 193, 223

N

Neapel 22
Niederaltaich 159, 177
Noirmoutier 220
Nonantola 161
Norcia 22
Northumbria
– Königreich 68

O

Oberalteich 129
Oldenstadt/Alt-Uelzen 254
Orbais 259
Österreich 132 f.
– Niederösterreich 131
Oxford 198

P

Palästina 16, 18
Paris 165, 198, 208, 230
– Saint-Denis 151, 159, 165, 172, 176, 202, 222, 230
Parma
– S. Giovanni Evangelista 231
Pavia 243 f.
Pfäfers 159, 161
Piacenza 243
Polen 125, 132
Pomposa 149
Prag 124, 131, 209
– Universität 131
Prüm 159, 223 f.

R

Ravenna
– Kirchen 89, 95
Regensburg
– Prüfening 181
– St. Emmeram 132, 137, 230
Reichenau 131, 149, 158, 160 f., 173 f., 193, 196, 222 f., 240
– St. Georg 173–175
Reichenbach 132, 137
Rhone 20
Ripoll 202
Ripon 68
Rom 18, 20, 22, 63 f., 67, 70, 84, 89, 92, 104, 112, 162, 167, 175, 198, 204, 235
– Andreaskloster auf dem Caelius 63
– S. Andrea 104
– S. Maria Maggiore 174 f.
– S. Paolo fuiori le Mura/St. Paul vor den Mauern 167
Römisches Reich 16, 18, 127
Roudnice/Raudnitz 131
Rouen 112

S

Sabina
– S. Salvatore in Montopoli 90
Salzburg
– St. Peter 112, 116 f., 133, 159, 208, 230
Santo Domingo de los Silos 197
Scheyern 133
Schuttern 182
Schwarzrheindorf 181
Siegburg
– Michaelsberg 85, 93, 183, 206, 253
Spanien 63, 92, 115, 125
Speyer
– Dom 175 f., 219
Sponheim 209 f.
St. Albans 208
St. Blasien 93
St. Gallen 84, 131, 159–161, 165, 173, 193 f., 196, 213 f., 219, 222 f., 229, 240, 259

– Bibliothek 194, 198, 210
St. Lambrecht 123
Stablo 182, 192, 223
St-Bertin 240, 242
Stein am Rhein
– St. Georg 188
Straßburg
– St. Stephan 160
St-Riquier 193
St-Trond 159
St-Wandrille 221
Subiaco 22 f., 29, 89, 122–125, 132 f., 137, 141–143, 146, 151, 200, 230
Syrien 16

T

Tegernsee 133, 222
Terracina 22
Trier 18, 112, 128, 130, 134, 137, 151, 178, 219, 230 f., 234, 236
– Domkapitel 236
– Domstift 231
– Liebfrauen 232
– Porta Nigra 231
– St. Eucharius/St. Matthias 119, 128, 130 f., 134, 137, 151, 168, 178, 199, 201, 230, 232, 234
– St. Martin 232
– St. Maximin 130, 219, 230 f., 235 f.
– St. Paulin 231 f.

U

Ungarn 114
Utrecht
– Bistum 224

V

Vallombrosa
– S. Maria 85, 96 f., 125, 142, 174, 250
Venedig
– S. Giorgo Maggiore 125, 211, 231
Verona
– S. Zeno 84, 173, 179–181, 230, 234
Vézelay 92, 173, 181
Vicovaro 22 f.
Vivarium 20

W

Walsrode 254
Wearmouth/Jarrow 67–69
Weißenburg 219, 223 f.
Werden 71, 173, 179, 224, 241 f., 249, 254
Wessobrunn 199 f.
Wien 132, 209
Winchester 197
Würzburg
– St. Jakob 210, 219

Y

York 68, 158, 204, 230

Z

Zypern 114